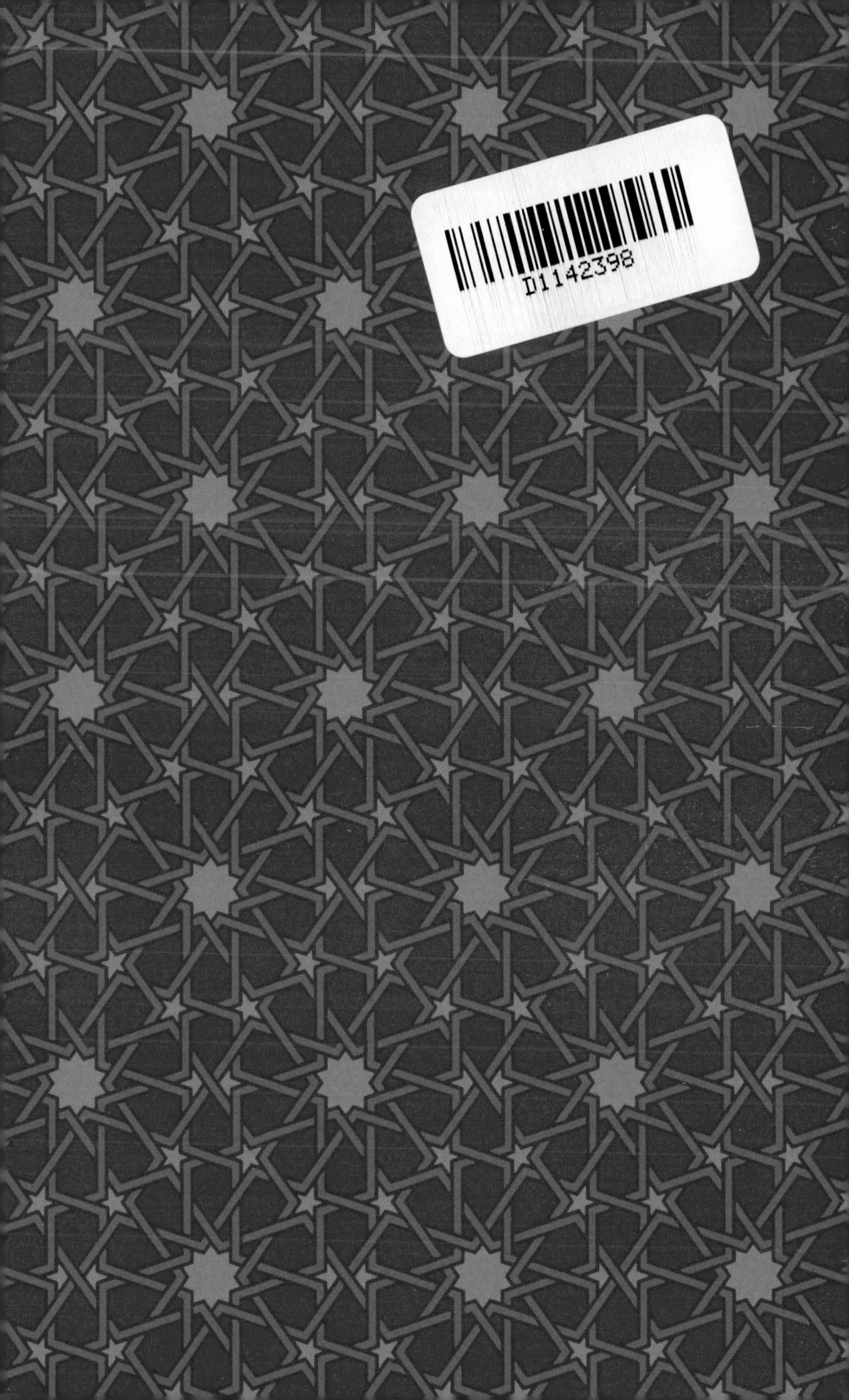
D1142398

TEACH AN GHEAFTA

Teach an Gheafta

CATHAL Ó SEARCAIGH

An Chéad Eagrán 2018

ISBN 978-1-911363-90-4

Clóchur, dearadh agus pictiúr clúdaigh: Caomhán Ó Scolaí
Clódóireacht: Clódóirí Lurgan

Foras na Gaeilge
Tugann Foras na Gaeilge tacaíocht do Leabhar Breac

Faigheann Leabhar Breac airgead ón gComhairle Ealaíon

Leabhar Breac, Indreabhán, Co. na Gaillimhe. www.leabharbreac.com

Tiomnaím an leabhar seo
do Mhicheál Ó Conghaile
agus d'Alan Titley

'Bhí an tsean-Éire ag fáil bháis
agus an Éire Óg ag bruínteachas
fá cholbha a leapa'

—An Druma Mór,
Seosamh Mac Grianna

Caibidil 1

Bhí an ghrian ag cur cosa solais aisti féin os cionn Dhún Lúiche agus Mánas ag tógáil na Malacha Móra suas go Mín na Móna. Agus é amuigh ar an chothrom ag ceann na malacha, ghlac sé scíste nó bhí ga seá ann ón tsiúl aníos in éadan an chnoic. Is beag nach raibh sé ábalta cos a chur thar an chois eile bhí sé chomh spíonta sin. Bhí an t-allas ina rith leis ó chraiceann a chinn, óna leicinneacha agus anuas idir a dhá shlinneán. D'fhág sé uaidh a mhála droma ar ghruaimhín an bhealaigh agus sheas sé á fhuarú féin lena bhearád. B'fhada ó tháinig lá a bhí chomh te leis; faoi mheán lae bhí an teocht ag bualadh ar na fichidí arda is gan smid aeir ann. Chan iontas ar bith go raibh Mánas traochta i ndiaidh dó amuigh agus istigh ar chúig mhíle a shiúl aníos in éadan an chnoic ó tháinig sé den bhus i mBaile an Droichid.

B'anásta an siúl é lá ar bith agus paca trom ar do dhroim leat ach bhí sé dhá uaire níos measa inniu sa bhruith-theas. Ádhúil go leor, tháinig anáil bheag aeir chuige anois, agus é amuigh ar an réiteach, a thug faoiseamh dó. Shín sé é féin síos ar leac creige a raibh craiceann de chaonach glas uirthi agus thug síneadh sásúil dá chnámha. I ndiaidh na gcúig uaire taistil ar an bhus ó Bhaile Átha Cliath i mairbhe an lae agus ansin an siúl tuirsiúil aníos in éadan na malacha, ba deas leis an sos beag seo. Ba mhór aige an pléisiúr a tugadh dó agus é ag mothachtáil an righneas agus an nimheadas ag síothlú as a chosa.

Cé go raibh sé amach sa tráthnóna, bhí teas marbhánta ann go fóill ach amháin an beochán beag aeir a bhí le fáil ar an airdeacht. Bhí gal teasa sa spéir agus é ag coinneáil scáth folaigh ar aghaidh na gréine ach bhí a cosa léithe ar fud fad an tsléibhe.

Aon áit ar leag sí a troigh ór-álainn, las an áit sin. B'aoibhinn le Mánas an spré solais seo a chur luisne sna mínte fraoich, sna beanna crochta agus sna mullaí arda. Ba mhó ab fhearr leis scaladh seo na gréine ar shleasa na gcnoc ná soilse gléigeala na cathrach.

Dhearc sé ina thimpeall ar leathantas sléibhe a bhí lán de chlúideacha seascra is d'ailteanna diamhra. Cé gur de thógáil Bhaile Átha Cliath é, b'anseo i bhfairsingeacht fhiáin an chaoráin a bhí a chroí. Sna bailte beaga fearainn seo faoi scáth mórthaibhseach an Earagail a chaith sé na laetha ba shólásaí dá óige. Bhí sé ag smaointiú dá ngearrfá tú féin ar shiúl ó chuideachta do mhacasamhla, ba seo áit mhaith le tearmann anama a aimsiú. I ré eile, thiocfadh leis é féin a shamhlú ag mairstean anseo ar an uaigneas; ina dhíthreabhach ag déanamh caidrimh le Rí na nDúl is ag tabhairt a chúl le téirim an tsaoil.

Rinne sé gáire beag doicheallach agus é ag cuimhneamh gur beag lé a bhí aige, i ndáiríre, le haon cheann de na creidíocha bunaidh ach go háirithe iad siúd a d'fhoinsigh ón tSean-Tiomna. Níor chreid Mánas i nDia an tSeanreachta úd; an Dia céanna ar chur na Críostaithe a gcosúlacht féin air agus an Dia a ndearna Mahamad, Allah an Chóráin as. Bhí sé ag meabhrú air seo anois agus é ag amharc uaidh suas droim garbh tortógach Mhín an Mhanaigh.

Ní hé nár chreid sé in Éifeacht éigin; fórsa fuinnimh a chuisligh ar fud fad na Cruinne ach nár bhain, beag nó mór, leis an Dia righin beadaí a chruthaigh muid féin; an Dia beag éadmhar drochmhianach daonna a chuir muid i réim. Bhí Mánas ag smaointiú go raibh i bhfad níos mó tuigsinte ag lucht na págántachta don fhoinse bhunaidh seo a shníonn i ngach ní, beo agus neamhbheo. Ina ndearcadh siúd, bhí an duine agus an dúlra beannaithe, bhí gach uile ní ag claisceadal i gcomhcheol na Cruinne.

Bhí Mánas den bharúil gur chuir muid ár ndearcadh

dallradharcach teoranta trodach féin i bhfeidhm ar an Dia seo a chruthaigh muid. Mhúnlaigh muid é inár gcló is inár gcrot féin. Chan aon iontas, arsa Mánas leis féin, go raibh an mearbhall aigne agus an seachrán céille céanna Air is a bhí ar an duine daonna.

Mhothaigh Mánas ar a shocracht anseo amhail is go raibh gach féith ina chorp ag freagairt don fhiántas ina thimpeall. Ba doiligh leis a rá caidé ab údar don tarraingt seo murab a dháimh é lena fhód dúchais. Ó thaobh na dtaobhann, ba as an dúiche seo a sheanbhunadh. Mánas Ó Dónaill! Lena leithéid d'ainm b'fhurasta a ghinealach clainne a ríomh agus déarfadh sé le seanbhanríonacha Bhaile Átha Cliath gur eisean an ghéag a ba ríoga a shíolraigh riamh óríshliocht Thír Chonaill. Thóg siadsan sin i mbéal agus d'fháilteodh siad roimhe le 'here comes Miss Lavender Branch, Princess of Pluck and Pettigo.' Chuir a ngiodal bodóinsí agus a mbitsíocht aigeanta tiúin mhaith ar Mhánas i dtólamh.

Istigh anseo i gcrioslach na gcnoc d'aithin sé go raibh athrach beag ag teacht air. D'airigh sé níos éadromaigeantaí ann féin ná mar a mhothaigh sé le fada. Ní raibh lá sonais aige ó bhain timpiste de Bashir. Ba mhillteanach an tubaiste é, fágadh a leannán gan mhothú is gan mheabhair. Bhí Mánas chomh mór sin trína chéile le bliain anuas gur chuma leis cén áit a n-éireodh nó a luífeadh an ghrian air. Nuair a fuair sé scéala faoin taisme, b'ionann oíche agus lá aige leis na smaointe dubhacha diúltacha a bhí á choscradh, ach de réir a chéile, agus in ainneoin go raibh sé anghoilliúnach, mhothaigh sé é féin ag meabhrú go bhfeabhsódh Bashir agus go mbeadh siad i gcumann lena chéile arís. Ní raibh ann ach léirstintí beaga dóchais a tháinig chuige ar an uair annamh ach ba leor iad le hé a thabhairt amach as an dobhrón agus an duairceas ar feadh tamallacha beaga gairide. Chan duine duairc a bhí ann ó dhúchas agus cha raibh sé sa nádúr aige a bheith diúltach, ach ba seo caill phearsanta a chloígh go croí é.

Bhí dóchas beag aige anois go maolófaí an crá croí seo a bhí ag goillstean air le fada. Dhéanfadh saoire an tsamhraidh anseo i suaimhneas an tsléibhe maith dó. Bhí gealladh misnigh i ngile an lae agus tógáil croí i gcaoineadas na gcnoc.

Bhí na smaointe seo ag rith fríd cheann Mhánais gur thit néal codlata air. Luigh sé siar ar shlat a dhroma, a phaca ina adhairt faoina cheann aige agus lig sé a scíth sa teas.

Bhí sé fá uair do luí na gréine nuair a dhúisigh sé agus a theanga amuigh leis an tart. Lena thaobh, bhí sruthán ag teacht anuas le fánaidh an chnoic, clocha beaga rua-mheirgeacha ar a ghrinneall. Chrom sé síos ar a bhéal agus ar a shrón agus d'ól sé tarraingt a chinn d'uisce úr an tsléibhe. Mhothaigh sé an tsuáilce bheo seo ag oibriú fríd a chuisleannacha ag cur athbhrí ann ionas go raibh a oiread de neart ann anois is a thabharfadh é an dá mhíle slí trasna an chaoráin go ceann a chúrsa i Mín na Móna.

Gan a thuilleadh moille, chruinnigh sé é féin suas, agus ar shiúl leis, port feadalaigh in airde aige. Ar an bhus ó Bhaile Átha Cliath, bhí sé ag éisteacht le The Gloaming ar a chuid cluasán agus go háirithe an cóiriú úr a chuir siad ar 'Thugamar Féin an Samhradh Linn'. D'aimsigh siad, dar leis, spiorad cianársa an amhráin seo agus thug siad leo é go mealltach dúshlánach isteach in urlabhra ceoil ár linne féin. D'fhabhraigh an fonn ina cheann agus ní thiocfadh leis é a ruaigeadh ar shiúl go fiú dá mba mhian leis a leithéid a dhéanamh. Ba sin an fonn a bhí á fheadalaigh aige anois agus é ag gabháil cabhsa na haicearra trasna an chaoráin. Ansin lig sé ailleog cheoil as nuair a b'fhacthas dó go raibh lámh shéanta á threorú thar phoill is thar dhíogacha.

Samhradh, Samhradh
bainne na ngamhna;
thugamar féin an Samhradh linn,
Samhradh buí na nóiníní gléigeal'
thugamar féin an Samhradh linn.

Bhí rud inteacht ag inse dó nach mbeadh a theacht go Mín na Móna in aisce air.

Bhí deich mbliana ann ó leag Mánas cos i Mín na Móna.

Chan iontas ar bith go dtáinig deoir lena shúil nuair a sheas sé ar amharc an tí seo a bhí á chrothnú aige le blianta; an teach buídhonn corcra céanna inar chaith sé samhraíocha a óige lena Mhamó. Péinteáilte ar lí an fhraoigh, ní raibh an teach rófheiceálach ach, de bharr sin, luigh sé isteach ní b'fhearr le nádúr na háite.

Suite leis féin in uaigneas an chaoráin, droim leathan Chnoc an Bhroic ar a chúl agus an Seascann Mór — léinseach ghlasliath de ghiolcaí is d'fhéar garbh — ar a aghaidh amach, bhí sé ar shuíomh tí chomh scoite is a d'iarrfá dá mba mhian leat a bheith ag déanamh uaignis. Ar eang talún idir an caorán agus an seascann, ní raibh de bhealach a fhad leis ach garbh-bhóthar portaigh.

Teach geafta a bhí ann lá den tsaol nuair a bhí an traein ag gabháil an treo sin, bhí lorg an riain le feiceáil go fóill os comhair an tí agus bhí cuaillí cloiche na ngeaftaí ina seasamh san áit ar thrasnaigh na rálacha Bealach na Míne.

I ndaicheadaí an chéid seo caite agus deireadh le ré na traenach i dTír Chonaill, cheannaigh Frankie Evans, péintéir mná as Londain a raibh ráchairt mhór ar a cuid pictiúirí tar éis an Chogaidh, Teach an Gheafta mar shuí samhraidh daoithi féin agus dá cumann, Bella Duffy. Gaol i bhfad amach de mhuintir Mhamó ab ea Bella agus de dhroim ar an mhuintearas a bhí eatarthu, d'fhág sí an teach le huacht ag Peigí, máthair mhór Mhánais, nó Mamó mar a thug sé féin uirthi i gcónaí.

Gach bliain agus é ina ghasúr bheag, b'iondúil gur anseo a chaitheadh Mánas seal fada den tsamhradh faoi chúram Mhamó. Le Nuala, an iníon ab óige aici, Mánas, agus ní raibh ann ach é;

b'eisean úillín óir na máthar móire. Bhí a thuismitheoirí óg agus iad féin ag gabháil i gceann an tsaoil ina gcuid gairmeacha éagsúla; a mháthair ina riarthóir sa Ghailearaí Náisiúnta agus an t-athair, Ruairí Ó Dónaill, ina abhcóide sóisir le Berkery, Brehony & Cagney san ardchathair. Ní raibh ar Mhánas beag ach lúcháir a bheith lena Mhamó.

Bhí siad as cuntas, na dea-chuimhní a bhí aige den áit seo, na laetha gréine amuigh faoi bhéal an aeir ag cuidiú le Mamó an mhóin a shábháil nó, in aimsir bhoglaigh, an spórt a bhíodh acu beirt ag imirt cluichí boird is ag déanamh spraoi tí lena chéile.

Níorbh fhurasta do Mhamó a bheith gealgháireach mar go raibh daitheacha agus pianta cnámh ag cur uirthi, ach b'annamh riamh go bhfaca sé í faoi ghruaim nó ag gearán as a sláinte. Bhí spiorad dochloíte inti a choinnigh í sa tsiúl agus a thug acmhainn daoithi neamhiontas a dhéanamh den phian. 'Is fusa titim ná éirí,' a déarfadh sí, 'ach tá gus san éirí nach bhfuil sa titim.' Chaith sí a saol de réir an dearcaidh sin.

Bean í a bhí ar a suaimhneas amuigh san uaigneas. Ní hé go raibh sí seachantach ar dhaoine ar dhóigh ar bith ach thaitin cónaí an tsléibhe léi i ndiaidh blianta fada de shaol gnóthach an bhaile mhóir. Státseirbhíseach a bhí inti féin agus i Niall, a fear céile.

Faraor, sciobadh eisean ar shiúl uaithi le taom croí agus gan é ach an leathchéad. Ghlac sí féin le socrú scoir óna cuid oibre gan mhoill i ndiaidh bás a céile agus i dtrátha an ama chéanna, thosaigh sí ag tarraingt níos minice ar Mhín na Móna. Fuair sí sólás i saothrú an gharraidh, i ngiollacht na móna agus ina cónaí i suaimhneas na gcnoc.

Agus é ina ghasúr bheag, bhí an áit iontach ag Mánas agus é ag teacht as Baile Átha Cliath, an t-athrach aeir fiú amháin, úr agus glan i ndiaidh plúchtacht na cathrach. Agus ansin an caorán agus na cnoic agus an ciúnas. An ciúnas ach go háirithe. Ní hé go raibh an áit tostach. Bhí sé lán de ghucarsach, de thafann, de mhéileach, ach chan ionann agus gleo géar garbh na cathrach a bhodhraigh é, d'fhág na fuaimeanna seo ina thámh é. Mhothaigh sé iad á cheansú amhail is dá mba méara a bheadh iontu agus iad ag síorchuimilt a chinn is a chluasa go sochma.

Dá mbíodh an tráthnóna maith shuíodh sé sa gharradh le luí na gréine, ag éisteacht le héanlaith uisce an tSeascainn ag slupairt, ag glugar is ag glaoch. B'aoibhinn leis an cleatar cliteach a rinne na lachain fhiáine agus iad ag neadú sna giolcaí. An oíche a dtéadh sé a luí agus a cheann lán de shluparnaigh agus de chleitearnaigh, de flapáil agus de shlapar an tSeascainn, ba sin an oíche a ba shólásaí a shuan.

Ansin, buaileadh go trom é. Bhí sé i gceann a naoi mbliana nuair a d'éag Mamó. Bhí an bás ag bagairt uirthi le tamall ó fuarthas amach go raibh a hae ite ag an ailse, ach nuair a d'éag sí baineadh an croí as. Ar feadh míosa ní thiocfaí baint faoi ach é ag gol is ag mairgneach. Rinne a thuismitheoirí a ndícheall le sólás a thabhairt dó ach dá mhéid a thaobhaigh siad leis is lú dá thoradh a bhí acu ar a gcúram. Bhí air a bhris is a chaill a chur de agus a ligean uaidh ar a dhóigh féin.

An rud ab eaglaí leis ar fad nó an saol folamh uaigneach a bhíthear a thaibhsiú dó a bheadh roimhe amach in éagmais Mhamó. Ar scoil agus é ag meabhrú ar a chaill, thigeadh cearthaí air amanta agus é os coinne an ranga sa chruth nach bhfanfadh focal ina cheann ach é ina sheasamh ansin ina stacán díbheo. B'fhada go mbeadh aithne bisigh ar bith air, ba chuma goidé a rinne a thuismitheoirí le cian a thógáil de. Ní raibh éinne le háit Mhamó a ghlacadh, a shíl sé, óir ní raibh éinne inchurtha léi.

Ar feadh leathbhliana chaoin sé uisce a chinn; chaoin sé go dtí nach raibh a thuilleadh ann le caoineadh. Mar a dhéanfá linn mharbh a thaomadh, thaosc sé an brón as a chroí. Thug sin faoiseamh dó agus de réir a chéile, tuigeadh dó nach dtiocfadh an saol a bhí aige le Mamó arís go deo agus go gcaithfeadh sé a theacht leis sin.

Ba sin an t-am ar mhéadaigh a chion ar a mháthair. I dtrátha an ama seo, bhí a thuismitheoirí ag teacht aníos sa tsaol, teach breá acu i Ráth Garbh, an t-athair ina abhcóide sinsir agus an mháthair i bpost gradamach mar riarthóir na dtaispeántas úr sa Ghailearaí. Bean aigeanta dea-ghleásta faiseanta a bhí sa mháthair. B'ábhar bróid dó a bheith amuigh léi i lúb chuideachta.

Chífeadh sé daoine ag tógáil súile léi. Bhí sí chomh hálainn sin, chomh grástúil ina hiompar, agus gléasta go galánta i gcónaí. Ar ócáidí sóisialta, chluinfeadh Mánas 'chic' agus 'elegant' agus 'classy' á lua lena mháthair agus chífeadh sé mná eile ag baint lán na súl as a cóiriú, agus iontas orthu, agus éad, b'fhéidir fosta, as a hábaltacht le baill an-difriúil éadaigh le dathanna neamh-ghnáthacha nach gcuimhneofaí choíche go bhfreagródh siad dá chéile, a mheascadh agus a thabhairt i gceann a chéile go galánta. Bhí sí ina máistir ar ealaín an 'ensemble'.

Ní hamháin gur ise a mháthair, ba í an cara ab fhearr a bhí aige fosta. Fear ciúin a bhí san athair, claonadh ann a bheith beagáinín dúr agus seachantach sa bhaile, ach sa chúirt agus é ag feidhmiú mar abhcóide, bhí cáil na fiachmhaireachta air. Fear maith a bhí ann agus ní thiocfadh le Mánas é a lochtú. Thacaigh sé lena mhac, an t-aon duine clainne a bhí aige, nuair a bhí gá aigesean le taca, agus le treoir. Bhí sé fial agus fadcheannach lena chomhairle agus cé nach raibh sé ar a shuaimhneas leis an tsaol a bhí Mánas a leagan síos dó féin, níor cháin sé an rogha sin ná a chlaonadh. Ach mhothaigh Mánas go raibh doicheall éigin eatarthu, amhail is nach dtiocfadh leis an athair creidbheáil gur ghin sé mac de shórt Mhánais. Bhí an bhearna sin eatarthu; deighilt dearcaidh, b'fhéidir, gur doiligh do cheachtar acu a thrasnú.

Tuigeadh do Mhánas go raibh réimse áirithe mothachtála

idir é féin agus a athair; tost duibheagánach éigin nach raibh teanga ag ceachtar acu le hurlabhraíocht a thabhairt dó. Ach a mhalairt ar fad a bhí fíor i dtaca lena mháthair de; bhí an chosúlacht air go raibh siad ag caint as béal a chéile, sin chomh dlúth agus a bhí a gcaidreamh.

Nuair a loiteadh Bashir sa timpiste bóthair i Maracó, chuaigh sí in éineacht leis go hAgadair le déanamh cinnte go raibh an cúram leighis aige ab fhearr agus ab éifeachtaí a thiocfadh a thabhairt dó sa tír sin. Bhí fios a gnóthaí aici agus í ag déileáil leis na húdaráis; dóigh mheallacach aici, ach dá mba ghá an focal borb, bhí sin aici fosta lena bealach a dhéanamh fríd mhaorlathas oifige an ospidéil. Ach ab é an cheannasaíocht nádúrtha sin a bhí aici agus í ag éileamh cóir cheart agus cúraim do Bashir, b'fhéidir gur curtha a bheadh sé faoin am seo.

Ba thrua le Mánas nach dtiocfadh le Bashir a bheith lena thaobh anois agus é arís den chéad uair le deich mbliana ar láthair a luathóige. Ó bhásaigh Mamó, bhí cúram Theach an Gheafta ar a aintín Nóra; bean chorr chantalach a choinnigh chuici féin is a chuir stop le héinne eile den teaghlach a theacht chun an tí. Ní raibh aithne uirthi nach léi féin gach clúid is gach coirnéal den áit agus ós rud é go raibh sí chomh hachrannach is a bhí, agus ar mhaithe le suaimhneas an teaghlaigh a choinneáil, d'fhág siad an áit fúithi. Le ham fuair sí seilbh agus teideal dleathúil na háite, níor chuir éinne ina coinne, agus nuair a d'éirigh sí as a post múinteoireachta i mBaile Dhún na nGall de bharr breoiteachta, ba i Mín na Móna a rinne sí cónaí nó go bhfuair sí bás.

Bhí sí coimhthíoch lena muintir agus amuigh orthu uilig ach is cosúil go raibh lé éigin aici le Nuala, máthair Mhánais, an deirfiúr ab óige a bhí aici nó d'fhág sí an teach aicise. B'iontach leo an tiomnú seo ós rud é nár nocht sí dáimh ar bith leo, beag ná mór, agus í ina beatha. Ach ba chuma leo, bhí siad buíoch a ámharaí agus a bhí siad seilbh a fháil ar áit chomh tarraingteach.

Agus i dtaca le Mánas de, b'ábhar gairdeachais a bhí ann dósan go speisialta, nó ghoill sé air nach raibh fáil aige le blianta ar theach Mhamó.

Ar scor ar bith, ní raibh uaidh ach an tsiocair an chathair a fhágáil agus ní raibh áit ní ba deise, dar leis, ná Teach an Gheafta leis an tsamhradh a chaitheamh ann. Chomh luath géar agus a bhí scrúduithe Gaeilge na dara bliana curtha de aige i gColáiste na Tríonóide, thug sé a aghaidh ar Mhín na Móna.

Bhí loinnir dheireannach an lae ag lí an tí agus Mánas ag gabháil isteach geafta an gharraidh. Ní raibh le cluinstean aige ach éanlaith uisce an tSeascainn ag gíogarnach sna giolcaí agus scréachóg éin nár aithin sé ag cartadh a sceadamáin sna crainn ar chúl an tí. Cé a thógfadh air é má tháinig tocht air agus é ag cuimhneamh ar an am a bhí?

Feiceadh dó go raibh sé arís ina ghasúr beag agus é sna sála ag Mamó; í ag obair sa gharradh; gan sos ar a bhéal ach tuile shí cainte leis agus ise ag tabhairt cluas éisteachta dó, ba chuma goidé an cheastóireacht a bhí sé a dhéanamh uirthi. ''Mhamó, cad tuige a bhfuil dath gorm ar an bhláth seo agus dath dearg ar an cheann sin?' ''Mhamó, 'bhfuil anam ag na cuiteogaí?' 'Éist, a Mhamó! Tá na crainn ag comhrá lena chéile. An gcluin tú iad?'

B'fhacthas dó go raibh Mamó os a choinne arís, aoibh an gháire uirthi agus í ag míniú a leithéid seo dó agus ag moladh leis ansiúd. B'eisean an peata bán agus bhí a fhios aige sin ón tsúil thaitneamhach a thug sí dó. B'fhacthas dó go mbeadh lúcháir uirthi anois é a bheith arís ar na seanfhódaí.

Thug sé faoi deara go raibh a chuid oibre leagtha amach dó. Bhí an garradh ag imeacht fiáin agus an míntíriú ar fad a rinne Mamó ag gabháil ó mhaith. Bhí nádúr fiáin an chaoráin ag teacht in uachtar arís; gairbhseach féir agus tomóga móra de fhraoch agus de fheagacha ag fáil an bhua ar na hiomairí agus ar na meannaireacha ordúla a thóg sí.

Chuir an t-athrach a bhí tagtha ar an gharradh cumha ar Mhánas. Ba chuimhneach leis an áit agus é amuigh i mbláth in ard an tsamhraidh. Bhí lámh bhláfar ar Mhamó agus é sin le feiceáil ar rachmas na nglasraí, na mbláth agus na dtorthaí a d'fhás sí. As a ndealramh, bhainfeadh maise agus méin na ndathanna úd an radharc as do shúile. Dhearbhaigh Mánas dó féin agus do Mhamó go ndéanfadh sé a dhícheall le bláth agus slacht a chur arís ar an gharradh.

Ba léir nach dtugadh a aintín aire ar bith don talamh sna blianta a raibh sí i mbun na háite ach ba mhór an sásamh do Mhánas nach ndearna sí aon mhórathrach ar an teach ach oiread. Ach amháin an seomra folctha a raibh athchóiriú ó bhonn déanta air, bhí gach uile rud eile fágtha ina alt féin ó aimsir Mhamó; an sofa mór boglíonta sócúlach céanna os coinne na tine. Ba mhinic a rinne sé féin agus Mamó dreas codlata ar an tolg seo. An seantábla cruinn mahagaine leis na cathaoireacha cúlarda giúise ansiúd i lár an urláir. An drisiúr de dhéil dhearg leis na gréithe gleoite cré i gcoirnéal na cisteanaí. An stól súgáin ar a suíodh sé agus é ag léamh. An ealaín chéanna crochta ar na ballaí, bhí Mamó tugtha do phictiúirí tírdhreacha agus cheannaíodh sí ceann nó dhó gach bliain le tacaíocht a thabhairt do phéintéirí áitiúla. Thug Mánas faoi deara go raibh pictiúr amháin de chuid Frankie Evans fágtha sa teach go fóill, scéitse pinn de Theach an Gheafta agus Cnoc an Bhroic sa chúlra. Ar nós a cuid pictiúirí ar fad; agus bhí an bailiuchán luachmhar dena cuid oibre a bhí i seilbh Mhamó, acusan i mBaile Átha Cliath anois — bhí an sceitse seo ar ardchaighdeán líníochta. Bhí súil oilte ag Mánas d'obair ealaíne agus é ábalta breith léirsteanach a thabhairt ar shaothar, bua a d'fhoghlaim sé óna mháthair.

Ar an urlár íochtarach, bhí aghaidh an tí uilig, nach mór, faoi ghloine, rud a d'fhág luí an tsolais ar an tseomra suí agus ar an chisteanach. Bhí lúcháir ar Mhánas gur fágadh na fuinneoga móra solasmhara seo mar a bhí siad; ba chuimhneach leis mar a líon siad an seomra le gile an lae agus mar a lig siad isteach spéir na hoíche.

Ar oícheanta spéirghealaí bhí nós ag Mamó gan ach coinnle a lasadh ionas go bhfeicfidís an spéir fríd an ghloine seo. Scór bliain roimhe sin, an bhliain chéanna a rugadh Mánas, chuir Mamó isteach na fuinneoga seo nuair a bhí sí ag cur bail úr ar an teach. 'I dtaca le haois de, níl caill orthu,' a mheabhraigh Mánas go rógánta agus é ag feiceáil a scáile dea-chumtha féin sa ghloine. Stócach dathúil a bhí ann; bhí a fhios aige féin é sin. Fionnbhán agus seang; ag cúig troighe ocht n-orlaí, bhí a sháith méide ann. Bhí snua glanchraicneach a ghnúise á fhágáil níos óigeanta i gcuma ná mar a bhí sé. De thairbhe an aoibh dheas shoineanta a bhí air, bhí toil mhór ag daoine dó. Ní chífeá go dtí go gcuirfeá aithne cheart air an fhéith bhanúil a bhí ann; an dóigh ghrástúil a bhí aige lena thóin a chur faoi i gcathaoir, an choiscéim siúil a bhí teann tomhaiste agus iarracht bheag den deismínteacht inti; an cúram a chaith sé lena chóiriú éadaigh. Bhí sé á choimhéad féin sa ghloine agus ag smaointiú ar an aistíocht bheag bhanúil seo a bhain leis; an ó dhúchas a tháinig sé leis nó an gothaí iompair iad a phioc sé suas; an aistíl fhaiseanta a d'fhoir don chlaon gnéis a bhí ann. Bhí sé ag meabhrú ar sin agus ag gáireach leis féin agus é ag ardú an staighre, ag déanamh aithrise ar stiúir siúil a bhí an-phiteanta.

Is beag athrach a bhí tagtha ar thuas staighre ach oiread. Bhí na leathbhallaí adhmaid céanna ann, an gioscán úd fós i gclárai an urláir, an suíochán cluthar céanna i bhfuinneog na binne. I dtaca leis an dá sheomra leapa, bhí an ceann mór inar chodlaigh sé féin agus Mamó ann, seomra na gile mar a ba chuimhneach leis é —

bhí sé péinteáilte anois i mbuí trom donn míofar. Dhéanfadh sé cúis go bhfaigheadh sé faill cóta de phéint níos séimhe a chur air.

Bhí an leaba ceithre phost ar iarraidh agus ceann níos lú, gnáthleaba nua-aoiseach curtha ina háit. Ghoill an t-athrú ar Mhánas. Uaimh chluthar na hoíche a bhí sa leaba chéanna. Ba mhinic a chodlaigh sé inti lena mháthair mhór, cuirtíní de chreiteon deargrósach ina dtimpeall a thug fuaradh daofu i dteas an tsamhraidh agus cosaint ó shiorradh isteach le linn séideadh gaoithe. Bhíodh Mamó ag inse dó gur ó theach mór éigin i Sasain a tháinig an leaba agus gur cheannaigh Frankie Evans í i dteach ceantála i Londain. Bhí sé ráite gur chodlaigh Mrs Pankhurst inti; bean a tharraing aird ar chearta na mban i dtús an fichiú céad agus a throid go dícheallach ar son ceart vótála daofu.

Bhí an-spéis ag Mamó i stair na Sufraigéidí agus go háirithe i saol Eva Gore-Booth agus a buanchara Esther Roper agus an obair mhór a rinne siad dís ar son na cúise sin i Manchúin Shasana. Uair amháin, thug sí Mánas ar thuras lae go Lios an Daill i gContae Shligigh agus léigh sí dán Yeats, 'Light of Evening, Lissadell' dó sa gharradh agus an ghrian ag gabháil faoi, loinnir dheiridh an lae ag cur drithlí i bhfuinneoga móra an tseantí.

Ba doiligh do Mhánas an seomra a shamhlú gan an leaba bhog shócúlach úd a bheith ann. Agus é beag, bhíodh an leaba seo ina long chogaidh aige, ina spásárthach, ina carbhán camaill. Throid sé cathanna fuilteacha inti lena dhíormaí de shaighdiúirí coise agus cabhlaigh; sheol sé inti i bhfad amach sa Spás leis an domhan is a dhaoine a shábháil ar ionradh ón Uafás.

Do Mhánas Beag agus na cuirtíní tromchiallacha tarraingthe thart air, ní leaba amháin a bhí ann ach pluais an iontais agus saotharlann na samhlaíochta. Istigh ansiúd d'fhéadfadh sé cló nó crot ar bith a ba mhian leis a ghairm chuige. Faoi chumhdach rúin na leapa úd bhí sé ina mháistir ar a chinniúint.

Agus an seomra beag a bhíodh i gcónaí glan ordúil agus faoi

réir do chuairteoirí, bhí sé ina sheomra stórais anois agus é líonta go doras le lumpar lampar an tí. B'fhuath le Mánas míshlacht. Tá sé ráite go mbíonn claonadh i ndaoine a rugadh faoi chomhartha na Maighdine a bheith ordúil ina ndóigh. Bhí Mánas ar dhuine acu seo a bhí ag cur leis an tuar sin. San áit go scaipeadh duine eile a cheirteacha fudar fadar ar fud an tseomra, chaithfeadh Mánas a chuidsean a leagan amach go néata, cúramach. Bhí sé de nádúr ann a bheith ordúil agus slachtmhar. Déarfadh a mháthair gur mhór an mhaise ar an teach é mar gur choinnigh sé an áit scuabtha glansciúrtha nuair a bhíodh sí as baile ag freastal ar chruinnithe. Mr Pernickety Tidy an leasainm a bhí aici air.

I ndiaidh dó an teach a shiúl, bhí sé réidh fá choinne greim bídh a ithe. Bhí a mháthair anseo an tseachtain roimhe sin agus thug sí cuid an riachtanais anuas as Baile Átha Cliath sa charr; a rothar, stór mór leabhar agus a sholáthar éadaí ar feadh an tsamhraidh. Lena chois sin, d'aeráil sí an teach, d'fhág sí éidiú leapa faoi réir dó agus líon sí an reoiteoir le béilí blasta a d'ullmhaigh sí féin. D'fhág sí an cuisneoir ina chorn na bhfuíoll fosta, lán le cartáin de shú úll agus oráiste agus le beadaíocht bheaga sobhlasta; ológa, paté, cáiseanna. Rinne sí cinnte nach mbeadh ocras ná tart air in aicearracht.

D'fhliuch sé an tae, d'fhoscail sé canna d'iasc stánaithe, ghearr sé leadhb aráin. I gcúpla bomaite bhí greim gasta curtha i dtoll a chéile aige. Shuigh sé siar sa sofa agus rinne sé a chuid go pléisiúrtha agus é ag smaoitiú nárbh fhearrde áit a mbeadh sé.

Sula ndeachaigh sé a luí, steipeáil sé amach sa gharradh le blaiseadh a fháil d'aer úr na hoíche. Bhí sé go díreach ag gabháil ó sholas ach bhí stríocacha dearga na dea-aimsire le feiceáil go fóill amuigh ag bun na spéire. Bhí ceathrú gealaí ina suí os cionn an Earagail agus b'fhacthas do Mhánas go raibh sí crochta ansiúd chomh cocáilte le cluais agus í ag cúléisteacht le scéalta reatha na beatha.

Chuir spéir ghlé na hoíche lán a chroí d'aoibhneas air agus, leoga, lán a chinn d'iontas fosta. B'ábhar machnaimh dó i dtólamh na críocha abhalfhairsinge gan chríoch a bhí os a chionn; na cruinneagáin réaltóg gan aithne amuigh ansiúd sa Duibheagán. Agus an solas seo a bhí ag teacht chuige anois thar achar doshamhalta Spáis, an ó réalta éigin a chuaigh as na cianta de shaolta ó shin a bhí sé ag teacht?

Anois bhí breacsholas na hoíche ina luí go sochma ina thimpeall agus os a chionn bhí an spéir ar barr amháin lasrach. Tháinig oibriú ar a intinn agus é ag breathnú suas ar an chaor réaltógach seo a shín go líonmhar lasánta thar Bhealach na Bó Finne. Gídh gur fada uainn iad, chreid Mánas gur cuid dínn féin iad ó dhúchas; nach raibh ionainn ó thús ach an dustalach beo a séideadh sa treo seo as an Spás úd amuigh. Tháinig líne leis an Ríordánách chun a chuimhne, 'níl áit ar fud na Cruinne nach ann a saolaíodh sinne,' an líne b'uaillmhiananí dar chum sé, dar le Mánas, agus an líne ab áilne lena chois sin.

Bhí plainéid ag caochadh leis anois as doimhneachtaí diamhara na spéire is ba thrua leis nach gcuirfeadh sé a chois ar aon cheann acu lena bheo. Ach níos measa fós tháinig tocht beag air agus é ag smaointiú nach dóiche go mbeadh sé saolach leis an uair chinniúnach úd a fheiceáil nuair a dhéanfaí teangmháil le beathacháin ó phlainéid éigin eile. Bhí Mánas dearfa nach muidinne an t-aon bheatha a tháinig in inmhe i bhfairsingeacht na Cruinne. Chreid sé go raibh neacha le hintlíocht scaipthe ar fud an Chosmais. Easpa dearcaidh a bhí ann, dar leis, sílstean gur muidinne an t-aon bheith mheabhrach amháin a tháinig chun cinn i measc na réaltaí.

Ní raibh smid san aer. Cóngarach dó bhí tor aitinne ag cur bolaidh, cumhracht a raibh blas beag den chnó cócó le mothachtáil air. Ghlac sé tarraingt anála den mhus mhilis seo siar isteach ina scámhóga. B'fhada uaidh a bheith míshásta le húire shláintiúil an aeir i Mín na Móna. Ba den folláine é a oiread de a fháil agus a thiocfadh leis. I mBaile Átha Cliath bhí sé róthugtha do bheith istigh agus bhí an chosúlacht sin, shíl sé, ar a aghaidh bhánghnéitheach. Ní imeodh lá air agus é anseo, a gheall sé do féin, nach mbeadh sé amuigh faoin spéir agus é ag fáil a sháithe d'aer folláin an tsléibhe. Ba é an trua nach dtiocfadh le Bashir a bheith leis lena théarnamh a dhéanamh anseo i Mín na Móna. Ach i dtaca le cúrsaí sláinte de, ní raibh ann ach go raibh Bashir beo agus ní raibh comharthaíocht ar bith uaidh go fóill go raibh sé ag bisiú nó ag teacht chuige féin. Bhí Mánas agus a mháthair i dteangmháil rialta le muintir Bhashir in Agadair agus iad uilig ag fanacht ar thiontú beag bisigh a thabharfadh croí daofu.

Ba san oíche a tchífeá cé chomh scoite agus a bhí Teach an Gheafta. Ní raibh solas tí le feiceáil thiar ná thoir. Bhí an teach a ba ghaire dó míle go leith siúil uaidh agus i bhfolach ar chúl an chnoic i Mín an Draighin. Bhí ainchleachtadh ag Mánas ar dhorchadas na gcnoc ach ní raibh sin ag cur a dhath buartha air. Ba sin, dar leis, buntáiste Mhín na Móna; an t-uaigneas, an dorchadas agus an suaimhneas. Chuirfeadh iargúltacht Theach an Gheafta scáth agus uamhan ar go leor daoine agus go háirithe dá gcaithfeadh siad an oíche a chaitheamh ann ina n-aonar, gan ina dtimpeall ach blár an chaoráin agus glugarsnach an tseascainn. Ach bhí an t-ádh le Mánas nach raibh sé uaigneach. Bhí sé den bharúil gur beag an dochar a dhéanfadh taibhsí an dorchadais duit. Ba mheasa i bhfad lámh dhearg na mbeo.

Bhí na crucaidí caoráin ag gleadhradh ceoil agus Mánas ag gabháil a luí. Thit sé ina chodladh agus é ag éisteacht leis 'na lupadáin lapadáin', focal a thóg sé ó Mhamó, agus iad ag glabarnaigh leo thíos sa tSeascann.

Caibidil 2

Shílfeá ó sholas buí-órtha na maidine gur spréadh sciomóg ime thar na cnoic is na caoráin; is é sin, nó smearadh de shú oráiste. Bhí Mánas ag baint pléisiúr as dealramh caoin na gréine agus é ag ithe a bhricfeasta ar bhinse os coinne an tí. Is minic a thig dólás ar dhuine an uair is mó atá lúcháir air.

Ar an uair go mbíodh sé ar a sháimhín só mar seo a ba mhinicí a thigeadh na smaointe doilíosacha croíbhrúite chuig Mánas agus é ag cuimhneamh ar Bashir. Le bliain anuas fuair sé na seacht mbás á chiontú féin as timpiste Bhashir; á mharú féin le haithreachas. Mura gcasfaí Mánas air is cinnte nach mbeadh gluaisrothar ag Bashir bocht mar nach raibh sé d'acmhainn aige a leithéid a cheannach. Ba doiligh cur ina luí ar Mhánas nach raibh aon neart aige ar ar tharla agus gur as grá a cheannaigh sé an gluaisrothar dó.

Ar na hócáidí dobhróin seo, shuíodh sé síos droim díreach, a shúile druidte, agus a umhail go hiomlán aige ar tharraingt agus ar ligean a anála. Tar éis fiche bomaite den chleachtas airdill seo, bhí sé ábalta faoiseamh éigin a aimsiú agus é féin a shocrú síos. De ghnáth, ba sin an uair a théadh sé i mbun pinn.

Mhothaigh sé níos fearr anois i ndiaidh do a bhabhta machnaimh a dhéanamh. Bhí úire agus beocht ag baint le gach ní. Chóir a bheith go dtiocfadh leis a lámh a leagan ar an chiúnas chrónánach seo a bhí thart air agus é a shlíocadh amhail is dá mba peata cait a bhí aige. Pangar Bán an mhanaigh. Chuir an íomhá sin tiúin mhaith air agus thosaigh sé ag smaointiú ar liricí na Luath-Ghaeilge, an ghné dá chúrsa céime a ba mhó a thug sásamh dó. Thaitin dánta seo na ndíthreabhach go mór leis; liricí gonta dea-chumtha a thug léargas glé ar radharc na coitiantachta; an teanga iontu cruinn agus cnuasaithe; an líne i dtólamh tomhaiste agus liriciúil. Miondánta ina ndéanamh, a mheabhraigh sé, ach fairsingeacht machaimh ina ndearcadh.

Ag feiceáil fiántas an gharraidh mar a bhí sé agus ag cuimhneamh ar an chúram a thug Mamó don áit fadó, tháinig na línte seo chuige.

> San áit ina mbíodh sí
> tá fál an gharraidh briste;
> ní fheicim anois ach fiailí,
> neantóga agus dreasóga, fite
> le féara tiubha an tsamhraidh.

Bhí sé sásta leis an dán. Tús maith a bhí ann. B'fhacthas dó gur éirigh leis dianbhreathnú a thabhairt leis i ndornán focal.

Ach anois bhí obair níos maslaí le déanamh aige. A thúisce is a bhí sé réidh lena bhricfeasta chuaigh sé i gceann oibre sa gharradh. Bhí an féar agus na fiailí ina slámas fáis ar fud na háite agus gan aige de ghléas gearrtha ach seandeimheas garraidh agus corrán meirgeach maolbhriste a fuair sé sa tseid stórais ar chúl an tí. D'aimsigh sé cloch speile fosta agus rinne sé a dhícheall faobhar a chur ar na hacraí seo ach bhí sé ciotach go maith ar an obair.

Is gearr gur tuigeadh dó mura bhfuil ealaín a láimhseála agat gur doiligh cloch fhaobhair a úsáid. Ach i gcionn tamaill, i ndiaidh dó a bheith á gcuimilt, á slíocadh agus a líomhadh, d'éirigh leis géarú beag a chur i mbéal na n-uirlisí, a oiread is a thug deis dó an féar ard a ghearradh agus an lustan a bhearradh go talamh.

Bhí sé ag obair leis mar sin ar a shuaimhneas ar feadh uaire, ag tarraingt an lustain, ag baint na bhfiailí agus ag lomadh na dtor. B'aoibhinn leis an ciúnadas. Ní raibh aon siúl daoine ar an áit agus ó d'éirigh sé níor mhothaigh sé feithicil ar bith ag gabháil an bealach. Choinnigh sámhghlór an tsrutháin a bhí ag sní anuas ó Dhroim na Sí cuideachtach leis, é sin agus na fuiseoga a bhí ag cur a gcroí amach i gceol os a chionn.

Bhí sé crom síos ar a ghlúine agus é ag iarraidh tom luachra a tharraingt as na rútaí nuair a baineadh preabadh as. Go tobann, bhí coileán beag madaidh ag lústar fána chosa agus ag éirí in airde ar a dhroim. Lig duine éigin fead glaice. 'Come here you pup! Drochmhúineadh ort!' D'aon rabhán cainte bhíthear ag cur brothladh ar an choileán. Ansin, tchí sé gasúr óg ag teacht chuige fríd bhearnaí sa chlaí, madadh caorach lena sháil. Bheannaigh Mánas dó.

'Maidin mhaith. Cé tusa?'

'Dinny,' a d'fhreagair sé agus shuígh sé síos go neamhbhuartha ar an chlaí. 'Ach 'an Gasúr' a bheireann achan duine orm.'

Ní raibh an chuma air go raibh coimhthíos ar bith ann. 'Bhí mé ag tabhairt súil thart ar na caoirígh. Thug muid an cnoc daofu inné. Bíonn ort na huain óga a choimhéad ar na polláin, tá a fhios agat.'

Bhain sé de a chaipín píce agus shlíoc siar a chuid gruaige lena chiotóg. Leis an láimh eile, bhí sé ag giollamas leis an choileán. Thug Mánas faoi deara gur buachaill gnaíúil a bhí ann, é catach donn agus bricíneach gréine ina leicneacha. Bhí sé caolard agus cuma cruadhéanta air. Chuir Mánas ceist cá háit a raibh cónaí air.

'Thall ansin ar chúl an chnoic i Mín an Draighin.' Rinne sé an áit a chomharthú lena ordóg. 'Tá sé míle go leith má théann tú thart an Cosán Garbh, ach tháinig mise trasna an chaoráin. Deich mbomaite siúil.'

'Tá tú gasta ar do chosa,' arsa Mánas.

'Cha choinneodh giorria suas liom nuair a bhím fá dheifre.'

Bhain sin gáire as Mánas. Thaitin siúráilteacht shéimh thíriúil an ógánaigh seo leis. Ní thiocfadh leis a bheith mórán níos mó ná cúig bliana déag, a mheas Mánas, ach shílfeá óna chuid cainte go raibh sé i mbun a mhéide. Labhair sé amhail is dá mba bunfhear a bhí ann.

Bhí Mánas ag cur iontais ann. I gcúl a chinn bhí rud inteacht ag inse dó go bhfaca sé a mhacsamhail de ghasúr roimhe seo, ach ní thiocfadh leis an aghaidh nó an áit a thabhairt chun grinnis.

'C'ainm atá ort féin?' a d'fhiafraigh sé de Mhánas go croíúil.

'Mánas Ó Dónaill. As Baile Átha Cliath mé,' arsa Mánas, agus d'inis sé dó i mbeagán focal gur lena mhuintir Teach an Gheafta agus gur ghnách leis féin an samhradh a chaitheamh anseo lena mháthair mhór nuair a bhí sé beag.

Bhí a fhios ag an ghasúr mar gheall ar Mhamó. Is minic a chuala sé a sheanathair á moladh, a dúirt sé. 'Bean gharach a bhí inti,' arsa Dinny.

Bhí a fhios ag Mánas go ndearna Mamó comharsanacht mhaith le muintir na háite. Ba mhinic í in áit na garaíochta nuair a tháinig orthu obair pháipéir a dhéanamh agus iad ag éileamh deontais stoic ar chaoirígh agus ar eallach. Chuaigh na blianta a chaith sí sa státseirbhís, sa Roinn Talmhaíochta mar a tharla sé, chun sochair daoithi agus í i mbun an obair chléireachais seo. Go deimhin, ba é a hábaltacht sna gnóthaí seo an chleite ab fhearr ina sciathán le dea-thoil lucht na gcnoc a tharraingt uirthi féin; a mbunús nach raibh ciall nó cleachtadh ar bith acu ag an am sin ar pháipéarachas den chineál seo. I gcomaoin ar a ndearna sise daofusan ní raibh moill ar bith uirthi duine acu a fháil le gar a dhéanamh daoithi nuair a bhí ga aici le láimh chuidithe.

Chuir sí saothar uirthi féin leis an obair seo. Ba cuimhneach le Mánas í ag déanamh magaidh faoi mharbhántacht an chórais. 'Tá oifig na marbh curtha agam le foirm eile,' a déarfadh sí lena cairde. 'Tá súil agam nach ndéanfar purgadóireacht rófhada air.'

Bhí Mánas ina sheasamh ag cuimhneamh ar Mhamó nuair a bhris Dinny an tost.

'Cén aois atá agat anois?' ar seisean, agus é ag grinniú Mhánais go géar. 'Scór bliain, a déarfainn féin dá gcuirfeá ceist orm.'

Bhí dóigh chuideachtúil aige.

'Thomhais tú ceart,' arsa Mánas. 'Beidh mé bliain is fiche i dtús an fhómhair.'

'Tchím' arsa Dinny. 'Tá tú ar an aois chéanna le hÉamonn s'againne.'

'Do dheartháir mór, an ea?' arsa Mánas.

'Sé,' arsa an Gasúr. 'Imríonn sé le Glen Celtic, an t-imreoir is fearr a bhí acu le fada.'

Ba léir go raibh bród air as gaisce imeartha a dhearthára.

'An imríonn tú féin sacar?' a d'fhiafraigh sé de Mhánas, go díograiseach, cuma air gur fear mór peile a bhí ann.

'Bím ag ciceál thart le mo chairde ach níl mórán maitheasa ionam,' arsa Mánas.

'Fan go bhfeice tú Éamonn s'againne ag imirt' arsa an Gasúr go beoga. 'Shílfeá gur ag damhsa leis an bhál a bhíonn sé.'

Is beag spéis a bhí ag Mánas i gcluichí, i gcluichí foirne ach go háirithe. Sa bhliain tosaigh dena chuid meánscolaíochta, d'fhreastail sé ar scoil ardghramadach do bhuachaillí. Bhí béim thar an choitiantacht ar chluichí sa scoil seo agus ba mhó i bhfad an meas a bhí ar ghaisce na páirce ná mar a bhí acu ar ardéirim léinn. Measadh go dtiocfadh gach buachaill a thabhairt in éifeacht ach tréan de lúthchleasaíocht a thabhairt dó.

B'fhuath le Mánas an córas tíoránta seo nach raibh toil ar bith ann don té nár spéis leis aclaíocht agus spórt maidin, neoin agus deireadh lae. B'fhuath leis an seó saolta a deineadh de go minic agus é amuigh ar pháirc na himeartha. Ní raibh tapú ar bith ann ar an bhál agus ní raibh sé a dhath níos fearr i mbéal báire. Bhí amscaíocht éigin air agus é ag imirt; easpa comheagair idir ceann agus cois nach raibh sé ábalta a shárú. Bhíodh moll de na buachaillí ag magadh faoi, cuid eile acu á mhaslú agus ag glaoch ainmneacha gránna air. Ní mheasfá do na múinteoirí go dtiocfadh leo a bheith chomh hainbhiosach agus a bhí siad, chomh dall ar bhulaíocht.

Chuir an íde béil agus an bhulaíocht as do Mhánas go mór. Bhí méin dheas ann agus é ina ghasúr óg ach mhothaigh sé é féin ag éirí trodach, drochaigeanta agus cadránta.

Choinnigh sé an staid mhíofar ina raibh sé óna thuismitheoirí chomh fada agus a thiocfadh leis mar nár mhaith leis iad a bhuaireamh, ach sa deireadh thiar thall, tuigeadh dó go gcaillfeadh sé a chiall nó go ndéanfadh sé míghníomh tubaisteach éigin mura scaoilfeadh sé a rún leo. Bhí siad ar deargbhuile. Isteach leo chun na scoile agus thug siad le fios don ardmhháistir ina ndóigh oilte, údarásach féin go raibh siad ag bagairt dlí ar an scoil as bulaíocht agus faillí choirpeach i gcúram agus i sábháilteacht a mic. Bhí an t-ardmháistir ar crith ina chraiceann, dúirt a mháthair le Mánas.

Nuair a bhí deireadh ráite, bhí a fhios ag an ardmháistir go maith go dtiocfadh leis an bheirt cheannasach seo — duine acu a raibh a ainm i mbéal an phobail faoi seo mar abhcóide den scoth — é a bhriseadh as a phost agus míchlú na bulaíochta a tharraingt ar an scoil. Ghéill sé daofu i ngach rud, le teann eagla, agus gheall sé daofu go ndéanfaí fiosrúchán beacht ar na líomhaintí agus nach dtarlódh a leithéid d'easpa cúraim arís. Ghlac sé leis go raibh siad uilig ciontach agus lochtach i gcur chun cinn an chineál córas oideachais a chothaigh bulaíocht agus brúidiúlacht.

Láithreach bonn, cuireadh Mánas chuig coláiste a raibh meon níos leithne agus níos liobrálaí acu i gcúrsaí oiliúna. Faoi stiúir bháúil na scoile sin tháinig a éirim nádúrtha chun solais; a bhua intleachta, agus aisteach go leor, a chumas rince. Do bhuachaill a bhí chomh hamscaí ar a chosa ar pháirc na himeartha, ba doiligh a chreidbheáil go dtiocfadh leis a bheith chomh haclaí ar urlár an rince. Thigeadh damhsóir oilte chun na scoile le rang a mhúineadh, fear óg a bhí mar bhall de 'Léim', complacht gairmiúil a dhírigh ar an rince chomhaimseartha. D'aithin seisean an ábaltacht a bhí i Mánas agus thug sé stiúir agus spreagadh dó.

Bhí luí ar leith ag Mánas le damhsa a d'inis scéal agus i gceann achar gearr, bhí sé ag cur a chóiriú féin ar fhinscéalta agus ar fháthscéalta. Sa bhliain dheireanach ar an choláiste, fuair sé moladh mór as rince míme a chum sé, 'Crann Silíní: Rince i dTrí Chéim' a thug sé ar an taispeántas seo.

B'fhada é ag breathnú ar an chrann silíní a bhí acu sa bhaile i Ráth Gharbh. Gach bliain i dtréimhse trí seachtainí d'aoibhneas is d'áilleacht, chanadh an crann seo a dhán craobhach pinc agus ansin thigeadh an meath agus scaipeadh na mbláth. Gach bliain, chuireadh an titim is an milleadh seo cumha ar Mhánas. Ina aigne sheas an crann mar shamhailchomhartha na beatha; breith, bláthú agus bás.

Tháinig sé ina cheann go dtiocfadh leis seó rince a bhunú ar an smaointiú sin. Mar shamhailt, bhí a lán le léamh air agus ina chur i láthair, bhain Mánas fad agus fairsingeacht as an léiriú sin.

Le geáitsí, le gluaiseachtaí, le soilse agus le rogha oiriúnach ceoil, thug sé brí dhrámatúil dena thuigsint gur ionann ár gcinniúint; gur bláthanna muid uilig ar chrann torthúil na beatha. Nuair a chuir sé an seó i láthair ag ceolchoirm chríoch na scoilbhliana, dhamhsaigh sé le huabhar agus le lúcháir. Bhí gach uile mhothú inaitheanta ina aghaidh agus inbhraite ina chuid gluaiseachtaí. An oíche sin, bhí a raibh i láthair i gcroí a bhoise aige. B'eisean an spiorad ainglí, an neach ró-álainn i dtaispeánadh diamhair.

Nuair a chríochnaigh sé, sheas siad ar a gcosa d'aon liú molta amháin agus d'fhan siad ina seasamh mar sin ar feadh cúpla bomaite, á mhóradh agus á mholadh.

Tar éis an tseó agus é sa seomra feistis á ghlanadh féin, tháinig bean óg ard lomchnámhach chuige lena buíochas a chur in iúl dó. Ba léir nach dtug sí aird ar bith ar an fhógra phoiblí a chroch sé ar an doras ag lorg príobháideacht go dtí go bhfaigheadh sé é féin a shocrú síos tar éis fuadar an tseó. Óna cóiriú péacach, a sciorta giortach leathair, a froc fada sróil, a buataisí dubha sálárda, a cocán corcra gruaige agus go speisialta óna glór, a bhí láidir agus domhain, d'aithin Mánas gur fear a bhí chuige in éide ban.

'Your dance routine was divine,' ar sise go síodúil, ag síneadh lámh chaol chaoindéanta chuige. 'I'm Trixie La Rue from Stillorgan,' agus rinne sí gáire beag meallacach magúil.

Bheannaigh Mánas daoithi go béasach.

D'fhéach sí uirthi féin go measúil sa scáthán agus í ag cur bail ar chocán gleoite a cinn. 'It was my hairday today. I decided on this frivolous shade of puce. Isn't it so laid back bold.'

Dúirt Mánas léi go raibh an dath go hálainn, agus é ag teacht lena cóiriú agus lena pearsantacht. Shásaigh sin í. Labhair siad ar an rince agus ar an chrann silíní a spreag é.

'I always thought,' arsa Trixie La Rue, 'that the blossoming cherry tree looked like a bride-in-waiting. We had one at home growing by the garden fence. It seemed to me that she was a bride forsaken at the alter rails. I pitied her.'

Labhair sí i nguth lánghlórach, amhail is dá mbeadh sí ar an stáitse, séala an ghalántais ar a chuid Béarla. Ansin leag sí súil mheidhreach ar Mhánas agus ar sise go neamhchúiseach, 'Your dance, dear, spoke to me in Pink. Are you?'

Nach dána an mhaise duit a leithéid de cheist a chur orm, a tháinig chun an bhéil ag Mánas le rá léi, ach níor dhúirt. Bhí a fhios aige nach raibh maith dó a bheith ag ligean air féin nó ag déanamh leithscéil i láthair phéarla an bhrollaigh bháin seo. Bhí sé measta go maith aici, bhí a mhiosúr aici go cinnte. Nuair a labhair Mánas char shéan sé a dhath.

'In Irish the word for pink is bándearg, meaning white-red. At present I'm more in the virginal white but leaning perilously towards the sinful red.'

Lig Trixie La Rue gáire álainn gealfhiaclach aisti féin. Leag sí lámh chaoin ar ghlúin Mhánais.

'Dear boy, your words are like cherry blossoms tickling my coccyx. Here's my calling card. I'll be your chaperon when you want to experience the thrill of a ball ... or ... preferably two. Now, I have to whoopee. Show me to the Ladies.'

Ba sin mar a fuair sé pátrún agus treoraí a raibh tosaíocht áite aici i saol rúin na cathrach. B'ise a chuir ar an eolas é agus thug thart é ar thithe cuideachta agus a chuir in aithne é don bhráithreachas aerach.

Ní raibh teorainn ar bith le Trixie La Rue i dtaca lena dearcadh ar an tsaol.

'I'm a transvestite lesbian crossdressing homo,' a déarfadh sí go giodalach. 'I'm omni, darling. Fuck the constructs! I'm gender fluid ... and moist.'

Thaitin a comhluadar le Mánas; a greann amaideach béal-scaoilte, a bitsíocht a raibh idir nimheadas agus chineáltas ann, agus a hiarrachtaí le leannán a fháil dó.

'This big boy will help you widen your circle. You will have slots of fun together.'

Ach ní raibh cuma ná dealramh ar éinne de na buachaillí a chuir sí in aithne dó agus ní tháinig a dhath as na hiarrachtaí cleamhnais.

Thug Trixie La Rue uchtach dó as féin agus an gríosú a bhí de dhíth air le teacht amach. 'Here we go, out of the closet and into the fairy ring,' a déarfadh sí leis agus í á thabhairt go dtí an

George nó Out on the Liffey, beáranna aeracha na cathrach. Agus nuair a d'fhógair sé sa bhaile go raibh sé aerach bhí a mháthair an-tuigseanach. Ba léir daoithi, a dúirt sí, ó bhí sé ina ghasúr beag go raibh an claonadh sin ann. Bhí lúcháir an domhain uirthi anois go raibh sé sásta é sin a admháil go poiblí. Mhol an t-athair é as a bheith fírinneach ach mhothaigh Mánas nach raibh a chroí ann agus go raibh col éigin aige leis an chlaonadh a bhí ina mhac.

Níor lig Mánas a dhath air féin faoi seo. Ar scor ar bith, b'fhada, ba dóigh sin, a bhí an Gasúr seo ó haon tuigbheáil a bheith aige ar an chineál sin saoil. Ar mhaithe le fáil ar shiúl leis ó chomhrá faoi shacar, ábhar nach raibh aon eolas, i ndáiríre, ag Mánas air, tharraing sé arthach scéil chucu. D'fhiafraigh sé den Ghasúr cé mhéad duine teaghlaigh a bhí siad ann.

'Éamonn, mé féin agus Brídín,' ar seisean. 'Tá moill bheag uirthise, tá a fhios agat, sa chloigeann. Tá sí ar chiall na bpáistí.'

Thug Mánas faoi deara gur mhaothaigh na súile air, rud beag.

'Tá mé buartha faoi do dheirfiúr,' ar seisean go lách, ag amharc sa tsúil ar an Ghasúr.

'Níl neart air,' arsa an Gasúr go trombhuartha. 'Achan duine is a thrioblóid féin!' Chrom sé síos le plásaíocht a dhéanamh leis an choileán. Bhí an madadh caorach ina shuí in aice leis, giorranáil air sa teas.

'Tá tréan oibre romhat anseo.' Phioc sé suas an seandeimheas mantach agus rinne iniúchadh air. 'Níl béal róghéar ar an acra seo.'

'Níl aon mhaith ionam ag cur faobhair,' arsa Mánas.

'Dúirt tú an fhírinne,' agus rinne sé draothadh beag cuideachtúil le Mánas. 'Tá sin le feiceáil ar na cutters seo.'

Bhí an chloch speile ina luí san fhéar. Phioc sé suas í. 'Amharc ormsa anois,' ar seisean go húdarásach. Ar dtús scar sé dhá lann an deimhis óna chéile. Ansin thosaigh sé a leadradh is a lascadh, gach ceann acu ar a sheal. Anuas agus suas béal na lainne, ag coinneáil rithim righin thomhaiste i rith an ama, ag ligean chuige agus uaidh go máistriúil.

Sheas Mánas ansin agus dú-iontas air faoin dóigh aicseanta a bhí ag an Ghasúr seo le béal an deimhis a ghéarú. Bhí sé ábalta an lann a líomhadh go ligthe líofa gan na méara a bhaint de féin.

'Tá gearradh measartha sna cutters seo anois,' ar seisean go bródúil, ag sleamhnú a mhéir go sochma thar bhéal na lainne. 'Cuirfidh mé faobhar ar an chorrán fosta. Ansin thig leat stróiceadh leat go mbeidh tú dearg san aghaidh.'

Fad agus a bhí sé ag obair d'fhan Mánas ina thost, ag baint aoibhnis as an chloch speile ag déanamh gioscáin i gciúnadas na gcnoc. Ba chuimhneach leis an fhuaim seo óna óige, fir bainte i gcuibhrinn Mhín an Draighin ag cur faobhair ar a gcuid spealta. Cé go ndéarfadh duine eile nach raibh ann ach gliogar géar goilliúnach, i gcluais Mhánais ba ceol a bhí ann, cineál de chantaireacht réidh a chuir faoi gheasa é.

Nuair a bhí a chuid oibre déanta aige shín an Gasúr na huirlisí chuig Mánas. 'Anois scuitseáil leat ansin go bhfeicfimid an bhfuil béal ar bith sna hacraí seo.'

Rinne Mánas mar a hiarradh air. Cinnte, bhí gearradh i bhfad níos fearr sna huirlisí anois. B'fhurasta sin a fheiceáil ar an tsraith throm lustain a thit roimhe go héasca.

Dhírigh Mánas é féin suas. 'Tá tú iontach maith ag cur faobhair,' ar seisean leis an Ghasúr nuair a fuair sé a anáil arís.

'Ba chóir domh a bheith maith dá leanfainn m'athair mór,' arsa an Gasúr. 'Eisean a thaispeáin domh goidé an dóigh le cloch fhaobhair a úsáid i gceart.'

'An bhfuil sé beo go fóill?' arsa Mánas.

'Tá agus dea-bheo,' arsa an Gasúr. 'Tá sé ceithre scór ach níl caill ar bith air go fóill. Tá mise i mo chónaí aige ó bhí mé beag.'

B'aisteach le Mánas nach raibh rian ar bith den Bhéarlachas

ar theanga an ghasúir seo. Mheasfeá gur shiúil sé amach as leabhar de chuid Mháire is gan ar bharr a ghoib leis ach Gaeilge thíriúil an tseansaoil. Ón aithne a bhí ag Mánas ar chainteoirí dúchais Thír Chonaill san ollscoil, ba bheag a líon a raibh éirim teanga an ghasúir seo iontu. Anois tuigeadh do Mhánas cén fáth a raibh Gaeilge chomh glan snoite aige. Chaithfeadh sé gurb é an tógáil a fuair sé óna athair mór, duine den tseanghlúin, ba chúis leis.

Ag éisteacht leis an ghasúr seo, dar le Mánas go raibh blas agus boladh na móna, cumhracht fraoigh agus aiteannaigh; amharc spéire agus sléibhe le mothachtaíl ar a chuid Gaeilge. B'fhiú leis fad a bhaint as an chomhrá go díreach ar mhaithe le bheith ag éisteacht le nádúracht na cainte seo. Agus i dtaca le biseach a chur ar a chuid Gaeilge féin, ba seo fear a mhúinte chuige.

Bhí sé ag bualadh ar mheán an lae faoin am seo agus thug Mánas cuireadh dó fanacht le haghaidh lóin. Ghlac sé leis an tairiscint ina dhóigh réchúiseach féin.

'Má tá sé agat le spáráil beidh sé agamsa le hithe.'

Dúirt an Garsúr leis go dtabharfadh sé lámh chuidithe sa gharradh fad is a bhí Mánas ag ullmhú an bhídh.

'Tá mé níos fearr ag déanamh obair fir ná mar atá mé sa chisteaneach,' a dúirt sé.

Sular thosaigh sé a chocaireacht chuir Mánas dlúthdhiosca isteach sa tseinnteoir stereo a thug a mháthair anuas as Baile Átha Cliath. Rostroprovich ag seinm na Cello Suites; doird ghlórmhara Bach a bhfuil fairsingeacht na firmiminte i ngach ceann acu. Ní éireodh Mánas tuirseach den cheol seo go deo.

Líon siad an teach anois le hanáil úr bhinnghlórach lúcháire agus é ag ullmhú an bhídh. Rinne sé griscíní uaineola a ghríoscadh san oighean. réitigh sé babhla sailéid, leag sé amach pláta cáise agus crackers agus, mar mhilseog, shocraigh sé ar phióg úll agus uachtair. Bhí sé ag súil go mbeadh dúil ag an Ghasúr i mbia tiriúil mar seo.

Ós rud é go raibh an lá ciúin agus grianmhar, bheartaigh sé gur amuigh faoin aer an áit ab fhearr le hithe. Spréigh sé brat éadaigh ar an tseanbhinse gíoscánach, d'iompair sé an bia agus an deoch amach as an chisteanach. Ghlaoigh sé chun boird ansin ar an Ghasúr, a bhí ar theann a dhíchill ag tarraingt dosáin aiteannaigh agus tomóga fraoigh agus á gcarnadh ar chúl an tí.

'An boladh agus gan a bheith ann ach sin, chuirfeadh sé faobhar ar do ghoile,' arsa an Gasúr. Shuigh sé isteach agus chuaigh i mbun itheacháin chomh réidh nádúrtha is dá mbeadh sé sa bhaile. Níor bhac sé le scian nó le forc. D'ith sé lena chrága. Phioc sé an fheoil den chnámh lena chár. Dhoirt sé braon den tsú úll isteach i ngloine agus chaith siar é d'aon slogóg amháin. Thaitin an mhilseanacht leis agus d'ith sé a sháith den phióg úll agus é ar maos aige in uachtar. Ghearr sé leadhb den cheddar, chuach suas é i nduilleog leitíse agus d'ailp siar é go fonnmhar.

'Nuair a bhíonn fáil agam ar bhia, bím go maith do mo bholg,' ar seisean agus é ag cuimilt íochtar a bhoilg, cuma lánsásta air. Ansin lig sé brúchtach as gan náire. Tógadh Mánas le míneadas áirithe meánaicmeach a chleachtadh ag an tábla. Ní raibh, is cosúil, aon chiall ag an Ghasúr do bhéasa boird righin galánta den sórt sin.

Ar mhaithe le héagsúlacht, shín Mánas píosa de Danish Blue chuige ar stiall d'arán donn. D'amharc sé go hamhrasach ar an cháis, ansin chuir lena ghaosán é lena bholadh a fháil. Ní raibh sé lena shásamh agus chuir sé grainc ghránna air féin.

'Nach bhfuil eagla ort,' ar seisean le Mánas, 'go dtabharfadh an cháis seo goile salach duit?'

'Nár ith tú cáis mar seo riamh?'

'I dtigh s'againne dá mbeadh coincleach mar seo ar an cháis, chaithfeadh muid amach ag na madaidh é,' arsa an Gasúr. 'Ar scor ar bith, ní itheann muidinne ach Galtee. Ní bhacaimid le cáis na mbodach.'

Bhain sin gáire as Mánas. Bhí an Gasúr ag piocadradh ar an cháis lena mhéara agus á bhriseadh ina ghiotaí beaga. Sa deireadh, i ndiaidh dó smúdar a dhéanamh de, chuir sé oiread na fríde de ina bhéal, ach cha luaithe a bhí sé istigh go raibh sé caite amach aige arís. Chairt sé a theanga lena chár agus chaith amach seileog mhór ramhar.

'Chuirfeadh an cháis sin samhnas ar mhadadh,' ar seisean, ag cur amach a theanga le déistin.

'Níl ann ach cleachtadh. Gheobhaidh tú blas uirthi de réir a chéile,' arsa Mánas.

'Tá eagla orm go mbeidh feitheamh fada ort,' arsa an Gasúr go rógánta. D'fhéach sé ar Mhánas go grinn. 'Beidh féasóg go barr na mbróg ort sula n-íosfaidh mise a dhath den cháis lofa sin.'

Bhí Mánas ag baint an-sásamh as nádúrthacht an Ghasúir, ní hamháin mar gheall ar a chuid cainte ach fosta de thairbhe a chuid dóigheanna. Ní raibh faitíos ar bith ar an bhuachaill seo a bharúil a thabhairt go neamhbhalbh agus, lena chois sin, b'fhacthas do Mhánas go raibh iontaoibh dheas nádúrtha aige as féin.

D'inis an Garsúr dó go raibh sé cúig bliana déag d'aois is go raibh an dara bliain curtha de aige i bPobalscoil Bhaile an Droichid. Ach ní raibh sé róthugtha don scoil. B'fhearr leis i bhfad, dúirt sé, a bheith sa bhaile ag déanamh obair feirme ná bheith gaibhte istigh i seomra beag ranga.

'Ar scor ar bith, tá mé i rang na mbómán is níl mórán seans go ndéanfar professor domh amach anseo.'

Chuir sé iontas ar Mhánas go gcuirfí an gasúr seo isteach i rang lag agus an chosúlacht air go raibh éirim as an ghnáth ann. Cheistigh sé an Gasúr.

'Cén fáth a bhfuil tú i rang íseal den chineál sin?'

D'fhreagair an Gasúr é go stuama. 'Níl mé ábalta bun ná barr a dhéanamh de litreacha ná d'fhocla. Bíonn siad ag léimtí thart ar an leathanach cosúil le caoirigh bhradacha.' Bhí an coileán ar a ghlúine aige agus é ag déanamh bánaí leis. 'Agus níl madadh caorach ar bith agam lena gceapadh.' Rinne sé gáire beag aoibhiúil.

'Tá tú dyslexic,' arsa Mánas.

'Sin an rud a deir siad liom,' arsa an Gasúr go neamhbhuartha.

'Nach bhfuil múinteoir feabhais sa scoil le cuidiú leat,' a d'fhiafraigh Mánas de.

'Tá, ach ní maith liom í. Níl cuid mhór foighde aici le mo leithéidse agus ansin éirím stobranta léi.'

Bhí siad ina suí ar a suaimhneas ag ól tae is ag comhrá mar seo nuair a chuala siad feithicil ag teacht anuas an bealach garbh ar a gcúl. Ansin nocht veain bhán ag ceann na malacha ag scaipeadh dusta soir siar leis an luas a bhí faoi. I dtobainne bhí an Gasúr ina shuí de léim agus ag tabhairt rúchladh gasta ar dhoras an tí. Ar dtús, shíl Mánas gurb é an bia a chuir sciotar buinní air is go raibh sé ag deifriú chun an leithris ach ansin chonaic sé é ag gliúcaíocht ar chúl na fuinneoige amhail is dá mbeadh sé ag cúlchoimhéad ar rud inteacht.

Stop an veain os coinne an tí agus chuir an tiománaí a cheann amach. Scairt sé anall le Mánas. 'Are we on the right track to Manhattan.' Labhair sé i mbréag-Mheiriceánais nach raibh rómhaith. Bhí fear eile sa tsuíochán tosaigh fosta. Chuala Mánas an diúlach seo ag seitgháireach. Bhí a fhios aige go raibh siad ag tarraingt na coise aige ach lig sé leo.

'Straight ahead,' a dúirt Mánas ar an dara focal leo, 'and keep on the motorway.'

'Right on, man!' arsa an tiománaí, shéid sé an adharc cúpla uair agus ar shiúl leo, ag déanamh gleo agus ag géarú luais síos an garbh-bhóthar.

Nuair a bhí an veain imithe as amharc tháinig an gasúr amach as a áit folaigh agus cuma tógtha air.

'Is beag orm an dá phrioll chaca sin,' ar seisean. Bhí binb ina ghlór. 'Sin Billie agus Cha, tá an drochrud ina sheasamh istigh iontu.'

'Ó?' arsa Mánas, ag taispeáint go raibh sé fiosrach.

'Ghoidfeadh siad an chros ón asal, an péire sin,' arsa an Gasúr go feargach. 'Ansin le gairid, tháinig mé orthu tráthnóna amháin agus iad ag lódáil an veain le caoirigh. Bhí siad á ngoid ó mo sheanuncail thuas i mBinn na Gaoithe. Tá an áit sin scoite agus shíl siad go raibh leo ach tháinig mise orthu gan mhothú.'

'Nach raibh eagla ort rompu,' arsa Mánas agus é ag téamh leis an eachtra.

'Bhí leoga,' arsa an gasúr. 'Chuir mé brothladh orthu stad den ghadaíocht ach ansin bhain mé as amach chomh tiubh géar agus a thiocfadh liom. Ní fhágfadh an péire céanna béal ná súil ionam dá bhfaigheadh siad greim orm. Sin an tuige a deachaigh mé i bhfolach orthu nuair a chonaic mé iad ag teacht.'

Ba léir do Mhánas go raibh an Gasúr imníoch, agus an chúis sin aige de réir an scéil a d'inis sé.

'Agus ghoid siad na caoirigh?'

'Déarfainn gur ghoid siad cuid acu. Níl cuntas ceart ag mo sheanuncail ar a chuid caorach. Tá sé anonn i mblianta agus dearmadach, tá a fhios agat. Thig leo éirí suas ar dhuine mar sin. Cuireann siad a marc féin ar na caoirigh ghoidte agus díolann siad iad áit inteacht thuas sa North.'

'An dóigh leat go ndéanfaidh siad dochar duit?' arsa Mánas.

'Dhéanfadh siad leathmharú orm dá dtiocfadh leo ach tá m'athair mór leo.'

'D'athair?' arsa Mánas go ceisteach.

'Bhíodh sé féin agus Billie agus Cha ag cur bail ar thithe le chéile.'

D'aithin Mánas ar a chuid cainte go raibh sé míshásta lena athair.

'An réitíonn tú féin agus d'athair le chéile?'

'Ní dhéanaim beag nó mór leis. Tá sé róthugtha don bhuidéal. Ar scor ar bith, chan fheicim é ach go hannamh. Tá sé féin agus mo mháthair scartha óna chéile....'

Le linn na cainte seo, tháinig scairt chuige ar a fón póca agus chuala Mánas é ag rá go raibh sé 'i dTeach an Gheafta le boc óg as Baile Átha Cliath.'

Boc óg as Baile Átha Cliath! Chuir an cur síos sin aoibh an gháire ar Mhánas agus é ag fágáil na háite faoin Ghasúr lena chomhrá a dhéanamh go príobháideach.

'M'athair mór a bhí ansin,' ar seisean nuair a bhí an glaoch déanta aige.

Sheas sé ar leac an dorais ag caint le Mánas. 'Tá sé m'iarraidh 'na bhaile le giota móna a chróigeadh. D'iarr sé ort a theacht trasna chugainn nuair a bheas faill agat.'

Bhí lúcháir ar Mhánas a leithéid de chuireadh a fháil agus ghlac sé leis an tairiscint go fonnmhar. Ba bhreá leis aithne a chur ar lucht na háite agus go speisialta orthusan a raibh an teanga ar a dtoil acu. Ba léir ó chumas cainte an ghasúir seo go raibh oide den scoth aige. Chaithfeadh sé, dar le Mánas, gur óna athair mór a fuair sé an acmhainn shaibhir Gaeilge seo.

Socraíodh go dtiocfadh an Gasúr faoina choinne an tráthnóna dár gcionn is go dtabharfadh sé trasna an chnoic é go Mín an Draighin.

Sular imigh sé thug Mánas timpeall an tí é ar sciuird thapaidh. Bhain an gasúr lán na súl as a raibh fá dtaobh de — an trioc, na pictiúir ar na ballaí, an dóigh a raibh an teach leagtha amach. Ní raibh a dhath le himeacht air ón dóigh a raibh a shúile sáite i ngach rud.

'Tá deoir anuas agat anseo sa chisteaneach.' Bhí a mhéar sínte aige i dtreo smál buí salachair os cionn an chubaird, spota taisligh nach dtug Mánas faoi deara go dtí gur chuir an Gasúr ar a shúile dó é.

'Déarfainn go bhfuil an roof ag ligean isteach uisce. Amharcóidh mé féin agus Éamonn ar lá inteacht.'

Ghabh sé buíochas le Mánas as an 'feed mór' faoin aer. 'Caithfidh mé a bheith ag bogadh liom anois. Tá sean-Mhicí ag fanacht liom.'

Mhothaigh Mánas go raibh dlúthdháimh idir an gasúr agus an t-athair mór. Luaigh sé seo leis.

'Tá an bheirt againn ábalta tarraingt le chéile mar a bheadh tine agus toit ann,' arsa an Gasúr go croíúil. 'Cha raibh focal as bealach eadrainn riamh.'

Dhlúthaigh an chaint sin a dháimh leis an Ghasúr. B'ionann an cás aige féin agus ag a mháthair mhór é.

'Cheerio,' a dúirt an Gasúr leis agus é ag imeacht. B'fhada ó chuala Mánas an bheannacht sin — bhíodh sé ag a mháthair mhór. Bhain an focal lena glúinse níos mó ná lena ghlúin féin. Bhí lúcháir air é a chluinstean anois ó bhéal an Ghasúir seo. 'Cheerio!' San fhocal bheag chroíúil thíriúil sheanfhaiseanta sin b'fhacthas do Mhánas go raibh an Gasúr agus Mamó i bpáirtíocht lena chéile.

Caibidil 3

Ó Ard na Seamar, bhí radharc álainn acu ar Mhín an Draighin ina luí thíos fúthu faoi bhuíú na gréine. Suite i ndoimhneas an ghleanna, crioslach na gcnoc ina thimpeall, thiocfadh leat é a shamhlú le soitheach cluasach, a mheabhraigh Mánas, ós rud é go raibh cuar na habhha ag déanamh lúibe ar thaobh amháin den bhaile. Cuach an tsolais a tháinig ina cheann agus é ag breathnú síos ar an bhaile bheag bhéalfhoscailte seo faoi luí na gréine.

Bhí a fhios aige go maith gur rómánsúil an mhaise dó a leithéid de rámás a shamhlú le haon bhaile fearainn. D'ainneoin an chuma sheascair shó a bhí ar gach cónaí, bhí a fhios ag Mánas nach raibh aon bhaile saor ó bhuaireamh an tsaoil. Chuir solas an tsamhraidh aoibh na gile ar an áit ach i nduibhe an gheimhridh, dá mbeadh claon i leith an duaircis ionat, tuigeadh dó go dtiocfadh leis na cnoic seo teannadh isteach ort agus tú a mhúchadh.

Chan ionann agus an uair a bhí sé anseo deich mbliana roimhe sin, anois ní raibh curaíocht ar bith á déanamh san áit. Bhí an talamh uilig amuigh bán agus cead a gcoise ag na caoirigh i gcuibhrinn ina mbíodh barr coirce is prátaí an tráth seo bliana.

Bhí cúpla tírdhreach luachmhar den áit seo crochta aige ina sheomra leapa sa bhaile i Ráth Garbh; dhá oladhath a rinne Frankie Evans den áit sna daicheadaí déanacha; radharcanna de ghoirt choirce an fhómhair i Mín an Draighin. Ní raibh scríob de thalamh oibrithe le feiceáil in aon áit anois, agus bhí mórán den talamh fad amharc uaidh a míntíríodh le dua san am a chuaigh thart ag imeacht fiáin le feagacha is le fraoch.

Bhí an fiántas i ndúchas na hithreach seo; fiántas a coinníodh faoi smacht le dúthracht na nglúnta ach a bhí anois ag briseadh amach is ag glacadh seilbhe ar a chuid féin arís. Samhlaíodh do Mhánas go raibh an sliabh sa tsiúl, agus ag cur a chosa caoráin uaidh go ceannasach agus ag tabhairt le fios gurb eisean máistir na háite, gur aigesean a bhí bua na sealbhaíochta anseo. Ní raibh, is ní bheadh, i saothair úd an daonnaí ach tionóntacht shealadach ghearrshaolach.

'Siúil leat anois,' arsa an Gasúr. 'Tá sean-Mhicí ag súil linn.' Síos leo cosán beag tomógach, Ard na mBothóg ar thaobh amháin daofu, an Droim Dubh ar an taobh eile; an Gasúr ag ainmniú na ngnéithe aiceanta seo do Mhánas. Ag Binn an Bhacáin thiontaigh siad ar dheis suas go Mín an Draighin.

Bhí teach Mhicí Mhic Shuibhne ina shuí istigh go seascair ar fhoscadh na gcrann; cabhsa de ghraibhéal ag gabháil a fhad leis ón bhóthar. Teach íseal feirme den tseandéanamh a bhí ann. Scioból ard le lafta ag an cheann íochtarach agus cúpla seid, an chuma orthu go raibh siad tógtha go húr ar a chúl. Diomaite de sheaninnealra na feirme a bhí caite ina mholl meirgeach i gcoirnéal na sráide, bhí an áit coinnithe glan agus ordúil, ciumhaiseog bheag de bhláthanna an tsamhraidh ag rith le tosach an tí.

'Tá fearaibh na fáilte romhat,' arsa Micí go croíúil agus é ag croitheadh láimhe le Mánas ar leac an dorais. 'Bhí seanaithne agam ar do mháthair mhór, comharsain chomh garach agus a thiocfadh leat a fháil.' Thug sé Mánas isteach chun na cisteanaí agus chuir ina shuí é ar chathaoir bhog shócúil os coinne na tine. Tharraing sé féin cathaoir chrua-adhmaid chuige a raibh uilleannacha leathana uirthi. 'Ag m'aois-se is fearr liom cathaoir chrua. Tá sé níos fusa éirí aisti má thig orm gasta,' ar seisean go suáilceach agus é ag claonadh a chinn i dtreo an dorais ar chlé. 'Sin teach an tsómais.' Sméid sé ar Mhánas, rógaireacht shoineanta ina shúile. Bhí 'bathroom' i bprionta daite marcáilte ar an doras.

Fear beag toirteach a bhí ann, a cheann geal-liath, agus gearbacha na haoise ar a chraiceann. B'fhacthas do Mhánas go raibh sé fódaithe sa talamh cosúil le seanchreig nó le stumpán giúise. Bhí módhúlacht chaoin ina ghnúis a thaitin le Mánas. Seo fear a bhfuil seasmhacht ann, a dúirt sé leis féin, fear dá fhocal.

Bhí éide fir tíre á chaitheamh aige den chineál a bhí coitianta i bhfad roimh am Mhánais, léinidh donnbhuí flainnín, gealasacha, veiste de bhréidín glas agus bríste de chorda an rí. Ach amháin na bróga — péire de shléipéirí dearga smolchaite a bhí ar an dath céanna leis an chairpéad ar an urlár — bhí sé feistithe sa tseanstíl; cóiriú a d'fhóir dó is a thug, i súile Mhánais, uaisleacht nádúrtha dó.

Nuair a d'fhiafraigh Mánas cad é mar a bhí a shláinte, arsa Micí leis 'Tá mé go díreach cosúil leis an tseanchlog sin ar an bhalla — cúpla scríobadach anseo is ansiúd ar an aghaidh ach tá an ticker láidir.'

'Caithfidh mé a rá gur mór an chreidiúint do do mhuintir go bhfuil Gaeilig bhreá agat,' arsa Micí agus é ag spíonadh tobac as púitse beag leathair.

'Gaeilge teanga an tí s'againne i mBaile Átha Cliath,' arsa Mánas go faiteach. Is ar éigean a tháinig na focail leis ar chor ar bith. Mhothaigh sé go raibh a chuid Gaeilge ciotach agus easpach i láthair an fhir líofa seo.

D'fhéach Micí air go cineálta. 'Ní chreidfeá ach chomh mór agus a thógann sé mo chroí an méid sin a chluinstean uait,' ar seisean go báúil. 'Sibhse, lucht an bhaile mhóir a choinneos beo í nó tá meath ag teacht uirthi anseo.' Chuir sé séideog i gcos an phíopa lena réiteach. 'Muise mh'anam go bhfuil Gaeilig agat féin níos fearr ná mórán d'aos óg na háite seo.'

Ba mhór ag Mánas an moladh lách sin.

'Tá go leor le foghlaim agam go fóill,' ar seisean le tréan

umhlaíochta. Bhí an chuma ar Mhicí go raibh sé ag cruinniú a chuid smaointe le chéile. Ansin thosaigh sé.

'I dtosach bíonn sé doiligh teacht isteach ar an Ghaeilic. An chéad amharc a bhéarfá uirthi, ní abrófá go raibh sí ródháimhiúil ach de réir mar a chuirfeá aithne uirthi, thuigfeá go bhfuil sí lán de chroí.'

Shuigh sé siar sa chathaoir, dhearg a phíopa go cúramach agus bhain smailc fhada shásta as. Chonaic Mánas rollóga beaga toite ag éirí is ag fabhrú ina bhfáinní geala os a chionn.

Tháinig an gasúr isteach le ciseán móna, chrom sé síos ar a ghlúine agus thosaigh ag giollacht na tine. Charnaigh sé fóda agus cipíní thart ar an bheochán bheag dhearg a bhí ag dó sa ghráta. Sháigh sé leadhb mhór Zip isteach i gcroí na tine ansin agus chuir sé cúpla bloc d'ábhar adhainte ón tsiopa os cionn na bhfód.

'Tá lámh mhaith ag Dinny s'againne ar obair na tine,' a dúirt Micí, meangadh beag magaidh ar a bhéal. 'Fear feidhme atá ann má tá Zip aige.'

'Zippidy dodade,' arsa an Gasúr go meidhreach agus é ag cur lasóg sa tine. De phléasc d'éirigh na bladhairí in airde ar bharr amháin lasrach agus scéith drithleoga dearglasta suas an simléir. Chluinfeá craiceáil na gcipíní agus iad á ndó is á scoilteadh sa teas. Shíl Mánas go rachadh an simléir ar thine ach ní raibh an chuma ar cheachtar den bheirt eile go raibh aon imní orthu.

Thug sé faoi deara go raibh sceitimíní áthais ar an Ghasúr agus é ag breathnú ar an chaor thine a las sé. Bhí Micí amhlaidh leis. Tháinig solas ina shúilesean fosta. Bhí siad beirt ina bpáistí súilaibí agus iad faoi gheasa ag bruth agus ag blosc na mbladhairí. Ag féachaint orthu, bhí Mánas ag cuimhneamh go raibh rud éigin diamhair i dtine; tarraingt seanársa éigin a chuaigh siar go huaimh dhorcha ár dtuismí. Ón uair a tuigeadh don daonnaí go dtiocfaí tine chreasa a bhaint as clocha bhí ábaltacht úr mháistriúil aimsithe aige a thabharfadh buntáiste do thar gach uile bheo bheathach. Anois bhí cumhacht osnádúrtha aige agus é ábalta a ghiniúint de réir a thola. Rinne an tine dia beag den duine.

Le tamall anuas bhí Mánas ag smaointiú ar sheó rince bunaithe ar mhiotas de chuid na Gréige. Bhí sé ag na sean-Ghréagaigh gurb é Proiméitéas a ghoid rún na tine ó na déithe agus chan sásta a bhí siadsan leis an ghadaíocht. Ceanglaíodh Proiméitéas de chreag agus fágadh faoi na hiolair an t-ae a ithe as. Ach ba é an chuid a ba chruálaí ar fad den scéal seo ná go ndéantaí athnuachan ar an ae chomh luath agus a bhí sé ídithe ionas nach mbeadh deireadh go deo lena pheannaid phianmhar. Ach ba chuma, bhí an rún scéite; bhí an spréach dhiaga, seilbh rúnda na ndéithe, faoi réir ag an duine. Bhí tús le glóir-réim uileghabhálach ár gcine. Chan iontas ar bith dá bhrí sin go bhfuil an tine luaite leis na mothúcháin is tréine i gcroí an daonnaí; fearg, grá, paisean. Bhí Mánas ag smaointiú ar an chineál rince ab fhéidir leis a chumadh as an mheabhraíocht seo ar fad. Bhí sé ag féachaint ar an Ghasúr agus ar Mhicí; an buachaill ar a leathghlúin agus Micí cromtha aniar sa chathaoir, an bheirt acu ina dtost agus iad ag stánadh le hiontas ar na bladhairí amhail is dá mba rúnpháirtí iad i ndeasghnáth diamhair éigin a bhí ar ceilt ó Mhánas.

'Tá tine againn anois,' arsa an Gasúr go sásta.

'M'anam go bhfuil,' arsa Micí, ag moladh leis. 'Ní bhfaighfeá Ifreannach a mbeadh locht aige uirthi.'

Bhí níos mó acmhainn acusan ar theas ná mar a bhí ag Mánas. Bhí seisean ag cur allais cheana féin agus b'éigean dó cúlú siar ón tine. Shuigh sé síos ar stól beag i bhfionnuaire an dorais, áit a raibh anáil aeir le fáil aige.

'Ní mhairfinn i bhfad in Ifreann,' ar seisean, ar son grinn, 'mura gcaithfeadh siad bucóid uisce coisricthe orm.'

Bhain sin gáire astu.

'Déanfaidh Dinny steallóg tae dúinn anois, nach ndéanfaidh, a thaiscidh?' arsa Micí go bladarach leis an Ghasúr.

'Tá Micí maith ag an phlámás,' arsa an Gasúr agus é ag cur stuaice air féin, mar dhea.

D'agair Mánas é gan trioblóid ar bith a chuir air féin ar mhaithe leis-sean. Ba sin an múineadh a fuair sé ó Mhamó. Chaithfí diúltú don tae ar dtús, go dea-bhéasach dár ndóighe, ach ansin diaidh ar ndiaidh, chaithfí tabhairt isteach don tairiscint, géilleadh, agus an tae a ghlacadh. Ba chuimhneach leis béasnaíocht an tae agus é ar cuairt i dtithe na háite lena mhamó.

'Bolgam beag i do láimh, sin a mbeidh ann,' arsa an Gasúr go réchúiseach.

'Dhéanfadh fliuchadh béil maith duit, a chroí,' arsa Micí go mórchroíoch. 'Muise cá háit a mbeadh muid gan deoir bheag tae.'

'Sa mhental agus do theanga thiar ar do thóin leis an tart!' a d'fhreagair an Gasúr go giorraisc agus é ag spochadh as an tseanfhear. Ach bheadh a fhios agat nach raibh aon dochar sa ghearradh cainte seo. Bhí siad dlúth dá chéile agus d'aithin Mánas é sin ón chaidreamh réidh nádúrtha a bhí eatarthu.

'Focal níos aicearraí ní thiocfadh leat a rá,' arsa Micí go cuideachtúil agus é ag cur tuilleadh deargtha ina phíopa.

Fad is a bhí an Gasúr ag ullmhú an tae sa chisteaneach chúil chuala Mánas cén fáth ar tógadh é i dtigh a athara móir.

'Thóg Cití agus mé féin é — go ndéana Dia trócaire uirthi, tá sí curtha le trí bliana — thóg muid é ó bhí sé ina phiodarlán beag linbh.' Thost sé le smailc a bhaint as an phíopa. Nuair a labhair sé bhí creathán ina ghlór. 'M'iníon Méabha atá ina máthair aige ach nuair a scar sí óna fear, bhí go leor os a coinne agus ghlac muidinne cúram do Dinny. Bhí sé bliain go leith ag an am.' Smaoinigh sé tamall sular dhúirt sé a dhath eile, greim doirne aige ar an phíopa. Bhí mothú feirge ina ghlór plúchta nuair a labhair sé. 'Níl san athair ach spreasán fir nach bhfuil a dhath le gnóthú air. Tá sé garbh sa ghráinnín má bhíonn braon ólta aige.

Traidhfil blianta ó shin thug sé leathmharú ar m'iníon agus ar Éamonn, an mac is sine aige. Bhí an stócach bocht ar a bhéal is ar a shrón ar an urlár aige agus ach ab é go ndearna comharsain béal dorais tarrtháil air, dhéanfadh sé an créatúr a thachtadh.'

Chaith sé seileog isteach sa tine go drochmheasúil. 'B'éigean dúinn ordú cúirte a fháil lena chur amach as an teach ach ó shin tá muid i mbarr ár gcéille aige lena chuid bagairtí. Tá mé ag inse seo duit go díreach le tú a chur ar d'fhaicheall. Bíodh a fhios agat go bhfuil athair Dinny trodach agus fabhtach.'

Idir Billie agus Cha, a raibh an t-olc istigh acu don Ghasúr, má b'fhíor dó féin é, agus anois an t-athair brúidiúil seo, bhí Mánas ag meabhrú go mb'fhéidir nach raibh sé in áit chomh sábháilte agus a leag sé amach ar dtús. Bhí sé ag smaointiú an raibh rud éigin mí-ámharach á leanstan.

Tháinig an Gasúr isteach ón chisteaneach, gréithe an tae leis ar thráidire; trí mhuga ghalacha tae, mias an tsiúcra, crúiscín bainne agus pláta mór a raibh maoil air le craicears, milsíneacht agus sliseoga cáise.

'Anois! Achan fhear ag déanamh as dó féin!' a d'fhreagair sé go mórchúiseach agus leag sé an tráidire síos ar thábla in aice na fuinneoige. 'Tarraingí oraibh!'

Nuair a bhí an tae faoi réir ag Mánas, bainne curtha air agus é ag spréadh slios cáise ar chraicear, bhí an Gasúr ag a ghualainn, straois an gháire ar a bhéal.

'Sin scoth an Ghaltee, freiseáilte amach as an bhocsa agus níl coincleach ar bith air. Goidé do bharúil de?'

Bhí a bharúil féin ag Mánas den chineál seo cáise agus ní raibh sé fabhrach, ach choinnigh sé sin faoina fhiacail.

'Cáis na mbodach!' ar seisean go heasurramach, ag déanamh aithrise ar an rud a dúirt an Gasúr leis an lá roimhe sin.

'Níl a dhath le himeacht ortsa, a chuilcigh,' arsa an Gasúr, fios aige cá bhfuair Mánas an chaint sin.

'Chuala mé go raibh Dinny ag fáil tormais ar do chuid cáise an lá faoi dheireadh' arsa Micí agus é ag piocadradh ar an mhilsíneacht.

'Dá bhfeicfeá thusa an cháis adaí, a Mhicí, chuirfeadh sé an urla ort,' arsa an Gasúr go grod; ag cur gruige anaoibhiúil air féin. 'Shílfeá go raibh sé ag siúl le crumhóga glasa.'

Bhain sin gáire as an bheirt a bhí ag éisteacht leis. Ansin thug Micí a aghaidh ar Mhánas agus idir na súimíní beaga tae a d'ól sé, labhair sé amhail is dá mbeadh sé ag gabháil leithscéil leis.

'Mo dhálta féin, níl Dinny ró-eolach ar cháis. Níl cleachtadh againn ach ar Ghaltee.' D'fhéach sé sa tsúil ar Mhánas. 'Ach ná tabhair thusa cluas éistigh ar bith do mheas an ainbhiosáin.'

Bhí an t-aer trom sa tseomra agus seabhrán cuileog thart ar phláta an bhídh. Chuir an Gasúr fuisc leo le rap de dhiosclaid. Bhí stiall de pháipéar buí lonrach crochta san fhuinneog agus é dubh le líon na gcuileog a bhí i ngreim ann.

Ba seo an cineál gaiste cuileog a bhíodh ag Mamó i dTeach an Gheafta. I mbrothall an tsamhraidh thigeadh plá acu isteach ón tSeascann agus ón chaorán nuair a bhíodh na fuinneoga foscailte.

Théadh féileacán i bhfostú ann ó am go ham agus dhéanfadh Mánas iarracht é a shaoradh. Ach b'annamh a d'éireodh leis. Bhíodh siad greamaithe chomh righin sin sa ghliú nimhe gur mhinic a tharraing sé as a chéile iad agus é ag iarraidh a dtabhairt slán. Bhí sé chomh bogchroíoch ag an am sin go dtigeadh tocht ghoil air de thairbhe anbhás an fhéileacáin agus chaithfeadh Mamó é a shuaimhniú agus ciall a chur ann.

'Tá tú ar do chonlán féin i dTigh an Gheafta?' a d'fhiafraigh Micí.

'Tá. Caithfidh mé cur suas liom féin i rith an tsamhraidh,' arsa Mánas go somheanmnach. Bhí sé níos mó ar a shuaimhneas anois agus an teanga ag teacht arís chuige. Rinne bolgam an tae maith dó.

'Do chomhairle féin is lú a chuirfeas fearg ort,' a dúirt Micí go lách. 'Ach má tá cuidiú ar bith de dhíth ort, tá Dinny breá ábalta.' D'amharc sé i leith a chinn ar an Ghasúr a bhí ag fágáil tuilleadh milsíneachta ar an phláta. 'Amharc air! Buachaill aimsire ar dóigh atá ann. Ní bheidh air ach lúcháir lámh a thabhairt duit.'

D'umhlaigh an Gasúr a cheann do Mhánas, ag ligean air féin go raibh sé faoina stiúir agus ina sheirbhís. 'At your service, sir.'

Bhí Dinny lán diabhlaíochta agus b'amhlaidh ab fhearr le Mánas é de bharr an fhéith láidir amhaillíochta seo a bhí ann. Ba sin a ba mhó a theastaigh uaidh anseo, duine éigin a choinneodh cuideachta leis anois agus arís agus a bhainfeadh gáire as. Bhí barúil ag Mánas gur óna athair mór a fuair an Gasúr acmhainn an ghrinn.

Ghabh Mánas a bhuíochas leo as a gcineáltas.

Ó tháinig sé isteach chun na cisteanaí bhí Mánas ag cur sonrú i bpictiúr beag a bhí istigh i bprios gloine i gcoirnéal an tí. Istigh i measc na ndeilbhíní crábhaidh, na deilfe agus na gcuimhneachán teaghlaigh, bhí oladhath gleoite den ghleann i bhfráma órbhuí. D'aithin Mánas láithreach gur pictiúr de chuid Frankie Evans a bhí ann.

'Sin pictiúr álainn,' ar seisean agus é ag féachaint isteach sa chaibinéad. D'fhoscail an Gasúr an doras beag agus thóg sé amach an pictiúr. Scrúdaigh Mánas é. Bhí sé sínithe ag Frankie Evans agus ar a chúl scríobh sí 'Meenadreen, from the Black Rocks. For Micheal, my doorman to wonders. Thanks. Sept 1952.' Radharc ar chuibhreann coirce a bhí ann, daoine amuigh ag déanamh fómhair agus páistí beaga ag súgradh i measc na stucaí. Cheap sí an radharc go healaíonta, an phéint leagtha go trom ach go cinnte aici ar an chanbhás; an dathadóireacht mín, ligthe, fíneáilte. Bhí a fhios ag Mánas go mb'fhiú cnag mhaith airgid an pictiúr seo ós rud é go raibh éileamh mór ar shaothar Evans le gairid agus bhí an ceann seo ar na cinn ab fhearr dá bhfaca sé.

Ag gabháil leis na luachanna a bhí luaite lena saothar ar an mhargadh mhór, bhí Mánas ag meabhrú go mb'fhiú, b'fhéidir, daichead míle euro nó níos mó an pictiúr seo. Bhí taisce luachmhar ag Micí i ngan fhios dó féin.

'So, bhí aithne mhaith agat ar Frankie Evans,' arsa Mánas leis.

'Muise, nach cinnte go raibh mo sháith d'aithne,' arsa Micí go fonnmhar. Tháinig glinniúint ina shúile. 'Ba ghnách liomsa, agus mé i mo fhear óg a bheith hireáilte aici lena cuid trioc a iompar daoithi nuair a bhíodh sí ag péinteáil amuigh faoin spéir. Bhí seastán acu seo aici leis an chanbhás a chur ina shuí air.' Thug sé comharthaí sóirt an tseastáin le geáitsí láimhe.

'Easel!' arsa Mánas.

'Dúirt tú an focal,' arsa Micí. 'Taca na gcos fada a ba ghnách liomsa a thabhairt ar an acra sin.' Rinne sé miongháire beag saoithiúil. 'An bhfeiceann tú, bhí an nós aisteach seo aici a bheith ag iarraidh ormsa tiompú Gaeilige a chur ar fhocla Béarla daoithi. Ní hé gur fhoghlaim sí iad riamh, ní raibh sí ábalta a teanga a fháil thart orthu.' Bhain sé smailc eile as a phíopa agus bhí an chuma air go raibh sé ag téamh leis an ábhar.

'Bean shotalach a bhí inti,' ar seisean agus é ag meá na bhfocal go céillí. 'Bhí seanairgead ar a cúl agus thug sin cleachtadh daoithi a bheith os cionn daoine. Bhí an cineál sin Béarla aici atá coitianta i measc na n-uasal i Sasain — achan fhocal i mborr le tábhacht.' Chuir sé pluc shéidthe air féin, 'Bhéarfá mionna go raibh uibh ghé aici ina béal agus í ag caint, 'Tell me Michael, do you have a word for ashgray?' Chuir sé tuin ardnósach ar a chuid cainte. Bhí sé maith ag déanamh aithrise ar an chanúint údarásach sin.

'That would be liath na luaithe, madam.'

D'ól sé slogóg tae lena bhéal a fhliuchadh agus d'amharc thart ó dhuine go duine acu. Bhí a fhios aige go raibh greim aige orthu.

'Bhí sí i dtólamh ag iarraidh orm na dathannaí a bhí ina bosca péinte a ainmniú i nGaeilig. Leabhra, leis an fhírinne a rá, bhí go leor de na dathannaí a bhíodh aici ina cuid pictiúirí nach bhfaca mise riamh le mo shúile cinn. 'Lincoln green! Do translate it for me, Michael.' Cha raibh barúil agamsa faoin dath ná faoina dhealramh ach ní thabharfainn de shásamh daoithi nach raibh focal agam air i nGaeilig.'

'Maith an fear!' arsa an Gasúr go teasaí. Bhí sé ina shuí ar an sofa a bhí sínte le cois an bhalla agus é ag tabhairt cluas ghéar dona athair mór.

'Glas na bpréataí luatha, is how we say that madam.' arsa Micí.

Bhí uain chiúin ann fad agus a bhí sé ag ól bolgam eile tae. Ansin thrustáil sé suas muinchillí a léinidh, réitigh a sceadamán agus chuir sé ceann eile ar a scéal.

'Lá amháin agus muid thuas ansin ar na Creagacha Dubha bhí mé cloíte aici lena cuid ceastóireachta.' Chuir sé stuaic nimhneach air féin. 'Bhí mé dubhthuirseach de bheith á freagairt chomh maith agus chomh béasach agus a thiocfadh liom. Ansin, ar sise go soibealta 'Is it at all possible to say raw umber in Erse?' Erse a dhaoine maithe! Breast liom an focal sin. Ar laetha eile ligfinn tharam é ach ar an lá sin mhothaigh mé go raibh sí ag déanamh beag den teanga. B'fhéidir nach raibh ann ach a cuid aineolais… tá mé den bharúil gur shíl Frankie Evans agus a leithéidí, nach raibh in 'Gaelic' ach teanga cois teallaigh … nach raibh inti ach cailleach na luaithrí mar a thugann muidinne anseo ar an té a fhanann istigh faoin ghríosaigh is nach dtéann amach i measc na ndaoine, mórán. Ach i dtaca le raw umber, goidé faoin spéir an cineál datha a bhí ansin? Ní raibh a fhios agam ach oiread le poll mo thóna go dtí gur chuir sí a méar i mbosca na ndathanna is thaispeáin sí domh an dath donnbhuí drochdhaiteach seo. Le bheith fírinneach, thóg sí an bhratóg agam an lá sin. Bhí mé ag téamh i mo chraiceann ach choinnigh mé guaim orm féin.'

Thost sé agus lig sé dona chuid cainte socrú ina n-aigne.

Ansin sheas sé suas go maorga agus i nglór ard uaibhreach d'fhógair sé,

'Here, Miss Evans, we have always called that colour, cac madaidh spréite.'

Bhris an Gasúr amach i racht gáireach. Bhí sé cuachta suas ar an sofa, a lámh aige ar a bholg agus é sna tríthí dearga. Bhí Mánas i lagracha gáire fosta. Lig Micí daofu a ngreann a bheith acu agus nuair a chiúnaigh siad síos rud beag, d'ardaigh sé a lámh ag lorg ciúnais.

'How marvellous,' arsa Miss Evans liom. 'On my word, Michael, that sounds rather apt. It's my favourite colour in all the world!'

'An mhalaid bhocht!' Shuigh sé síos sa chathaoir agus aoibh shásta air. 'Agus mar a tharlaigh, chuimhnigh sí ar an ainm sin; an t-aon cheann amháin a tháinig léi go réidh, is cosúil. Is cuimhneach liom go raibh muid thuas ansin ag Loch Mhín na nÉan lá amháin ina dhiaidh sin agus bhí péintéir mná as Béal Feirste ina cuideachta. Bhí glór ard géar ag Frankie a chuirfeadh dioch i bpoll do chluaise. Chuala mé í ag rá leis an bhean eile, 'You know, Felicity, raw umber or kak maddie spraytie, as the natives so charmingly call it in Erse, is such a gorgeous colour. You must, you simply must use it more often.'

D'fhiafraigh an Gasúr de arbh fhearr leis 'glincín beag Jameson nó canna lager.' Ní raibh cleachtadh ar bith ag Mánas ar uisce beatha a ól ach amháin toddy dá mbeadh slaghdán air. Ghlac sé leis an lager. Tugadh gloine fuisce do Mhicí agus d'ól sé é as a neart. Chaith sé siar é d'aon slogóg ghasta amháin. Ansin, líonadh a ghloine athuair.

'Ceann leis an sceadamán a réiteach agus ceann eile leis an teanga a choinneáil aclaí,' a dúirt sé i leataobh le Mánas.

Bhí deoch bhog ag an Ghasúr.

Ós rud é go raibh spéis mhór ag Mánas i saol agus i saothar Frankie Evans bhí sé iontach sásta foinse eolais mar seo a aimsiú.

Lena chois sin, bhí Micí ábalta an scéal a dhathú go maith. Pléisiúr a bhí ann a bheith ag éisteacht leis. Chuir Mánas ceist air faoi Bella Duffy, an buanchara a bhí ag Frankie.

'Maise ní raibh bród ná beadaíocht i mBella,' arsa Micí. 'Ba ghnách léi cuid mhór siúil a dhéanamh ar mhaithe lena sláinte ach sheasadh sí i gcónaí ar a coiscéim le tamall comhrá a dhéanamh leat dá gcasfaí ort í. Bean lách a bhí inti.'

'An mbíodh mórán cuairteoirí acu i dTeach an Gheafta an tráth sin?' a d'fhiafraigh Mánas de.

'Ba ghnách le mná óga a theacht chucu ó Shasain,' arsa Micí, súimíní beaga á n-ól aige agus an chuma air go raibh sé breá sásta pilleadh ar na seanchuimhní. 'Duine acu seo; fireannach mór scafánta de bhean a bhí inti; ba ghnách léi sacar a imirt linn thuas in Ailt na Raithní, agus mise á rá leat, bhí sí ar an fullback ab fhearr ar an pháirc. Bhí sí chomh láidir le stoc crainn.' Chífeá Micí ag samhlú na háite agus an t-am á chruinniú chuige ina chuimhne.

'Molly Underhill a bhí uirthi ach ní bhfuair sí d'ainm uainne ach Mollie Faoi-Chnoc.' Ansin rinne sé gáire beag slítheánta 'agus ní raibh seans ar bith go gcuirfí an Molly céanna suas an cnoc.'

Phléasc an Gasúr amach ag gáire.

'Suas an cnoc! Ní thuigim é sin,' arsa Mánas go soineanta. Níor chuala sé an nath cainte sin cheana. Bhain sin tuilleadh gáireach as an Ghasúr.

'Up the pole, sin an chiall atá leis.' D'amharc an Gasúr ar Mhánas go fiafraitheach. 'An dtuigeann tú sin?'

Chaith Mánas a cheann amhail is le rá gur thuig sé brí na cainte go rímhaith agus thosaigh ag gáire.

'Rud ab annamh ag an am, chan sciortaí a bhí á gcaitheamh ag go leor de na girseachaí seo ach bríste fir. Mollies-i-mBrístí a thugadh muidinne orthu,' arsa Micí. 'Bhíodh buachaillí na háite ag iarraidh a ghabháil leo ach ní raibh aird ar bith acu orthu.

B'iontach linn sin mar go raibh buachaillí breátha dóighiúla, do dhálta féin, inár measc,' agus d'fhéach sé ar Mhánas le dea-mheas, 'buachaillí nach ndiúltódh girseach chothrom ar bith daofu.'

'Lesbians a bhí iontu,' arsa an Gasúr, é lánchinnte de féin.

'Níl a dhath nach bhfuil a fhios ag páistí an bhaile na laetha seo,' arsa Micí, ag cur i gcéill go raibh iontas air. D'amharc sé ar Mhánas amhail is dá mbeadh sé ag gabháil a fhoilsiú rúin dó. 'Dá ndéarfá liomsa ag an am sin go raibh a leithéidí ann ... mná i gcumann den chineál sin ... cha chreidfinn tú. Bheadh sé níos fusa agat a chur ina luí orm go bhfaca tú cearca agus cosa crainn fúthu.' Thost sé agus tháinig dreach smaointeach air. 'Nach muid a bhí saonta ag an am. Anois tá an cineál sin cumainn chomh coitianta leis an duilliúr ar na crainn.'

'Bheinn féin breá sásta a bheith i mo lesbian,' arsa an Gasúr, meidhir gháireach air. 'Is maith liom girseachaí.'

'Cá háit faoi Dhia a bhfaighfeá thusa girseach, a mharlacháin bhig,' arsa Micí. 'Cha bheadh girseach ar bith gaibhte leat.'

Thosaigh an Gasúr ag pramsáil thart ar fud an urláir agus é ag canadh de thromanáil shrónach, 'I'm sexy and I know it.'

'Caidé an mearadh atá ag teacht ar an stócach sin?' arsa Micí ach é ag baint suilt as preabhsógacht an Ghasúir ag an am chéanna.

Sheas an Gasúr, chuir pus mealltach air féin, agus shlíoc a mhéara siar fríd a chuid gruaige. 'Sex appeal!' ar seisean go rógánta, 'tá sé agam ina bhucóidí.'

'Maise tá, leoga,' arsa Micí agus é ag amharc ar an Ghasúr le pléisiúr. 'Tá an oiread de sin agat agus atá ag crumhóg i bpráib chaca.'

Bhí an oíche airneáil seo ag gabháil i bhfeidhm ar Mhánas, an chuideachta shúgach agus an chaint bhríomhar. Bhí sé ag meabhrú, idir shúgradh agus dáiríre, go dtáinig seachrán sléibhe air is gur seoladh isteach é i ngleann beag ceilte ina raibh an saol Gaelach fós i réim ann; teanga chraicneach an tseansaoil á labhairt acu agus béasnaíocht na féile fós á cleachtadh ann.

Oíche airneáil! Go dtí seo ní raibh de thaithí aige ar a leithéid d'oíche ach an méid a léigh sé faoi dtaobh daofu i leabhra Mháire; oícheanta an tseanchais mhóir agus scéalta laochais. Ach bhain an tsaoithiúlacht sin le ré eile a bhí deoranta ag Mánas. Ach sa chás seo bhí Micí agus a gharmhac de shaol a linne féin; scáileán mór teilifíse acu i gcoirnéal an tí, ríomhaire glúine ar an tábla ach b'fhacthas do Mhánas go raibh siad fódaithe i ndúchas níos doimhne agus níos nádúrtha ná mar a bhí sé féin. Bhí sé ag smaointiú gur bhain sin lena ngreim ar an teanga agus lena ngaol dearfa leis an áit as ar fáisceadh iad.

Bhí a ghlúin féin, aos óg sna déaga agus i dtús na bhficheadaí, sáite ina gcuid gléasra éagsúla cumarsáide a mheabhraigh sé, agus cé go raibh lé aige féin leis an tsaol leictreonach seo ar fad — idir Smutleabhar is Ghiolc — ní fhéadfadh sé gan sin a bheith amhlaidh agus é tógtha i ré an idirlín ... ach ag an am chéanna shantaigh sé caidreamh níos dáimhiúla, níos daonnaí. Sin an fáth gur thaitin an chuideachta seo cois teallaigh leis. Bhí saol an 'selfie' agus an 'snapchat' spreagúil ina ndóigh féin ach anocht agus é ag airneál mhothaigh sé an cineál ardú meanma nach bhfuair sé riamh ó chumarsáid an ghléasra.

Chuala siad carr ag tarraingt isteach ar an tsráid.

'Sin Éamonn ag teacht arís ón traenáil,' arsa an Gasúr. Léim sé ina sheasamh agus amach leis.

Nuair a bhí an buachaill as éisteacht chlaon Micí a cheann i dtreo Mhánais agus labhair sé leis i modh rúin.

'Bhí d'aintín iontach mór le hathair Dinny. Chífinn iad amuigh sa charr le chéile agus is minic a bhí a veain le feiceáil páirceáilte thar oíche ag Teach an Gheafta.' Chuir sé a mhéar lena bheola, ionann is a rá, coinnigh sin agat féin, nuair a chuala sé an Gasúr ag teacht isteach. Bhí fear óg i gculaith ghlas reáchtála sna sála aige. Ba seo Éamonn. Chonaic Mánas gur stócach caolchrua faoina mhéid féin a bhí ann; ceann catach dubh air. Chuir an Gasúr in aithne dá chéile iad.

Ón chéad uair a leag sé súil ar an Ghasúr chuir sé duine inteacht i gcuimhne do Mhánas; mearchuimhne éigin a bhí ag déanamh mearbhaill dó ó shin. Nuair a tháinig Éamonn i láthair, tuigeadh dó i bhfaiteadh na súl cá háit a bhfaca sé an Gasúr ó chianaibh.

Blianta ó shin nuair a bhíodh sé ag gabháil fríd Mhín an Draighin i gcarr Mhamó, d'fheiceadh sé buachaill, thart faoin aois chéanna leis féin, amuigh ag ciceáil báil i bpáirc cois an bhóthair. Chuir sé sonrú sa bhuachaill seo; an dóigh a mbíodh sé ag bogshodar i ndiaidh an bháil, ag déanamh spóirt dó féin. Chonaic Mánas é ag imirt ina aonar; a cheann crom aige agus an bál á scuabadh roimhe, é ag lúbaireacht is ag casadh a shlí chun tosaigh ar nós Maradona.

B'aoibhinn le Mánas a bheith ina chuideachta, ní ar mhaithe le bheith ag imirt báil ach go díreach le bheith mór leis. Ag an am, thug Mánas gean don aoibh chaoin a bhí ar bhuachaill na himeartha agus shamhlaigh sé go dtiocfadh leo a bheith dlúth dá chéile. Bhí sé ag lorg rúnchara a mhianta ag an am, an comrádaí dílis a dhéanfadh gach rud i bpáirt leis, buachaill ansa dá aois féin. Ba chuimhneach leis go dtug sé gean do bhuachaill úd an bháil ach nach raibh sé d'ádh air castáil leis an t-am sin. Ansin d'éag Mamó agus cuireadh stop leis teacht go Teacht an Gheafta. Bhí a aintín i seilbh an tí, bean nach dtiocfadh leo dánaíocht ar bith a dhéanamh uirthi.

Agus anois, seo an buachaill céanna; é fásta suas ach an aoibh thaitneamhach chéanna air.

Ní raibh Éamonn éagosúil lena dheartháir beag. D'aithneofá ar a chéile iad ach amháin go raibh Éamonn i bhfad níos dóighiúla. Bhí aghaidh thíriúil ar an Ghasúr nach dtabharfá d'iúl daoithi ar an chéad amharc ach ní mar sin do Éamonn. Chuirfeá sonrú ann láithreach ar a ghnaíúlacht; an t-éadan ard uasal, na leicneacha snoite glanchraicneacha; an béal caol cumtha agus na súile; na súile ba ghoirme agus ab fhuaire dá bhfaca Mánas i nduine riamh. Bhí rud éigin as alt idir áilleacht chaoin a ghnúise agus na súile aisteacha sin. Bhí loinnir iontu a bhí cosúil, dar le Mánas, le solas gealaí ar shiocán. Ach ba doiligh do Mhánas gan stánadh air, bhí sé chomh tarraingteach sin ina dhreach, agus ina dhéanamh.

'Seo poster-boy s'againne,' arsa an Gasúr le Mánas. 'Tá na girseacha uilig ar mire ina dhiaidh.'

Rinne Mánas gáire ard amaideach lena chorrabhuais aigne a choinneáil i bhfolach.

'Nach ort atá an clab,' arsa Éamonn lena dheartháir, ag breith greim gualainne air go docht is a thógáil glan den urlár. Chonaic Mánas go raibh sé urránta sna slinneáin agus tréan sna sciatháin. Bhí a chuid matán le feiceáil ina mboilsc chrua faoina chuid éadaí. D'fhéach Mánas orthu agus iad i ngreamanna ina chéile, an bheirt acu ag brú, ag fáscadh is ag casadh; ag breith ar a chéile go dlúth; a ngéaga ag teannadh is ag scaoileadh; seal ag sparáil; deasóg sna heasnacha, ciotóg faoin smigid ach gan aon bhuille rómhór a bhualadh; seal ag luascadh is ag lúbarnaí timpeall an tseomra; seal sínte ar an urlár ag streachailt lena chéile go dian.

B'aoibhinn le Mánas an léiriú nirt seo. Ba í an ola ar a mhianta a bheith ag coimhéad ar Éamonn; an téagar teann féithláidir a bhí ina ghéaga siúd agus é ag síneadh agus ag cromadh.

'Ná déanaigí pléisiam díbh féin,' arsa Micí, ag ligean air féin go raibh corraí air. 'Tá cuairteoir sa teach againn.'

Bhí an Gasúr lúbach i gceart ach ní raibh sé baol ar chomh láidir lena dheartháir, faoin am seo bhí sé teanntaithe béal faoi ar an urlár agus Éamonn gabhalscartha ina mhullach. Ní raibh Mánas cinnte cé acu babhta gleacaíochta gan dochar a bhí ann, nó an raibh Éamonn ag imirt lámh láidir ar a dheartháir beag. Bhí seisean spréite ar an urlár, agus saothar anála air.

'Bhfuil tú buailte anois?' arsa Éamonn leis go ceannasach.

Ghéill an Gasúr, d'éirigh sé agus chonaic Mánas go raibh deora lena shúile. Ach ansin chroith siad lámha le chéile go dáimhiúil agus bhí an chuma orthu nach raibh ann ach coraíocht na gcarad.

Bhain Micí bleaist as an phíopa agus d'éirigh néal trom toite chun na síleála.

'Níl sa tsaol ach troid agus toit,' ar seisean go barúlach agus é ag amharc ar ghal an phíopa ag déanamh cosúlachtaí trodacha os a chionn.

'Cé bith fán troid, níl sa teach seo ach toit,' arsa an Gasúr agus é ag tabhairt sonc beag do Mhicí. Rinne an chaint spior-spear den mheabhraíocht agus rinne siad ar fad gáire.

'Nach sciobtha an teanga atá ag an Ghasúr sin,' arsa Micí. 'Níl a fhios agam ó thalamh an Rí cá bhfuair sé í.'

'Tá fhios agamsa cá háit a bhfuair sé í agus níl sin i bhfad ó bhaile,' arsa Éamonn, a shúile gorma leagtha aige ar Mhicí.

Shocraigh sé é féin ar an sofa agus d'ith sé a shásamh den phláta bídh a leag an Gasúr os a choinne.

Ón chomhrá a bhí eatarthu fuair Mánas amach go raibh Éamonn ina chónaí lena mháthair agus lena dheirfiúr i Mín na Saileog, cúpla míle níos faide síos an gleann agus go raibh sé ag obair go sealadach i dteach gloine sa chomharsanacht, áit a rabhadar ag fás prátaí agus glasraí fá choinne an mhargaidh áitiúil.

Buachaill cothrom tíre a bhí ann nach raibh castachtaí rómhór ar bith ag baint leis, a mheas Mánas. Agus bhí sé dathúil, lena ghile, lena dhuibhe agus lena ghoirme. Ach d'fhág na súile gorma sin míshuaimhneas éigin i Mánas nár thuig sé go hiomlán. Cé go raibh gnúis chneasta ar Éamonn — a ghlór cinn bog agus tarraingteach, agus an chosúlacht air go raibh nádúr séimh aige — mhothaigh Mánas fuaire éigin sna súile gorma a d'fhág míshocair é. Ach d'ainneoin sin ní raibh aon amhras ar Mhánas, bhí dúil aige sa stócach dea-chumtha seo.

Nuair a bhí Mánas ar tí imeachta ní dhéanfadh a dhath maith

d'Éamonn ach go dtabharfadh sé síob abhaile dó. Gí go dtáinig sé an aicearra leis an Ghasúr, achar cúig bhomaite déag siúil trasna an chaoráin; bhí ceithre míle slí ann, geall leis, dá rachfá thart bealach an ghleanna; an t-aon bhóthar le carr a thabhairt isteach go Teach an Gheafta ó Mhín an Draighin. Mór agus mar a bhí dúil aige in Éamonn, bhí leisce air an cor bealaigh seo a chur air ach ní éistfeadh seisean le diúltú.

Bhí iontas ar Mhánas go raibh carr chomh mórluachach seo ag Éamonn, Volvo. Ba seo carr lucht gustail agus cén acmhainn airgid a bhí ag Éamonn, murach ó chaoirigh a tháinig sé, le go bhféadfadh sé a leithéid de fheithicil a bheith aige agus a choinneáil ar an bhóthar. Bhí Mánas rómhúinte lena dhath a rá. Mhol sé an gluaisteán agus shuigh isteach sa tsuíochán tosaigh.

Ní raibh siad i bhfad ar an bhealach go raibh tiomáint ghéar fúthu ar bhóthar cnapánach corrach. Ag achan choirnéal bhí Éamonn ag baint tarraingte as an charr le tréan luais, rud a d'fhág an bheirt acu á dtuairteáil in éadan a chéile go teann. Bhí eagla ar Mhánas agus é ag cuimhneamh ar an timpiste bóthair a tharla do Bashir ach ag an am chéanna, bhí sé ag baint sásaimh as an chuimilt gharbh seo. D'ardaigh sé a leis, rud beag, sa dóigh go mbeadh a ghlúin dingthe aige le glúin an fhir eile gach uair a thiocfadh turraing thobann orthu.

'Úps,' a dúirt Éamonn go meidhreach agus iad á dtuairteáil le chéile ag coradh géar. 'Dhóbair dúinn a bheith i mullach a chéile,' agus lig sé scairt gháire as féin.

Mhothaigh Mánas é féin ag téamh, an fhuil ag éirí ann le tréan teaspaigh. Ar mhothaigh Éamonn a mhacasamhail d'éirí ann féin nuair a chuimil siad le chéile? Ní thiocfadh le Mánas a bheith cinnte. Ní raibh aige ach rud a aithint ar mhothú agus mhothaigh sé go raibh Éamonn báúil leis. Agus níor ghlac sé, de réir cosúlachta, col ar bith le bheith clósáilte agus ag cuimilt glúine le chéile.

Bhí an aigne meabhlaí mearbhallach agus fios maith ag Mánas go mb'fhéidir go raibh sé ag cur dallamullóg air féin.

Bhí dreibhlín caorach rompu ag blocáil an bhealaigh. 'Scrogall tráchta sna cnoic,' arsa Mánas leis féin agus é ag cur sonrú sa dathaíocht gháifeach a bhí smeartha ar a ndroim; na stríocacha feiceálacha de dhearg-ghorm agus de ghlaschorcra.

'Traffic jam,' arsa Éamonn ina chluais, amhail is dá mbeadh léamh á dhéanamh aige ar aigne Mhánais. Shéid sé an adharc go rábach; thug sé turraing ghasta den charr tríothu agus chuir scaipeadh soir siar orthu. Bhain sin croitheadh as Mánas. Bhí iontas air mar a stiúraigh Éamonn an carr chomh meardhána sin fríd thréad na gcaorach gan caora ar bith a loiteadh nó a mharú.

'Leis an make-up sin uilig tá siad cosúil le cailíní a bheadh ag gabháil amach chuig club oíche éigin,' arsa Mánas. Bhí sé ag teacht chuige féin i ndiaidh an scanradh a fuair sé ó dhóigh réchúiseach tiomána Éamoinn.

B'fhéidir gur chuir an tagairt do chailíní oibriú éigin ar Éamonn.

'Nach bhfuil uaigneas ort i do chónaí leat féin i dTeach an Gheafta?' a dúirt sé agus é ag athrú giar ag áit ina raibh éirí crochta sa bhóthar. Mhothaigh sé lámh Éamoinn ag sleamhnú lena leis. Bhí teas sa láimh sin, rud a mhéadaigh an pléisiúr. Chonaic Mánas scuabóg rua ag gabháil as amharc sna toir le taobh an bhealaigh. Ruball sionnaigh, a mheas sé, a bhí ann. Taibhseach!

'An síleann tú go dtiocfaidh taibhse orm?' arsa Mánas, ag ligean dreach eaglach air féin.

'Níl mé ag iarraidh tú a scanrú,' arsa Éamonn go sólásach. 'Níl ann ach go bhfuil an teach i bhfad ó dhaoine.'

'Má thig uaigneas orm cuirfidh mé faoi do choinne láithreach,' arsa Mánas go dána.

B'fhacthas dó go raibh Éamonn ag meá na cainte sin.

'Nárbh fhearr duit bean a bheith agat?' ar seisean go staidéartha agus thug sé claonamharc beag gasta ar Mhánas.

Bhain sin siar as Mánas. Ní raibh sé ábalta éirim na cainte a aithint i gceart. An é gur tuigeadh d'Éamonn an claonadh a bhí ann is go raibh sé á chur ó dhoras go béasach nó an ceist a bhí ann, d'aon ghnó le freagra áirithe a bhaint as?

Cé go raibh Mánas éadrom sa cheann ag meallacacht an fhir seo, bhí air a mheabhair a chruinniú is gan aon rud a rá go dtí go mbeadh sé cinnte go raibh siad ag freagairt dá chéile. Níor mhaith leis go mbeadh sé ag ithe na méar de féin níos moille mar gheall ar fhocal as áit.

'An bhfuil bean agat féin?' a d'fhiafraigh sé d'Éamonn chomh neamhbhuartha agus a thiocfadh leis. Bhí Éamonn fadálach ag freagairt. Thug Mánas faoi deara gur lig sé é féin chun tosaigh ar an roth tiomána, amhail is dá mbeadh taca de dhíth air.

'Anois agus arís,' a dúirt sé sa deireadh agus é ag féachaint amach roimhe go smaointeach, 'nuair a bhíonn an iúmar orm.' D'amharc sé i leataobh a chinn ar Mhánas. 'An bhfuil girseach agat féin?'

Mhothaigh Mánas nach raibh ann ach go raibh siad ag tomhas a chéile i rith an ama ag fanacht le focal a d'fhoilseodh gach rud.

'Anois agus arís. Nuair a bhíonn an iúmar orm,' arsa Mánas, ag déanamh aithrise ar thiún cainte Éamoinn.

'Bhal, caithfidh sé go bhfuil muid sa bhád chéanna,' arsa Éamonn agus é ag méanfach.

'An seol mór in airde is gan gaoth ar bith lenár dtiomáint,' arsa Mánas ar an dara focal leis. Bhí súil aige go dtuigfeadh Éamonn as an tsamhail nó ní raibh sé ródhoiligh an crann seoil a chur i gcosúlacht leis an bhall fearga. Níor dhúirt Éamonn a dhath ach bhí sé intuigthe ón gháire bheag saoithiúil go dtug sé leis brí na cainte.

Faoin am seo bhí Teach an Gheafta sroichte acu. Thug Mánas

cuireadh isteach dó ach ghabh Éamonn leithscéal leis ag rá go raibh sé tuirseach sáraithe i ndiaidh babhta crua traenála.

'Níl an iúmar ort,' arsa Mánas, ag déanamh suilt ach é lándáiríre ag an am chéanna. Bhí dúil chráite á cur aige ina chompánach anois. Is ar éigean a bhí sé ábalta a lámha a choinneáil aige féin. Ní raibh uaidh ach an leathfhocal agus bheadh sé ag teannadh le hÉamonn is á chuachadh. Ach ní bhfuair sé aon údar lena dhéanamh.

'Tchífidh mé tú sula bhfad,' arsa Éamonn agus é ag méanfach arís, 'tá eagla orm go bhfuil an codladh ag fáil an bhua orm.'

Ach sular scoir siad rinne siad a gcuid uimhreacha teagmhála a mhalartú. Thug sin dóchas do Mhánas go mb'fhéidir go raibh cumann éigin ag éirí eatarthu.

D'fhan Mánas ina sheasamh ag an gheafta go bhfaca sé carr Éamoinn ag gabháil as amharc ar chúl an chnoic.

B'fhéidir, a dúirt sé leis féin, dá rachadh siad i gceann a chéile sa charr i mbaois na huaire nach mbeadh ann ach gníomh gan mhaith. B'fhéidir gur níos mó díobháil a dhéanfadh sé dá gcairdeas ná a dhath eile. Ach ag an am chéanna b'fhada leis go bhfeiceadh sé Éamonn arís. Ach chaithfeadh sé foighne a bheith aige; chaithfeadh sé fanacht agus feiceáil. Nach ndéarfadh Mamó i dtólamh 'is fada más fada leat é.' B'fhiú i bhfad dó, a mheabhraigh sé, cuimhneamh nach raibh siad ach i dtús ... cairdis ... cumainn....

Agus ansin chuimhnigh sé ar Bashir, a leannán álainn lách cineálta, lán de ghrá. Cad é mar a thiocfadh leis i ndáiríre aon chumann a dhéanamh a bheadh inchurtha lena chaidreamh le Bashir?

Caibidil 4

Bhí sé go díreach ag gabháil ó sholas i Marrakech agus an t-aer ar crith i gcearnóg láir an bhaile le drumadóireacht throm na gceoltóirí sráide. D'éist Mánas leis an dord ard preabach seo a bhí ag bualadh gan sos gan staonadh amhail is dá mbeadh croí na cathrach imithe le fuadar buile.

Agus bhí. Bhí an Djemaa El Fna, mar a thugtar ar an chearnóg mhór i gcroílár an bhaile, ina charnabhal ceoil. Ós rud é nach raibh an chearnóg seo báite faoi shruth tréan solais — ní raibh lasta ach an oiread is a dhéanfadh solas an bhealaigh duit — chuidigh an breacsholas seo le scáth rúin agus folaigh a tharraingt anuas ar an áit ionas go samhlófá gur isteach i bpléaráca ceoil agus collaíochta de chuid na hArabian Nights a bhí do thriall.

Bhí an ceol ag ardú agus ag ísliú, ag teacht in éifeacht le cnagarnach ard aigeanta na ndrumaí agus ansin, ag síothlú arís le crónán ciúin, trombhuartha na dtéad. Agus bhí an béat fiáin fuinneamhach seo á ghreadadh amach gan stad; an béat beo bruthach seo a chuisligh ar fud fad na cearnóige agus a chur bogadach i bhfuil is i bhfeoil.

Faoin am seo bhí gleo beo ag éirí ón tslua a bhí ag plódú na háite is ag bailiú ina mbaiclí móra timpeall na n-oirfideach a bhí ag seinm is ag déanamh siamsaíocht ar fud na cearnóige; amhránaithe, lucht glacaíochta, seanchaithe, lucht seinnte uirlise, lámhchleasaithe, lucht meallta nathrach, slogairí tine, cailleacha feasa, rinceoirí boilg; gach éinne ag iarraidh an ócáid a chur chun somhaoine dó féin.

Ba seo an dara hoíche do Mhánas sa chathair agus bhí sé ag baint spraoi as an aeraíocht mheidhreach seo.

Bhí sé ag tógáil saoire bheag i Maracó i ndiaidh dó an samhradh a chaitheamh ag obair i siopa leabhar i mBaile Átha Cliath. Chaithfeadh sé dornán laethanta i Marrakech agus ansin dhéanfadh sé píosa den tír a shiúl. Ní raibh plean ar bith aige. Rachadh sé leis an tsruth agus chífeadh sé cá háit a dtiocfadh sé i dtír.

D'eitil sé isteach go Marrakech agus bhí cur faoi air ar feadh cúpla oíche sa Gallia; ceann de na hóstáin bheaga ab fhearr agus a ba deise de lóistíní saora an Medina, de réir an *Rough Guide*. Bhí an ceart acu. Ní thiocfadh le Mánas áit a bhí ní ba mhó lena mhian a aimsiú ó thaobh costais, cóir chodlata agus glaineachta de dá ndéanfadh sé féin an Medina a shiortú.

Bhí Marrakech faoi sholas agus iad ag tuirlingt ar an aerfort, na seanbhallaí cosanta ina ngríos ruadhearg faoi bhuíú na gréine. Thaitin an chathair ársa seo leis, na gairdíní cumhra ar chúl an Medina; na soukanna rúndiamhracha lena gcuid lampaí buí ruibhe, na buachaillí gnaíúla a dtug sé súil daofu agus beocht an cheoil Arabaigh.

Anois le teacht na hoíche agus é ag breathnú suas ar an Koutoubia, an mosc is mó agus an ceann is áille agus is iomráití de mhoscanna iomadúla na cathrach agus í lasta suas go galánta, an miontúr ina shaighead diaga solais i bhfearas, agus réidh leis an dorchadas a chloí, mar a b'fhacthas do Mhánas é. Agus é ina sheasamh ansin tháinig cailín beag chuige, éadan dána uirthi. Chuir sí ailleog cheoil aisti féin mar i ndúil is go dtabharfadh sé deirc daoithi. Ba doiligh dó í a dhiúltú leis an liobar chaointe a chuir sí uirthi féin agus í ag iarraidh na déirce. Ach ansin ní raibh i bhfad go raibh baicle páistí ina thimpeall; an donán, an dobhrán agus an dilleachta; iad ag achainí, ag guí is ag agairt air cuidiú leo. Ceist chigilteach cad é an dóigh le déileáil le sreangán seo an ocrais. Bhí siad bailithe thart air, iad uilig ag clamhsán is ag cnagadh a chéile, lámha an bhacaigh amuigh acu go himpíoch agus iad ag brú isteach air. Bhí trua aige daofu, ach ag an am chéanna, bhí eagla air roimh an tslabhra mhallaithe seo a bhí ag teannadh thart air. Go hádhúil, tháinig fear de na póilíní a bhfuil cúram slándála na dturasóirí orthu i dtarrtháil air agus chuir seisean scaipeadh gasta orthu.

Chaith Mánas seal uaire nó níos mó ag siúl thart, ag sú isteach na n-iontas. D'éist sé le scéalaí tamall; fear beag dingthe cnagaosta; a djellaba ar dhath glas na holóige agus é ag reacaireacht go lasánta lánghlórach.

Cé nár thuig Mánas focal dár dúradh, thaitin rithimí agus rollóga cainte na hAraibise leis. Agus d'aithin sé go raibh cuid cainte an tseanchaí ag gabháil i gcionn ar an tromshlua a bhí ina thimpeall; d'aithin sé sin ón éisteacht ghéar a bhí siad a thabhairt dó agus óna gcuid gáireach.

Sheas sé seal ag féachaint ar ghleacaí lúth urrúnta i gculaith d'éidiú ghlé phéacógach agus é ag éirí in airde de léim spreagtha; ag tiontú thar a chorp; ag snámh ar an aer go dána maorga dásachtach. I ndathanna glasuaine gorma na péacóige, d'fhan sé crochta ansiúd san aer idir scáth agus solas; ina laom áilleachta, ina bheo macnasach ar feadh bomaite beannaithe; bomaite a raibh iarracht den fhilíocht agus iarracht den tsíoraíocht ag baint leis, dar le Mánas. Agus ansin go tobann, go tostach, thuirling sé ar an talamh; ar dhomhan dícheillí na mbeo is an ghleo. Bhí an tsamhail eadarbhuasach sin leis agus é ag déanamh ar imeall na cearnóige, an gleacaí ar fionraí idir dhá sholas, idir an dá shaol.

Sheas sé ag ól gloine de shú oráiste ag ceann de na stallaí a bhí suite taobh le taobh, ar chiumhais na cearnóige. Ar chúig dirham, nó mar sin, gheofá gloine de shú úr folláin, de do rogha féin. Ba doiligh sin a shárú, dar le Mánas, agus le dhá oíche d'ól sé a sháith den mheas séasúrach seo. Lena chois sin, fliuchadh béil den scoth a bhí ann i dteas plúchtach an Medina.

Bhí sé ina sheasamh ansin leis féin ag baint súimíní beaga as a ghloine agus ag éisteacht le hamhránaí óg a raibh osnaíocht chaointeach ina ghlór nuair a leag duine éigin lámh ar a ghualainn go formhothaithe.

'Do you have a light, please?'

Bhí Mánas ag amharc ar an bhuachaill a ba ghnaíúla dá bhfaca sé riamh; dubhfholtach déadgheal, lí na gréine ina ghnúis sholasmhar. In amharc súil ní fhaca sé a mhacasamhail d'áilleacht in aon duine. Dá n-aislingfeadh sé a leithéid, ní thiocfadh leis neach ní ba dóighiúla ná an buachall seo a shamhlú. Shíl sé gur stad an croí ann. Sheas sé ansin ina staic ar feadh bomaite ag stánadh ar an stráinséir álainn seo a tháinig chuige as diamhracht na hoíche.

Rinne an buachaill casachtach bheag bhéasach agus d'iarr sé deargadh athuair. Thug an chaint Mánas ar ais chuige féin, an oiread is go raibh sé ábalta a rá leis an bhuachaill nár chaith sé toitíní.

'So sorry,' arsa an buachall go diaganta agus bhuail sé clár a uchta lena chur in iúl go raibh sé buartha. Ansin d'fhéach sé go himpíoch ar Mhánas; shín sé lámh chuige agus ar seisean go caoindúthrachtach;

'My name is Bashir. Do I have the privilege of getting to know you?'

Ní raibh ar Mhánas ach lúcháir an phribhléid sin a thabhairt dó.

Ba as Agadair do Bashir ach bhí sé ag caitheamh an tsamhraidh lena aintín i Marrakech agus ag obair, corrlá, sa souk i bhfeighil stainnín spíosraí a bhí ag a fear céile. Bhí an dara bliain de chúrsa céime i mBéarla curtha de aige in Agadair. D'fhág sé sin go raibh a 'little knowledge of English' aige a dúirt sé go humhal modhúil.

Mhol Mánas a chuid Béarla go hard na spéire ag rá nár chóir dó beaguchtach ar bith a bheith air as a chumas labhartha. Agus ní raibh sé ag déanamh áibhéile sa mhéid sin nó bhí iontas air a líofa is a bhí Bashir i dteanga a bhí coimhthíoch aige.

Shoilsigh aghaidh Bashir agus é ag tabhairt buíochais do Mhánas as ucht é a bheith chomh fabhrach dó. 'I like you so much,' ar seisean go neamhbhalbh, ach le cúirtéis mhín mhacánta.

Faoin am seo bhí deargadh faighte aige ó fhear an stalla. Ón dóigh mhífhoighneach chíocrach a raibh sé ag baint tarraingte as an toitín, bheadh a fhios agat go raibh dúil chráite aige sa toit. Le tréan trua dó, chonaic Mánas an súiche seo ag carnadh ina chnapán ailse i scámhóga an stócaigh. In am gairid, bhainfeadh na toitíní an snua as a ghrua ghnaíúil. Ní ligfeadh a chroí do Mhánas meabhrú ní ba mhó ar a leithéid de bhagairt. Ar scor ar bith, cur amú ama a bhí ann a bheith ag smaointiú ar chaill is gan iad ach i dtús dáimhe.

Thug Mánas cuireadh dó cupán caife a bheith aige ina chuideachta, nó greim bídh dá mba mhian leis sin. Ghlac sé leis an tairiscint go buíoch beannachtach, ag rá go raibh an t-ádh sna bróga a thug anseo é i láthair Mhánais. Thug Mánas faoi deara go raibh séala a gcaite ar a chuid runners agus ar a cheirteacha i gcoitinne; a sheaicéad éadromghorm denim agus a chuid sleaics ghlasa.

Bhí tagine uaineola an duine acu san Argana ar imeall na cearnóige agus chaith siad tamall fada i mbun an bhéile ag comhrá go hanamúil; Bashir á cheistiú faoina theaghlach agus faoina shaol in Éirinn. Nuair a chuala sé gurb é Mánas an t-aon duine clainne a bhí sa teaghlach tháinig dreach bhuartha air agus dheonaigh sé go mbeadh seisean ina dheartháir aige dá mbeadh toil ag Mánas dó. D'fhéach Mánas síos isteach ina shúile maothdonna taise agus dúirt gur mhór aige dá mbeadh gaol gairid eatarthu. Agus an méid sin ráite, shnaidhm siad lámh ina chéile agus d'fháisc iad go teann i mbannaí ar an mhuintearas úr seo. Bhí Mánas ag smaointiú go raibh lámh agus focal eatarthu anois mar a deirtí fadó faoi lánúin a bhí i ndáil a bpósta agus chuir sin an croí ag rásaíocht ann le tréan dúile.

Agus ag an am chéanna bhí sé a rá leis féin, an raibh seo ag tarlú i ndáiríre nó an á thaibhreamh a bhí sé? Ach bhí an buachaill lena aghaidh chaoin cheanúil ina shuí go cruthanta os a choinne agus é ag ól Pepsi, scóig an bhúidéil ina bhéal aige. Faoi sholas na bialainne, bhí Mánas ábalta é a bhreathnú i gceart agus nárbh aoibhinn álainn an neach é. Bhí bua na scéimhe leis, dar le Mánas, thar gach éinne dá bhfaca sé riamh. Ba é seo an crot daonna agus é múnlaithe i gcruthaíocht dhiaga.

Ceart go leor, bhí sé de bhuntáiste ag an bhuachaill go raibh luisne na gréine ina chneas ó dhúchas; rud a d'fhág snas crónbhuí ina ghnúis agus ar fud fad a cholainne, mar a ba dóiche le Mánas. Bhí cnámh a ghéill cumtha caoindéanta amhail is dá ndéanfaí é a shnoí as cloch mharmair; a chuid leicneacha mín tanaí is gan rian féasóige le feiceáil orthu go fóill agus log bheag na gnaíúlachta ina smigid. Bhí Mánas ag breathnú ar chuntanós seo na háilleachta agus níor ghar dó é a shéanadh, bhí sé ag titim i ngrá leis an bhuachaill.

'You are so beautiful, Bashir,' arsa Mánas, a shúile sáite ann gan scáth.

Ní raibh an chuma airsean go raibh col aige leis an mholadh. Bhí sé cleachta, b'fhéidir, lena leithéidí de bhladar a chluinstean ó thurasóirí a chuir dúil ann. Shúigh sé, a lámha faoina smigid, meangadh beag gáire ar a bhéal agus é mar a bheadh sé ag tabhairt suntais do rud éigin i ngné Mhánais.

'Do you want me,' ar seisean sa deireadh, ag breith greim láimhe ar Mhánas is ag cur cigilte i gcroí a dhearnan lena mhéar fhada. Dúirt sé seo gan leisce, gan náire. Bhain sin stad as Mánas. Ní raibh súil dá laghad aige le ceist chomh neamhbhalbh ón bhuachaill seo leis na béasa síodúla. Má thuig Mánas i gceart é, bhí sé ag tabhairt cuireadh chun na leapa dó chomh furasta lena bhfaca tú riamh. Mhothaigh Mánas a cheann ag éirí éadrom.

'Yes,' ar seisean, agus ní raibh sé riamh chomh mór i bhfách le dul a luí le héinne agus a bhí sé le Bashir. Bhí sé amuigh agus ar an 'scene' i mBaile Átha Cliath le dhá bhliain ach níor casadh éinne air le linn an ama sin a ghríos é mar a rinne an buachaill seo. D'ainneoin dúthracht agus dícheall Trixie La Rue le leannán luí a fháil dó, sháraigh ar a cuid iarrachtaí, Mánas a mhealladh chun na leapan. Ach anseo, agus gan é ag súil lena leithéid de theangmháil spreagúil, shiúil an buachaill álainn seo chuige as an oíche.

Ach cá háit a rachadh siad? Ní raibh sé ceadmhach cuairteoir oíche a bheith aige ina sheomra san óstán.

'There is no problem,' arsa Bashir. Bhí a fhios aige áit chúil, a dúirt sé, a bhí scoite amach ó shúile an tslua ach bheadh orthu píosa siúil a dhéanamh. Réitigh an chaint sin le Mánas.

Ba chuma leis fán tsiúl nó bhí sé rite chun suirí. Rachadh sé giota maith de shiúl na gcos ach fáil a bheith aige ar Bashir ag ceann na scríbe.

An Djemaa El Fna ar a gcúl, thiontaigh siad ó dheas i dtreo an Mellah, an cheann thíos den Medina, áit a mbíodh cónaí ar phobal Giúdach ann tráth den tsaol. Ansiúd, bhí a fhios aige, a dúirt Bashir, cá háit a raibh clúid rúin le fáil.

Ach ab é go raibh iontaoibh aige as Bashir, ní rachadh sé leis fríd na cúlshráideacha scáfara breacdhorcha seo agus na pasáidí dúliatha contúirteacha ina dtiocfaí drochiarraidh a dhéanamh ar dhuine go furasta agus é a robáil nó scian a chur go cuid an doirn ann mar a tchífeá sna scannáin. Ach ar dhóigh éigin bhí muinín aige go seasfadh Bashir idir é agus contúirt na hoíche.

Agus i gcaolshlí dhorcha agus gan éinne eile ina ndáil, is beag nach ndeachaigh sé glan as a chraiceann le pléisiúr nuair a mhothaigh sé lámh Bhashir ar chaol a dhroma agus ansin ar chlais a thóna. Agus aon áit a raibh scáth folaigh le fáil acu ina dhiaidh sin, chuach siad iad féin i gceann a chéile go teasaí. Ba mhór an pléisiúr do an righneas ramhar a bhí ina cholgsheasamh i mbríste Bhashir a mhothú. Bhí orlach aige ar a cheann féin, a mheas Mánas, rud a chuir gliondar air. Is cinnte go bhfuair sé a sháith d'fhear, a mheabhraigh sé go suáilceach.

Oíche réabghealaí a bhí ann; í ina suí os cionn miontúr an Koutoubia ar nós neach éigin ainglí á chothromú féin ar bharr pionna. Ba sin a facthas do Mhánas agus é ag baint sásamh as suáilce na hoíche; gan smid fuachta san aer agus gan le cluinstean acu ina dtimpeall ach píopaireacht na cicada.

Faoin am gur shroich siad a gclúid folaigh, bhí cúr allais ar chraiceann Mhánais. Dhreap siad fál íseal de chuaillí miotail; Bashir ag tabhairt taca droma do tharstu. Ansin, ag breith greim láimhe air, threoraigh sé fríd phaiste de thalamh garbh é a bhí lán de thoir chumhra, gur shroich siad plásóg bheag féir istigh i lúb na gcrann.

'Our love bed,' arsa Bashir go hómósach, aoibh an aingil air. Bhí solas na gealaí ag síothlú fríd na crainn ag déanamh patrúin ornáideacha ar an fhéar. Agus bhí Mánas sa chéill is aigeantaí agus fios aige go raibh sé ag gabháil a luí ar bhrat d'órghnéas na gealaí leis an té ab áille dá bhfaca sé riamh.

'Here, only the moon can see us,' arsa Bashir. Chaith sé a sheaicéad i leataobh; scaoil an bheilt a bhí faoina choim agus lig sé dá bhríste titim go talamh. Rinne Mánas amhlaidh agus ar an phointe bhí siad snaidhmthe ina chéile agus ag bogadaigh i dtonn suaite teaspaigh, iad sínte ar an fhéar.

Bhí Bashir ag cur treise lena gcúpláil lena chuid osnaíocht thromanála; lena chogarnach mhígheanasach; leis an spriolladh fiáin a bhí ina chorp agus é a dhingeadh féin isteach idir leasracha Mhánais. Bhí an chuma ar an stócach seo go raibh a fhoghlaim leapan déanta aige, arsa Mánas leis féin, agus é ag baint sásaimh an tsaoil as an phógadh gan staonadh a bhí Bashir a dhéanamh air.

Bhí bogchallán na cathrach i bhfad sa chúlra, gan le cluinstean acu ach bícearnach na n-éan sna crainn, na cicadas, agus tuaim shuaite a n-anála féin.

De réir mar a bhí a gcumann ag téamh, chaith siad daofu a raibh orthu — bhí an oíche brothallach — agus luigh siad le chéile, gan luid éadaigh orthu, a gceirteacha fúthu, ar an fhéar.

Anois, bhí rith a bhéil aige ar chneas mín snasta a leannáin agus lígh agus shlíoc sé é ó chlár a éadain síos go híochtar stothógach a bhoilg. Bhí lán a bhéil aige de bhod Bhashir agus é ag déanamh craois ar an ghéag chrua chocánach seo; eisean agus greim docht aige ar chloigeann Mhánais agus é á dhingeadh síos agus aníos go dithneasach ar stoc ramhar a ghéige. Amharc dá dtug Mánas suas air, bhí a ghnúis as a cruth le pléisiúr; stánadh géar ina shúile; é béalscaoilte agus a cheann á chroitheadh aige go hainscianta. Ansin tháinig creathadach mhillteanach ina chorp; lig sé gnúsacht fhiáin as féin agus tháinig sé ina steallóga te i mbéal Mhánais.

Tharraing sé Mánas chuige go tréan, chuach lena chroí é agus thug buíochas dó as an phléisiúr a fuair sé as an diúl. Agus i gcúiteamh an tsómáis sin, thug seisean anois comaoin a láimhe féin do Mhánas; á mhuirniú, á fháisceadh, á dhiúl. Lena mhéara, lena theanga, lena bhriathra; ghríosaigh sé féith an mhacnais i Mánas ionas go raibh seisean ag dul ar daoraidh le pléisiúr, ag spalpadh eascainí collaíochta, ag osnaíocht gan náire, ag ordú Bhashir ó bhall go ball dá chorp. Faoi seo bhí neamhshuim ag Mánas i ngach ní, gan ar a iúl ach sprioc an phléisiúir a bhaint amach. Ní thiocfadh leis cúl a choinneáil ar a shásamh féin ní b'fhaide; bhí griofadach teasa ina bhod; bhí a raibh istigh ann réidh le pléascadh. D'éirigh sé i mullach Bhashir go tíoránta; a mheáchan iomlán a ligean anuas aige ar chorp an stócaigh agus é á bhrú is á shacadh féin go santach idir a leasracha; ag déanamh iarraidh sháiteach le gach dingeadh. Agus bhí Bashir umhal géilliúil dá dhúil; é á shá féin chuige go fáilteach; a chosa casta ina lúb aige thar ghuailleacha Mhánais. Ach sular éirigh leis dul i gclais, scéith sé; á sháitheadh féin go fíochmhar anuas agus suas ar Bashir, ag fágáil glae sleamhain ramhar smeartha ar bholg agus ar bhrollach an stócaigh.

Luigh siad fáiscthe ina chéile go teann go bhfuair siad a n-anáil arís agus gur mhaolaigh an adharc a bhí orthu beirt. Chuir siad orthu a gceirteacha ansin nó bhí bearradh beag fuar ag teacht ar aer na hoíche; luigh Bashir siar ar lorg a dhroma, toitín aige, Mánas ar a shleasluí lena thaobh, agus ag aithris rámais ghrinn dó. Bhí siad mar sin ar feadh tamaill, ag comhrá lena chéile go sámh agus ag cleasaíocht ar nós páistí neamhurchóideacha, nuair a mhothaigh Mánas go raibh Bashir ag éirí gruama agus ag cailleadh spéise ina gcuid grinn. Bhí rud éigin ag cur caite air!

Nuair a luaigh Mánas an t-athrach tobann seo leis, tháinig tost air, shuigh sé suas go tapaidh agus thosaigh ag bogchaoineadh. Bhí eagla ar Mhánas gur dhúirt sé rud éigin as bealach a ghortaigh Bashir nó an é go raibh aiféaltas ag teacht airsean anois as a mbabhta suiríochta? Ní raibh a fhios aige i gceart cad é a ba chóir dó a dhéanamh ach i bhfách le bheith ceanúil, leag sé a lámh go sochma ar chloigeann Bhashir agus chuimil é go ceansa.

Diaidh ar ndiaidh shíothlaigh an gol agus tháinig an chaint arís leis. Chan ionann agus Mánas, a dúirt sé, a tógadh go cúramach i dteach rachmasach, níor éirigh seisean aníos le mórán sócúl. Bhí an t-athair i gcónaí i dtrioblóid leis an dlí agus le cúig bliana anuas bhí sé i bpríosún i gCadiz. Beireadh air ag smuigleáil daoine agus drugaí isteach chun na Spáinne; rud a d'fhág a theaghlach anois gan fear saothair ar bith acu. B'eisean an duine ba shine agus fágadh de chúram air a bheith ina fhear tuillimh acu ós rud é nach raibh saothrú ar bith ag teacht óna athair. Bhí air aire a thabhairt dá mháthair agus dona bheirt deartháireacha; Hassan agus Omar, cúpla dhá bhliain déag d'aois. Dá mbeadh an obair níos fairsinge i Maracó, ba lúide de chás é, ach ní raibh. Bhí sé ar a dhícheall, a dúirt sé, ach ba doiligh airgead a dhéanamh go macánta. Ó am go ham, ach b'annamh é, agus d'fhéach sé go truacánta ar Mhánas, théadh sé le fir choimhthíocha, a dúirt sé, ar mhaithe le saothrú beag a dhéanamh dá theaghlach. Ach ní raibh ann i gcónaí ach fáil agus caitheamh; bhí rith ar an airgead, ní luaithe ina láimh é go raibh sé ar shiúl arís. Bhí an teach le coinneáil, bhí an mháthair ag éileamh le pianta cnámh agus cóir leighis de dhíth uirthi go rialta; bhí scolaíocht le cur air féin agus ar na deartháireacha agus ní tháinig a dhath saor in aisce. Chaithfeadh Mánas é féin a shamhlú i mbróga s'aigesean, a dúirt Bashir leis, sula dtuigfeadh sé an chiall a bhí le hanás agus le ganntanas. Bhí náire air airgead a iarraidh ar Mhánas ach ní raibh d'athrach le déanamh aige.

Chuaigh an chaint seo go croí i Mánas. Shuigh sé ansin, a cheann crom aige faoi mhairg, agus na deora go tiubh leis. Bhí a fhios aige go maith go raibh buntáiste mhór aige ar Bashir. Ar ámharaíocht an tsaoil, rugadh é do theaghlach a raibh rachmas ag gabháil leo. Bhí a bhunadh gustalach, ar thaobh a athara ach go háirithe. Iadsan nach raibh postanna ceannasacha acu sa tsaol phoiblí, bhí gnóthais mhaithe acu i dtionscal na tógála, i siopaí nó sa déantúsaíocht. I dtaca le hairgead de, ní raibh lá easpa ar Mhánas riamh. Mhothaigh sé go raibh Bashir ag inse na fírinne dó agus chreid sé gach focal dár dúradh leis. Nuair a fuair sé é féin a shocrú síos, gheall sé do Bashir go mbeadh seisean ina cheann maith aige as seo amach; go raibh sáith beirte de thaisce aige ina chuntas bainc agus, ós rud é go raibh siad anois ina mbráithre gaoil agus toilteanach lena chéile, bhí sé de dhualgas air cuidiú lena leannán in am an ghá.

Ní thiocfadh le Bashir buíochas go leor a ghabháil le Mánas. Rug sé greim docht air agus theann sé lena ucht é, á mholadh as a uaisleacht, a chineáltas agus as a fhairsinge. Ba mhór an gar gur casadh ar a chéile iad, a dúirt sé agus ní scarfadh siad go scarfadh an bás iad. 'It's our destiny to be together,' ar seisean go díograiseach.

Ba sin na focail a ba cheolmhaire a canadh i gcluais Mhánais riamh.

Níor theastaigh a mhalairt de chinniúint uaidh ach go mbeadh sé féin agus Bashir le chéile go buan. Nach saoithiúil, a bhí sé ag meabhrú, mar a chuir an cúpla uair dheireanach seo den oíche cor úr ina shaol. An raibh seo leagtha amach dó, nó an é nach raibh ann ach timpíste bheag na cinniúna, a bheith ar an láthair ámharach ag an am cheart? Ach cé bith oibriú fabhrach a bhí ina chinniúint anocht, cuireadh ar a chumas bualadh le Bashir. Agus ba leor sin. Tháinig meangadh beag ar a bhéal agus é ag smaointiú go mbeadh an oíche seo faoi 'fairylights' ina chuimhne. Bhreathnaigh sé suíomh rúin a gcúplála. Faoi dhealramh na gealaí bhí na crainn ina gcolúin solais ina dtimpeall. Bhí siad i bpálás draíochta a shamhlaigh Mánas, síbhruíon na suirí. Agus cé gur mhaith leo beirt fanacht mar a raibh siad faoi scáth séin na hoíche, bheadh an lá ag gealadh gan mhoill.

Fuair siad tacsaí ar ais arís go dtí an Medina, thionlaic Bashir é go doras an Gallia; phóg go rábach é agus ghuigh 'leela saieeda' air — oíche mhaith.

Sula deachaigh sé a luí, sheol sé ríomhphost chuig a mháthair ag inse daoithi go ndearna sé cairdeas le buachaill Maracach. Ba shin a chleachtadh le blianta, gan aon rud sonraíoch ina shaol a choinneáil óna mháthair. Bhí a fhios aige go dtaitneodh Bashir léithi agus go mbeadh sí ina taca maith acu beirt.

An oíche sin chuaigh sé chun suain ar leaba shómasach agus é ag canadh faoina anáil amhail is dá mba mantra a bhí á rá aige, leela saieeda ... leela saieeda.

Lá arna mhárach, bhí teas sa lá, spéir ghorm ghréine os cionn na cathrach ach geoladh beag gaoithe ann fosta leis an aer a choinneáil fionnuar. Is beag a rinne Mánas i gcaitheamh na maidine ach é ag ól tae miontais, ag scríobh a dhialainne agus ag spaisteoireacht thart sa ghairdín ar chúl an Koutoubia.

Ní raibh ar a mheanma ach Bashir. Chasfadh siad le chéile tráthnóna nuair a bheadh a lá oibre sa souk curtha isteach aige.

Le linn dó a bheith ina shuí ar bhinse á ghrianadh féin sa ghairdín, shuigh fear meánaosta i gcochallbhrat liath lena thaobh agus gan focal a rá, leag sé a lámh go faillí ar chnámh a leise.

'No, thank you,' arsa Mánas. Sheas sé suas á chur ó dhoras sula sílfeadh an fear eile go raibh lánchead a chinn aige a leis a chuimilt. 'Una chambre, près, maintenant,' arsa an fear, d'iarracht lag impíoch. Las sé toitín. Chonaic Mánas go raibh sé garbhánta ina dhreach, cairt bhuí salachair ar a charrfhiacla agus giobarsach féasóige faoina smigid agus ar a leicneacha. Bhí trua ag Mánas dó. B'fhéidir go raibh sé dóighiúil lá den tsaol ach tháinig milleadh scéimhe air leis na blianta.

An seo Bashir lá níos faide anonn, an lí imithe as a aoibh sholasta? Chuir Mánas an smaointiú míofar sin as a cheann ar an phointe sula ndéanfadh sé é a chrá. Bhí sé féin agus Bashir i mbláth na hóige agus b'fhada go dtiocfadh críonadh na haoise nó meath a mbreáthachta ar cheachtar acu. Bhainfeadh siad sú as an tsaol anois agus iad i mbarr a maitheasa.

'Sorry,' arsa Mánas go cineálta leis an fhear a bhí ag iarraidh é a mhealladh. Níor mhaith leis achasán ar bith a thabhairt don fhear bhocht seo a bhí faoi bhroid na hadhairce. Nach mar a gcéanna a gclaonadh, a mheabhraigh Mánas; fear den treibh a bhí ann, bhí dínit ag dul dó.

'Au revoir,' arsa Mánas leis, á fhágáil ina shuí ar an bhinse, thiontaigh sé ar a chois agus anonn leis i dtreo an Mhoisc. Lean sé Aibhinne Mahamed V, bealach réidh díreach a thug go Gueliz é — an chomharsanacht is úire ar fad den chathair ársa seo, bruachbhaile gnó agus óstaíochta ar an taobh amuigh den Mhedina. Bhí an bougainvillea amuigh i mbláth, an dearg agus an corcra craobhlasracha seo ag maisiú na mballaí ar feadh na slí. Agus i bplásóga beaga deismeara bhí an nasturium buí oráiste agus an geiréiniam bándearg i réim. B'aoibhinn ar fad a bheith beo a leithéid seo de lá, a dúirt Mánas leis féin, agus i ngrá. Agus d'ardaigh a lámha i gcomhartha ómóis ag tabhairt buíochas ó chroí do dhomhan na ndúl agus don chuisle shíoraí a bhorr i ngach ní agus i ngach neach.

San ionad siopadóireachta i nGualiz cheannaigh sé bronntanas do Bashir; bríste, bróga, léinidh agus seaicéad agus cé go bhfuair sé an t-éidiú ar bheagán costais, mheas Mánas go mbeadh caitheamh maith iontu.

I ndiaidh dó babhla harira a bheith aige i gcaifé La Sindibad, anraith a raibh idir ithe agus ól ann, phill sé arís chun na cearnóige i gcóiste capall; cóir taistil a raibh turasóirí an-tugtha dó agus iad ar chamchuairt na cathrach.

Bhí sé ina ardtráthnóna nuair a bhuail sé le Bashir, i ndiaidh dósan a chúram a bheith curtha de aige sa souk. Bhí sé ansin ar bhuille na huaire, mar a gheall sé, rud a thaitin le Mánas. Bhí meas aige ar an té a choinnigh an t-am agus an uair.

As-salamu alaykum,' arsa Bashir go háthasach agus é ag beannú do Mhánas. Phóg sé é ar an dá leiceann de réir an nóis Arabaigh. Nuair a bhronn Mánas an t-éadach air, bhí lúcháir an tsaoil air. Shílfeá go bhfuair sé a mheáchan féin d'ór. Ghuigh sé go mbronnfadh Allah a sháith de mhaoin an tsaoil ar Mhánas i dtólamh.

'I love you,' a dúirt sé, agus dá chomhartha air sin rug sé barróg ar Mhánas agus phóg ar a bheola é, gan faitíos gan náire.

Bhí siad ina seasamh fá ghiota beag den Jemaa, ar Rue Bag Aghaou, sráid na siopaí mar a raibh brú mór daoine. Chor siad amach as an trangláil agus isteach i gcaifé sráide láimh le Cinema Mubrouka, áit a dtiocfadh leo suí ar a sócúlacht, a gcomhrá a dhéanamh go réidh agus súil a choinneáil ar theacht agus ar imeacht an tslua.

Sa chúpla lá a bhí caite aige sa chathair thug Mánas faoi deara cé chomh feiceálach agus a chleacht daoine a gcreideamh, na fir ach go háirithe; an dóigh ar umhlaigh siad go hurramach, ag feacadh agus ag sléachtadh, nuair a chan an muezzin na huaireanta beannaithe.

Luaigh Mánas é seo le Bashir, go raibh iontas air an méid de dhaoine óga a bhí sásta a gcreideamh a admháil go poiblí agus a dtráthanna a dhéanamh ar an tsráid. Bhí spéis aige fáil amach cár sheasaigh Bashir ar chúrsaí creidimh. Bhí sé den bharúil nach cráifeachán ar bith a bhí ann, ach ar chreid sé in Allah?

Chreid, a dúirt Bashir, ach níor chráigh sé é féin ag guí. Riamh ó rugadh é bhí sé ag éisteacht leis an Chórán, a dúirt sé. Bhí gach duine a bhí ar a aithne ar an aon chreideamh amháin. Níor fágadh faoi féin é, ar chreid sé nó nár chreid. Bhí gach rud leagtha síos dó, an lorg a bhí le leanúint agus na luachanna a bhí le coimhéad agus le coinneáil. Ar nós an aeir, d'análaigh tú Ioslam. Ar an ábhar sin ní raibh athrach le déanamh ag an té a tógadh i dteaghlach Moslamach ach umhlú do Allah, an té a bhronn aer na beatha ar an tsaol.

Thost sé. Tharraing sé bocsa toitíní as a phóca agus las ceann acu. Bhain sé tarraingt fhada as, ag líonadh a scámhóg le toit agus ansin, go mall, sásta, lig sé an gal uaidh, puth ar phuth. Bhí aoibh an tsuaimhnis ar a aghaidh anois. Nuair a rinne sé gáire beag ba deas mar a bhí leagan amach a dhéid le feiceáil. Eabhar geal na glóire a b'fhacthas do Mhánas. Ba thrua leis aon smáladh toite a fheiceáil ar na fiacla geala snasta seo.

Ag éisteacht le Bashir bhí lúcháir ar Mhánas cluinstean go raibh cloigeann cothrom ar a chara i dtaca le creideamh de agus nach raibh sé leatromach nó ceanntréan ina dhearcadh. Ón méid a bhí feicthe ag Mánas le cúpla lá bhí Bashir ag rá na fírinne. Anseo bhí creideamh agus cultúir fite fuaite le chéile in intinn an phobail. Ba doiligh dealú ar bith a dhéanamh eatarthu. Bhí saoithiúlacht chráifeach i réim agus i bhfeidhm a rialaigh gach gné de shaol an duine. Bhí lúcháir ar Mhánas nach anseo a saolaíodh is a tógadh é. Bheadh sé deacair, dar leis, an múnlú cúng ceartchreidmheach seo a sheachaint. Bhí a fhios aige go raibh Éirinn faoi chuing chrábhaidh den chineál seo roimh a am féin, ach bhí an t-ádh airsean go dtáinig sé i méadaíocht i ré ina raibh smacht na hEaglaise maolaithe go mór.

D'fhiafraigh Bashir de ar chreid sé féin i nDia. Dá n-inseodh sé an fhírinne an sílfeadh Bashir gur masla a bhí ina chuid cainte; gur taircaisne a bhí sé a thabhairt agus é ag diúltú do Dhia? Thar aon duine amuigh ba é Bashir a rogha; a chéadsearc, a chara cnis, a leannán luí agus b'fhuath leis olc a chur air. Ach ag an am chéanna chaithfeadh siad a bheith díreach lena chéile má bhí rath le bheith ar a gcumann. Shocraigh sé gan fiacail a chur ina chuid cainte.

Ar chreid sé i nDia? Níor chreid. Pé scéal é níor chreid sé i nDia na nGiúdach, Dia na Críostaíochta, Dia Ioslam. B'ionann iad. Ba seo Dia na bhfáithe, Dia an tseanreachta, Dia tíoránta an fhásaigh ar theastaigh uaidh go ngéillfeadh gach duine dá thoil is dá dhlí. Níor chreid Mánas sa Dia sin, a dúirt sé, mar gur de dhéantús an duine é. Na fáithe, lucht bolscaireachta na cráifeachta, a chruthaigh é is a thug ceannasaíocht na Cruinne dó agus tiarnas thar chinniúint an duine. Muid féin a chruthaigh an Dia sin, ar seisean go teanntásach. Níor chreid sé ach oiread, a dúirt sé, i dteachtaireachtaí diaga nó i bhfoilsiú na bhfáithe; dream a dúirt gur ó bhéal Dé a bhí a mbriathra ag teacht. Cleas cliste a bhí anseo, údarás uilechumhachtach a thabhairt dá gcuid nóisean féin ionas go dtiocfadh leo iad a chur ina luí ar dhaoine a bhí saonta agus róchreidmheach. Agus ós rud é gur ó Ardneach a bhí an reacht seo ag teacht, creideadh go raibh séala síoraí na fírinne air na briathra seo agus nach dtiocfadh leo iad a shárú ná a athrú go deo na ndeor. D'fhág sin, a dúirt sé, go raibh cuid mhór den tsaol cheartchreidmheach ag géilleadh go fóill do bhreithiúnais mhóráltachta agus do dhearcadh saoil a bhain le ham eile agus le ré eile.

Ar chreid sé i bhfuinneamh éigin, cumhacht níos leitheadaí, b'fhéidir; cumas diamhair inteacht a bhí thar eolas na fisice go fóill — ar chreid sé go raibh a leithéid d'acmhainn ag gníomhú i ngach gné de dhéanamh na Cruinne? Chreid! Ach ní raibh de dhearbhú creidimh i gceist anseo ach seasamh agus tú féin a chur i dtiúin leis an bhorradh seo a bhí ag cuisliú i ngach dúil de dhúile an Chosmais. Féindearbhú a bhí anseo nach raibh aon bhaint aige le deasghnátha cráifeachta, ach a thug urraim agus ómós do gach ní, beo agus neamhbheo. Altú na hanála, a dúirt Mánas, ba é sin bun agus barr an dearcaidh seo; cúram níos mó a dhéanamh d'anáil; domhainanálú a chleachtadh; an spéir is an chré, an ceann is an croí a thabhairt le chéile i bpaidir na hanála.

Faoin am seo bhí lasadh in aghaidh Mhánais agus an chaint ag gabháil sa cheann aige. Shuigh Bashir ansin ag féachaint air go ceanúil agus gan oiread agus focal as ar a shon féin. D'fhág sin Mánas míshuaimheach. Níor mhaith leis go ndéanfadh Bashir urraim a ghéilleadh dó go huile is go hiomlán. B'fhearr leis go seasfadh sé lena dhearcadh féin.

Ansin labhair Bashir go cairéiseach, aoibh leacanta air.

'Smoking or breathing? I have to give up one of them. And if you don't believe in Allah, we can't have a Muslim wedding.'

Má bhí teannas ar bith eatarthu lig an chaint sin an drochaer as láithreach. Phléasc siad beirt amach ag gáireach. Chlaon Bashir a cheann i dtreo Mhánais agus chuir sé cogar ina chluais.

'I love you,' a dúirt sé agus mhothaigh Mánas bruth te a anála ar a leiceann agus tuigeadh dó go raibh siad ar bhealach aisteach éigin in áirithe dá chéile.

Ba chuma le Bashir, a dúirt sé, cé acu ar chreid Mánas i nDia nó nár chreid. Ba thábhachtaí i bhfad go gcreidfeadh siad ina chéile.

D'aontaigh Mánas leis sin. Má bhí adhradh le tabhairt, ar seisean, bíodh sé i Mosc na mbarróg. Bíodh gach póg ina phaidir theasaí. Thoiligh Bashir leis an mhéid sin, ag rá go raibh a chroí ar lasadh le díograis ach nach raibh sé baol ar chomh te le ball eile dá chorp. Rinne sé gáire beag cúthaileach. Chonaic Mánas go raibh a shúile maotha ag damhsa ina cheann le pléisiúr nuair a leag seisean lámh fháilí ar a ghabhal faoin tábla.

'Looking under the table you have found God,' arsa Bashir, ag ligean osna bheag shámh as féin.

'Yes,' arsa Mánas, 'like a bolt from the blue,' agus é ag baint sásaimh as an bhogadach a bhí i mbríste gorm Bhashir.

D'inis Bashir dó go raibh dea-scéala aige agus thug sé eochair amach as a phóca, a thaispeáint do Mhánas go lúcháireach.

'The key to the Kingdom of God,' arsa Mánas.

'The key to pleasure,' arsa Bashir, á cheartú ar an dara focal.

Bhí cara dena chuid imithe 'na bhaile go hAgadair ar feadh cúpla lá agus d'fhág sé cúram an tseomra faoi Bashir go bpillfeadh sé. Bheadh deis acu a bheith leo féin agus dá mba mhian le Mánas. Tháinig snag ina ghlór. Níor ghá dó a bheith ag áitiú airsean, arsa Mánas. Dá luaithe a bheadh siad ina luí le chéile ab amhlaidh ab fhearr é.

Rinne Bashir gáire beag gáirsiúil. 'I learned in class that W-H-O-L-E and H-O-L-E are pronounced the same way.'

Bhí lúcháir ar Mhánas go raibh ciall agus tuigbheáil ag Bashir do fhocail; a bhfuaim, a mbrí, a ndébhríocht. Bhainfeadh siad spraoi as an teanga le chéile.

'We will have a whole night in bed,' arsa Bashir agus é ag baint fad as an imeartas focal seo.

'On the whole that will be exciting,' arsa Mánas.

Mhothaigh Mánas go mór ar a shuaimhneas le Bashir. Bhraith sé nach raibh ábhar cainte ar bith — creideamh, collaíocht, airgead ina measc, na trí cinn a ba chigiltí in aon chaidreamh — nach dtiocfadh leo a phlé go béasach, agus go tuigseanach.

Ag a ndinnéar sa souk sula deachaigh siad chun an tseomra, d'fhiafraigh Mánas de Bashir an raibh dúil aige i gcailíní. Lig seisean a anáil uaidh de shéideog ghéar, d'ardaigh sé a mhalaíocha ar mhodh a dtuigfeá go raibh iontas air gur cuireadh a leithéid de cheist air. Bhí sé aineolach ar chailíní, a dúirt sé. Chan ionann agus saol saor an Iarthair ní raibh an sórt sin cumainn ceadmhach ina thírsean. Ach thairis sin, ní raibh an tarraingt chéanna i gcailíní agus a bhí i mbuachaillí. B'fhearr leis Mánas oíche ar bith mar chéile leapan, a dúirt sé, ná cailín óg éigin, dá breátha agus dá mealltaí í. 'On the whole,' ar seisean go spraíúil, 'I like men.'

An raibh mórán taithí aige a bheith le fir, a d'fhiafraigh Mánas de? Luigh sé le fir óga ó am go ham, a dúirt sé; buachaillí a bhí ar a aithne; airc na hóige orthu, a dhálta féin agus fuascailt uathu. Ach ní raibh ann ach dromaíocht gan chion, scéitheadh síl nach dtug aon sásamh domhain dó. Daofusan a ndeachaigh sé a luí leo, ní raibh ann ach bomaite de shásamh na brúide agus ina dhiaidh ba mhinic go raibh náire orthu agus aiféaltas.

Cheistigh Mánas é faoi na turasóirí. Rinne sé leamhgháire beag fonóideach, ionann is le rá nach raibh tábhacht ar bith sna teangmhálacha sin. Ceart go leor, lig sé do chuairteoirí é a phiocadh suas ach ar mhaithe le hairgead a shaothrú — dona theaghlach a rinne sé é. Fir anonn i mblianta a ba mhó a bhí ag lorg a sheirbhíse. Ní raibh uathu, a dúirt sé, ach go mbainfeadh sé tarraingt as a mbacán, agus ar thrí chéad dirham an iarraidh, rinne sé sin go héasca, ach b'fhearr leis, a dúirt sé, gan caitheamh a bheith air striapach fir a dhéanamh de féin.

D'fhéach sé ar Mhánas go caoin cneasta agus thug sé barúil mhaith don rud a bhí ag cur caite airsean.

'Are you jealous?' Bhuail sé an sprioc i dtaca lena raibh Mánas á mhuirliú ina aigne. Nár mhaith leis-sean go mbeadh sé d'iallach ar Bashir é féin a reic níos mó ar mhargadh na sráide. Shantaigh sé Bashir do féin idir chraiceann agus chnámha. Ní raibh ach gearraithne acu ar a chéile ach cheana féin, bhí greim docht faighte ag an bhuachaill seo ar a chroí, ar a chéadfaí, ar a chiall.

'Yes,' arsa Mánas. 'I want you wholly for myself.'

'I want you too,' arsa Bashir go croíúil, 'but not too h-o-l-y.'

Chuaigh Mánas arís go dtí an Gallia, bhailigh sé le chéile riachtanaisí na hoíche; a chuid rubair agus a chuid bealaidh ach go háirithe agus ar shiúl leo síos an Medina go dtí seomra a gcéileachais.

Bhí an seomra ar an urlár íochtarach i dteach trí stór a bhí tógtha timpeall ar chlós. Seanbhatálach de theach a bhí ann anois ach bhí an chuma air go raibh galántas na n-uasal ag gabháil leis lá den tsaol. Bhí an teach ar fad, a dúirt Bashir, ligthe amach ina sheomraí le lucht oibre an Mhedina. Seomra beag cúng plúchtach a bhí ann agus an chuma air, dar le Mánas, nach raibh an lóistéir róbhuartha faoi *décor*. Bhí sráideog leapa leagtha síos ar an urlár, adhartáin scaipthe anseo is ansiúd, teilifíseán i gcoirnéal, cúpla ball éadaigh crochta ar thairne, seanphóstaer brocach de Mecca os cionn na leapan.

Ach ba chuma le Mánas ach díon na hoíche a bheith os a chionn agus Bashir a bheith aige dó féin agus gan aon duine lena mbuaireamh.

Ba ghairid go raibh siad ina gcraiceann dearg agus sínte, bolg le bolg ar an tsráideog chrua chapánach, ag pógadh agus ag cuachadh a chéile go muirneach.

Theastaigh ó Bashir an solas a fhágáil lasta ionas go bhfeicfeadh siad iad féin ag suirí agus ní raibh a dhath ag Mánas ina éadan sin. Bhí Bashir níos áille ná riamh agus an solas ina luí air go sochma. Ní thiocfadh le Mánas a shúile, a lámha ná a bhéal a choinneáil óna chneas mín grianbhuí, a chneas a raibh ola olóige na hóige ag cur snasa ann agus luisne.

Sa leaba bhí Bashir gan náire, gan leisce. Bhí a chrága aige ar cheathrúna Mhánais agus é á gcuimilt agus á gcuachadh, a mhéar aige amanta ina chlais, á griogadh. Níor mhothaigh Mánas a leithéid de phléisiúr riamh agus Bashir a mhéaradrú mar seo, á ullmhú.

Bhí áthas an domhain air nuair a chuala sé gurb é seo an chéad uair do Mhánas ligean do fhear eile a ghabháil i gclais ann. Bheadh sé faicheallach, a dúirt sé, agus chuige sin d'úsáid sé bealadh lena chur isteach a éascú ar bheagán péine do Mhánas. Go deaslámhach d'fháisc sé rubar suas thar chraiceann seasta a bhoid. Ó mheas méide bhí Mánas den bharúil go raibh seacht n-orlaí de bhall fearga ag Bashir, an ceann ab fhaide agus a ba tibhe dá bhfaca sé riamh. Bhí Bashir á chocáil féin anois chun dingthe. Shín sé é féin idir leasracha Mhánais, eisean agus a chosa sínte aige thar ghualainneacha Bhashir ag tabhairt tóna dá leannán.

Bhí sé cúramach ar dtús ach nuair a chuir sé dlús lena bhrú, bhain sé béic as Mánas. Le gach sáitheadh géar dá dtug sé bhí an phian ag gabháil thar a fhulaing ach chuir Mhánas suas leis. Is beag nár chuir sé a cháir ina theanga leis an chogaint fiacal a bhí air. Agus ansin go tobann bhí Bashir sáite ann go bun a shlaite. Diaidh ar ndiaidh, shíothlaigh an phian agus mhothaigh Mánas barrthonn teasa ina ionathar. Bhí sé féin agus Bashir dlúite lena chéile, iad beirt ag eascainí le méid a bpléisiúr. Agus choinnigh Bashir air go tomhaiste éasca ábalta, á thomadh féin arís agus arís eile i gcuas the Mhánais, gur réab sé.

Mhothaigh Mánas amhail is gur scuab an sruth teaspaigh seo ar shiúl é go háit éigin éigríochta thar eolas na céille. Agus ansin bhí a raibh ann ag leá, ag imeacht ina leacht, ag sruthlú ar shiúl ar thonn lachtbhán aoibhnis. Ar feadh achar ama nach raibh tomhas shaolta le déanamh air, bhí Mánas imithe ar Neamhní. Sháraigh air, tar éis a theacht amach as an támh áthais ina raibh sé, an staid dhiamhair sin a chur i bhfocail. Bhain briathra agus a raibh de thuigse i dtaisce iontu le braistíní beo beathach na hintinne. Ach mhothaigh Mánas, más féidir mothú a lua leis an chealú céadfaíoch a tháinig air, mhothaigh sé go raibh sé i suan an tsuaimhnis, ar maos i meon nach den domhan duthain a choinníoll ná a cháilíocht.

'Are you wholly satisfied,' arsa Bashir leis, é ina luí anois idir a chosa ag muirniú aghaidh Mhánais go ceanúil lena mhéara.

'It was a joyride to Heaven,' arsa Mánas.

Thug Bashir cuireadh dó a theacht 'na bhaile leis go hAgadair. Ní raibh ar Mhánas ach lúcháir a ghabháil leis; chífeadh sé píosa den tír agus chuirfeadh sé aithne ar theaghlach Bhashir.

Cheannaigh Mánas soláthar mór bia agus bronntanas le tabhairt 'na bhaile leo san ollmhargadh lámh le stáisiún na mbusanna. Turas trí huaire go leith a bhí rompu ar express de chuid Supratours ó Mharrakech go hAgadair. Ní raibh siad i bhfad ar an bhealach go dtáinig sámhán codlata ar Bashir. Bhí sé ag longadán anonn is anall ar feadh tamaill go dtí gur neadaigh a chloigeann ar ghualainn Mhánais agus gur thit sé i dtromshuan, tobann. Dhlúthaigh Mánas isteach leis lena thaca a thabhairt dó agus theann sé a lámh timpeall a mhuinéil lena choinneáil gan chorraí.

D'inis Bashir dó an mhaidin sin nach bhfuair sé codladh ceart na hoíche le fada de bhrí go raibh freagracht a theaghlaigh air agus go raibh sé faoi bhrú ag meabhrú agus ag beartú cad é mar a thiocfadh leis cúram a dhéanamh daofu, ach anois agus Mánas aige mar dhlúthchara, mar chúltaca agus mar leannán, mhothaigh sé an strus agus an teannas ag imeacht. Bhí a fhios aige gur fear dá fhocal a bhí i Mánas agus go mbeadh sé ina bhun maith aige go dtí go bhfaigheadh sé é féin ar a chosa.

D'aithin Mánas go raibh an buachaill díreach agus macánta ina dhóigh agus nach raibh sé ag iarraidh suí ina bhun i dtaca le hairgead de. D'inis sé a raibh ar a chroí do Mhánas agus bhí seisean cinnte dearfa de gur cuid an riachtanais a bhí á iarraidh aige. Bhéarfadh Mánas, fá chroí mór, maith gach cuidiú dó.

D'fhág Mamó leathchéad míle euro aige ina tiomna agus tháinig sé i dteideal na suime sin agus an biseach a bhí ag gabháil leis nuair a bhí na hocht mbliana déag slánaithe aige. Bhí rachmas airgid dá chuid féin aige anois agus ní bheadh díth nó easpa ar bith ar Bashir ná ar a theaghlach. Ní duine Mánas a bhí amaideach lena chuid airgid ach bheadh sé fiúntach le Bashir.

Ag amharc air anois agus é ina shrann codlata, a cheann leagtha anall aige thar a ghualainn, bhí Mánas lán le grá dó. Bhí sé ag rá leis féin gur mhór an t-ádh a bhí air bualadh suas lena leithéid de bhuachaill séimh aigeanta mínghlan, duine gur furasta dó réiteach leis. Chomh maith leis sin, bhí sé ina leannán den scoth; ligthe lúfar láidir, gan doicheall leatromach ar bith air faoi phléisiúr na leapan. Ba mhór an sásamh do Mhánas luí le duine mar sin, duine nach raibh aon mhíshuaimhneas air faoi ghnéas agus nár shíl go raibh rud ar bith mínádúrtha nó díobhálach ag baint lena gcaidreamh leapan.

Bhí a chroí istigh in Bashir agus bhí sé buíoch den chinniúint a sheol an duine ionúin seo ina threo. Amach anseo, thriallfadh sé bog agus crua le Bashir a thabhairt go hÉirinn.

Bhí an bealach maith, craiceann mín réidh air agus, cé go raibh sé cnocach in áiteacha, ghluais an bus go seolta sochma sa chruth go dtiocfadh leis na paisinéirí luí siar agus a scíth a ligean gan dua nó taitneamh a bhaint as radharc na tíre. Bhí Mánas sásta leis féin agus é ag féachaint amach ar mhínte féaraigh agus gainimhe na mbunchnoc, ar bhailte beaga tuaithe lena gcuid moscanna, scaipthe thall is abhus i gclúideanna gréine, agus ar chruacha arda na nAtlas lena gclogaid gheala airgid ag lonrú sa chúlra.

Ní iarrfadh sé a bheith ina mhalairt d'áit; Bashir, a chuid bheag den tsaol lena thaobh, agus a mbeatha rompu amach. Shuigh sé ansin, ag amharc uaidh agus ag canadh go bog crónánach, faoina anáil, línte as 'Somewhere'.

> *... A time and a place for us;*
> *hold my hand and we're half way there,*
> *hold my hand and I'll take you there,*
> *somehow, someday, somewhere.*

Tháinig siad den bhus in Inezgane, baile beag margaidh i bhfoisceacht Agadair agus fuair siad tacsaí go Dachkla, áit chónaithe Bhashir. Bhí an cúpla Omar agus Hassan ag fanacht leo gar don teach. D'aithneofá ar Bashir iad, an aoibh lách caoinghnúiseach céanna orthu. Bheannaigh siad do Mhánas go béasach. Bheadh a fhios agat ón dóigh umhal a bhí leo go raibh siad tógtha go múinte. Bhí áthas an domhain orthu a ndeartháir mór a fheiceáil agus bhí siad snaidhmthe ann láithreach le teann lúcháire, á phógadh agus á mhuirniú. Thóg siad cuid de na málaí agus chuir ar a ndroim iad. Thosaigh an comhrá eatarthu in Araibis; an bheirt acu ag baint tosach dá chéile ag ceastóireacht a ndearthár móir. Bhí a fhios ag Mánas go raibh siad fiosrach mar gheall airsean ón dóigh a raibh siad á bhreathnú agus iad ag caint.

'They are asking me if you are rich,' arsa Bashir.

'Tell them I'm very rich,' arsa Mánas. 'I had no brothers until I came to Morocco and now I have three lovely brothers.'

Má bhí siad rud beag faiteach leis ar dtús báire, nuair a chuala siad sin théigh siad leis láithreach. Chuir gach fear acu lámh ina ascaill agus shiúil siad, uillinn ar uillinn leis gur shroich siad an teach.

Árasán beag a bhí acu ar an tríú hurlár de sheanbhloc tithíochta. Chuaigh tú suas staighre lom coincréite; ní raibh ardaitheoir ar bith san fhoirgneamh. Bhí siadsan ina gcónaí ar an urlár uachtarach agus bhí sé de bhuntáiste go raibh sciar de cheann an tí acu, áit a raibh gairdín dín á ghiollaíocht ag máthair Bhashir.

Bean chaol ard a bhí inti; cumhdach cinn á chaitheamh aici mar is dual do mhná Mhoslamacha ach ní raibh a haghaidh faoi cheilt. In ainneoin an chuma thirim tharraingte a bhí ar a gnúis agus na sprochaillí dorcha a bhí faoina súile, ba léir gur bean mhaiseach a bhí inti. Bhí deilbh a gnúise dea-chumtha agus cruinn; an tsrón snoite caol ach spréite rud beag ag a bun, an béal leathan lánliopach agus cnámh a grua ard agus feiceálach. Ach cúinsí a saoil a bheith difriúil, thiocfadh léithi, dar le Mánas, a bheith ina bean álainn sciamhach.

Ní raibh ach corrfhocal Béarla aici ach le Bashir mar fhear teanga, chuir sí in iúl do Mhánas go raibh fáilte mhór roimhe, go raibh sí buíoch de as an bhia agus as na bronntanais a thug sé chuici, agus bhí lúcháir uirthi go raibh sé féin agus Bashir mór lena chéile.

'My mother says she is happy about our relationship,' arsa Bashir agus é ag caochadh ar Mhánas go suáilceach.

'Does she understand?' a d'fhiafraigh Mánas de go soineanta, iontas air go mbeadh glacadh ag an mháthair Mhoslamach seo lena gcumann.

'Mothers understand more than they say,' arsa Bashir go smaointeach. 'They know it in their hearts even if their heads deny it.'

Ba sin caint mheáite, dar le Mánas.

'What the heart loves today the mind will understand tomorrow,' ar seisean agus é ag déanamh aithrise ar an líne a ba deise leis as *The Crock of Gold*, ceann de na leabhair a ba mhó a thaitin leis agus é beag.

Cé go raibh cuma sheanchaite ar gach ball den trioc, bhí an áit coinnithe glan agus slachtmhar. Bhí seomra suí, a raibh measarthacht méide ann, i gceartlár an árasáin agus é in úsáid fosta mar sheomra leapa do na buachaillí. Bhí trí sheomra bheaga eile ar na cliatháin — an chisteaneach, leithreas agus seomra na máthara.

D'ullmhaigh sise tagine mór uaineola daofu le prúnaí agus almóiní meilte ann agus d'ith siad é, an ceathrar acu ina suí ar an urlár, ag tomadh a gcuid aráin sa mhias agus á ithe mar sin. Dhiúltaigh Mánas spúnóg a úsáid ar eagla go mbeadh sé ag sárú béasa agus d'ith lena mhéara dálta an chuid eile acu.

'You are like one of us now,' arsa Bashir go ceanúil leis.

'Inshallah!' arsa Mánas. Bhain sin gáire croíúil as Bashir, nó thuig sé go maith an claon a bhí i Mánas in éadan a leithéid d'achainíocht ar Dhia, bíodh sé ina Allah nó ina mhalairt.

Bhí rís ar bhainne acu ansin agus tae miontais. Bolglíonta, luigh siad siar ar a gcuid adhartán ar an urlár ach amháin Mánas. Aoi an tí, tugadh an divan dósan, an suíochán a ba shócúlaí a bhí acu sa teach, lena chnámha a shíneadh siar. Bhí an mháthair amach agus isteach ag friotháladh orthu, ag tabhairt tuilleadh tae is caife, deochanna boga agus milseánachta chucu. Thug Mánas faoi deara go dtug siad triúr tosaíocht daoithi i gcónaí agus urraim dá réir agus nuair a tháinig am ní na soithí ní raibh leisce ar bith ar na buachaillí beaga gabháil i gceann oibre sa chisteanach.

Ar ball beag chuir Bashir ceol ar siúl, 'Maroc & Roll' a thug sé air go barrúil agus thug an triúr acu an t-urlár orthu féin, ag pocléimtí thart go spraíúil. Thairg Bashir a lámh do Mhánas nuair nach raibh seisean ag bogadh agus tharraing ar a chosa é.

'May I have this dance with you?' ar seisean go grástúil.

'My pleasure,' arsa Mánas, ag feacadh leathghlúine go humhal dó.

Ceol bríomhar Arabach a bhítear a sheinnt. Bhí rithimí preabacha soghluaiste an cheoil oiriúnach don chineál rince gan ullmhú a chleacht Mánas. Ghéill sé do mhothú an fhoinn agus ar ala na huaire, bhí sé ar shiúl de chéimeanna éadroma ealaíonta trasna an urláir, á ardú féin ar a ladhra agus á chasadh féin thart ina roileagán luais mar a dhéanfadh rinceoir bailé. Fágadh an t-urlár aige féin anois. Ba léir daofu gur seo taispeántas aonair, seó rince. Bhí an ceol á spreagadh agus é ag tarraingt as a stór gluaiseachtaí. Léim agus luasc sé, lúb agus chúb sé. Amanta bhí sé san aer de chéim ard mhórthaibhseach agus ansin i dtobainne, bhí sé cromtha síos, ag téaltú ar bharraicíní na gcos. Lena chuid geáitsí míme, bhí sé seal i gcruthaíocht cait á lí féin go sásta, agus i mbomaite eile, bhí sé ina éan mór spéire ag eitilt go caithréimeach. Ar deireadh, shuigh sé ar a ghogaide, agus i dtaispeántas aclaíochta den scoth, steipeáil sé amach de mhearchéimeanna éachtacha a chuirfeadh damhsa na gCosacach i gcuimhne duit.

Sheas Bashir, a mháthair agus an cúpla ar leataobh ag baint taitnimh as an tseó rince seo agus ag déanamh iontais d'ábaltacht aiclí an damhsóra. I dtaca leis na buachaillí beaga, bhí a súile ag gabháil amach ar a gcloigeann le hionadh go raibh a leithéid de thaispeántas ag tarlú ina dteach féin.

Nuair a chríochnaigh Mánas an damhsa d'éirigh gáir mholta ón teaghlach d'aon ghuth. Lig Bashir liú áthais as féin. Bheir sé barróg ar Mhánas agus phóg é ar a leiceann. 'What can I say? That was so ... so....' Theip na focail air agus chonaic Mánas na súile ag maothú air dá mhéid is bhí sé bródúil as éirim rince a chara.

'Moving,' arsa Mánas, ar son grinn.

'Yes, that's the word,' arsa Bashir. 'It moved me.'

Ní dhéanfadh a dhath maith do na buachaillí beaga ach go bhfoghlaimeodh siad coiscéim damhsa ó Mhánas. As sin go ham luí bhí sé ag múineadh na gcéimeanna daofu féin agus do Bashir, agus cé nach raibh tallann nádúrtha na gluaiseachta i gcnámha éinne den triúr acu, bhain siad spraoi as a bheith ag fiacháil.

Chodlaigh Bashir agus Mánas ar an díon an oíche sin; amuigh faoin aer i gcumhracht na mbláth agus na lus a d'fhás a mháthair. Luigh siad ar sheantolg cnapánach ag féachaint in airde ar spéir ghlán ghealaí. Nach álainn an suíomh é, a mheabhraigh Mánas; leaba a gcúplála a bheith ar lasadh le réaltóga. Chuir spéir agus spréach na hoíche amhrán as Evita i gcuimhne do Mhánas agus chan sé *On a Night of a Thousand Stars Take me to Heaven's Door* i gcluais Bhashir.

Dúirt seisean go gcuimhneodh sé go brách ar an amhrán agus ar ócáid a chanta. Chuir sé a lámha thart ar Mhánas.

'Do you want a ride to heaven now,' ar seisean, á tharraingt chuige go cíocrach.

'Ride on,' arsa Mánas agus leag sé póg ar bheola teo Bhashir. Chlutharaigh siad i gceann a chéile faoi phluid trom olla agus ní raibh i bhfad go raibh siad beirt ag bogadaigh ar an aon bhuille aoibhnis amháin. In am agus i dtráth, d'fhág Bashir ag cneadach é le pléisiúr agus é ag gabháil ann go fuinniúil. Bhí Bashir ina leannán an-mhaith mar go raibh sé ábalta luas a sháite a mhoilliú nó a ghéarú de réir mar a d'fhóir do Mhánas agus, lena chois sin, bhí sé in ann cúl a choinneáil ar a shásamh féin go dtí go raibh Mánas réidh agus i riocht réabtha fosta.

An oíche sin agus iad ina luí ag déanamh croí isteach lena chéile, d'admhaigh siad beirt go raibh feidhm gnéis ar leith acu dá chéile. D'aithin Mánas go dtug ról na mná sa tsuirí níos mó sásamh dó agus, ós rud é go raibh an fhéith in Bashir chuige, bhí sé sásta ligean dósan a bheith fireann. D'fhóir sin i gceart do Bashir. Rinne sé fear dó, a dúirt sé, agus thaitin a fheidhm fir leis.

Ach dá mba mhian le Mánas a bheith in uachtar in am ar bith, bhí Bashir lánsásta a shásamh a thabhairt dó.

Chaith sé cúig lá le Bashir in Agadair — cúig lá ghlórmhara — ag snámh san fharraige ghorm bogthe is á ngrianadh féin ar an trá. Bhí a fhios acu gur cuid súl iad, an dá bhuachaill a ba gnaíúla ar an trá, agus go raibh fir eile ag cur dúile iontu, agus á gcruiseáil, ag súil go raibh siad ar fáil. Ba mhór an sásamh a thug sé daofu, dár ndóighe, ach b'ábhar gáire a bhí ann fosta.

Ba deas le Mánas a bheith ag siúl, lámh ar láimh le Bashir ar an phromanáid in Agadair, siollfartach shuaite na mara ina gcluasa agus iad ag sméidearnach ar a chéile go grámhar. Nós deas béasach de chuid na nArabach a bhí anseo dar le Mánas, go dtiocfadh leo, mar fhir, siúl, greim láimhe acu ar a chéile go ceanúil, agus nach mbainfí barúil as go raibh siad ag bualadh craicinn.

Thug siad cuairt lae ar Taraudant, seanbhaile margaidh i gcomharsanacht Agadir. Thaitin an áit go mór le Mánas; na sean-bhallaí cosanta ócarbhuí a bhí timpeall an bhaile, na sráideanna ársa a bhí pábháilte le clocha doirneoige, na soukanna lena gcuid mangairí gnúis-rúnda rógánta agus, ó thuaidh ón bhaile, an radharc álainn de Shléibhte Atlais a bhí le feiceáil.

Chuir Mánas sonrú sa líon mór mná a bhí amuigh ar a gcuid rothar ag cúrsaíocht fríd na sráideanna cúnga meánaoiseacha seo go mear agus go máistriúil. B'iad seo na chéad mhná a chonaic sé ag rothaíocht ó tháinig sé go Morocó agus, dar leis, gur radharc as an choitiantacht a bhí ann. D'aontaigh Bashir leis. Rud annamh eisceachtúil a bhí ann, a dúirt sé, bean a fheiceáil amuigh ar rothar, ach bhí cáil na rothaíochta le fada ar mhná Taraudant.

I dtír ina bhfuil tromlach an phobail coimeádach go maith i dtaca le saorthoil agus neamhspleáchas na mban, b'fhacthas do Mhánas gur banlaochra a bhí sna mná seo agus gur gníomh gaisce a bhí sa rothaíocht. Bhí sé bródúil as bantracht Taraudant agus as an dóigh shuntasach a bhí acu le seasamh do chearta na mban. Agus é ag siúl thart ina measc bhí sé cinnte go gcumfadh sé dán ómóis daofa amach anseo.

Chaith siad lá eile ag siúl na gcnoc thart ar Aourir, baile beag ó thuaidh ó Agadair. Chuimhneodh Mánas ar an lá sin i gcónaí, iad ina suí go sásta ar mhaolchnoc gainimhe; tránna geala gréine an chósta síos uathu; iad ag baint aoibhnis as boladh folláin an eucalyptus agus as méileach na ngabhar a bhí ag piocarnach i ngéaga na gcrann argáin; luisne an tsolais ar mhuir agus ar thír. Bhraith siad beirt i ndlúthpháirtíocht lena chéile agus le gach beo eile fosta, mór agus beag, a bhí ag beathú ina dtimpeall. Agus go fiú mura mbeadh focal a dtuairisce le fáil i ndiaidh a mbáis, ba chuma leo, óir sa bhomaite seo bhraith siad go rabhadar bithbhuan, amhail is dá mbeadh siad nuadhúisithe sa tsaol suthain. D'fhág a ngrá an bheith íogair sin orthu. Cé nach raibh iontu, ar nós gach uile bheo eile, ach beathacháin bheaga ghearrshaolacha a bhí ag gabháil timpeall ar a gcúrsa cinniúnach féin faoi ghreim dhiamhair na gréine, ar an lá suaithní síoraí seo bhí siad beirt ina ndéithe agus stiúir dhiaga acu ar a ndán féin. Nó sin a shíl siad agus iad ag baint taitnimh as a gcuideachta lánchumhachtach féin agus as áilleacht spreagúil an domhain fheicseanaigh.

Bhain Bashir fáinne dena mhéar, fáinne beag saor a raibh dath an óir ag imeacht as agus bhronn ar Mhánas é.

'I pray that we will always be happy inside this ring of love,' a dúirt sé go dúthrachtach, chuir an fáinne ar mhéar fhada Mhánais agus phóg é.

Tháinig tocht ar Mhánas le teann lúcháire. Níor fhéad sé focal a rá. D'fháisc sé Bashir lena chroí agus luigh siad síos faoi scáth na gcrann argan, gach ball dá mballaibh ina ghríos teaspaigh.

'Our love is so satisfying,' arsa Bashir, nuair a fuair sé a anáil arís.

'Our married love,' arsa Mánas agus é ag breathnú le haoibhneas ar an fháinne ar a mhéar.

'The sweetest age is marri-age,' arsa Bashir agus é ag cuimilt Mhánais go geanúil i gcúl a chinn.

Bhí lámh mhaith ag Bashir ar ealaín na cuimilte agus bhí suaithníocht ar an phléisiúr a thug sé do Mhánas, agus é á shuathadh óna ghualainnacha síos learg a dhroma agus idir dhá phluc a thóna.

'Here it's not permitted to be a visible gay man,' arsa Bashir agus é ag oibriú go caoin dícheallach ar leasracha Mhánais agus síos fad a choise.

'Only if you are a pink flamingo,' arsa Mánas.

Níos luaithe sa lá agus iad ag spaisteoireacht thart i nGairdín na nÉan in Agadair chuir siad sonrú, ach go háirithe, in áilleacht neamhshaolta na lasairéan. As a ndealramh pinc agus a ngothaí galánta siúil mhothaigh Mánas, a dúirt sé, dáimh agus gaol gairid leo. Ba seo a mbráithre i measc na n-ealta éan a bhí sa ghairdín.

Ach níor chuir sé isteach airsean, arsa Bashir go neamh-eaglach, gur coir príosúnachta a bhí sa ghníomh a rinne siad nó gur peacadh mallaithe a bhí ann de réir an Chóráin. Níor chreid sé i gceachtar den dá bhreith éagóracha sin. Ní raibh sé cóir ná ceart, a dúirt sé, daoine a dhaoradh ar grá lántoilteanach a thabhairt dá chéile.

'I believe love is always right and it's even more right when it comes with respect.'

Ba sin caint a chuaigh i gcion ar Mhánas. Ba léir dó go ndearna Bashir machnamh ar an ábhar seo agus go raibh sé deimhin dá lé féin. D'admhaigh Bashir ansin nach de thimpiste a casadh ar a chéile iad i Marrakech ach go bhfaca seisean Mánas ag siúl thart ar fud an Djamaa El Fna, gur thaitin an stráinséir leis agus gur lean sé é go dtí go bhfuair sé an deis le labhairt leis.

'So looking for a light was just a pretence!' arsa Mánas, iontas air, má b'fhíor dó féin.

'Yes,' arsa Bashir, 'but I got a light that has brightened up my life.'

'And since that night I'm light-headed with love,' arsa Mánas.

Shuigh siad ansin ag amharc uathu ar longa mórthaibhseacha ag seoladh amuigh ag bun na spéire agus ar ghrian an tráthnóna ag damhsa ar bharr na dtonn, ag sciorradh agus ag tomadh amhail is dá mba marcach toinne a bhí inti.

'Morocco is not the place for us,' arsa Bashir agus a shúil aige ar long chrúsála a bhí lasta suas faoi sholas an tráthnóna. Chan Mánas 'Somewhere', amhrán a raibh ciall leis i dtaca lena gcás féin de agus a thug gealladh daofu go raibh áit éigin amuigh ansiúd ina nglacfaí leo ....

There's a place for us ...
Hold my hand and we're half way there,
Hold my hand and I'll take you there,
Somehow, someday, somewhere....

Bhí Bashir ag bogchaoineadh de mhéid is a chuaigh an t-amhrán, idir fonn is focal, i bhfeidhm air. Nuair a chuir sé a thocht caointe de, ar seisean: 'Yes, I want a new way of living with you like it says in the song.' Bhí lí labhandair sa tsolas a bhí ag sní thar na cnoic.

'In Morocco the light is beautiful,' arsa Bashir, agus é ag baint taitnimh as an tsolas seo a bhí ag cur aoibhe ar dhreach na tíre. 'As to matters of sexuality the country is still in a dark age, and not only Morocco, but all the Arab countries. In my lifetime this will not change. The past will always rule over the present and hold back the future.'

Thug Mánas faoi deara le cúpla lá go raibh níos mó meabhraíocht ag gabháil le Bashir ná mar a leag sé síos dó ar dtús. Bhí a mhachnamh féin déanta aige ar an tsaol as ar fáisceadh é agus ní raibh an dearcadh sin ag teacht le tuairimíocht an tslua, nó le barúlacha na coitiantachta.

'You speak with clarity and with courage,' arsa Mánas leis, bród air as acmhainn cainte a chara.

'With you, I can talk about many things which I have been thinking about but couldn't say to people here. You encourage me to ... to speak my mind ... I think that is the expression in English.'

Ar an oíche dheireanach dó in Agadair chuir Nuala, máthair Mhánais, scairt orthu ar skype lena buíochas a chur in iúl do Fatima as an chóir a chuir sí ar Mhánas agus do Bashir as an chúram a thug seisean dona mac. Rinne sí féin agus Bashir a gcomhrá go héasca lena chéile agus thug sí le tuigbheáil dó go mbeadh fáilte roimhe in Éirinn dá mba mhian leis a theacht agus go ndéanfadh sise a dícheall le cuidiú leis víosa cuairte a fháil nuair a d'fhóirfeadh sé dó an turas sin a dhéanamh. Bhí Bashir sna flaithis bheaga le háthas nuair a chuala sé é sin, agus cinnte dearfa, i gceann ráithe nó mar sin, nuair a bheadh saoire an gheimhridh aige ón ollscoil, thiocfadh sé go hÉirinn, dá bhféadfadh sé víosa a fháil.

Labhair sise leis an chúpla fosta agus, cé go raibh siad faiteach ar dtús léithi, agus ar beagán Béarla, ní raibh i bhfad go raibh siad somheallta aici agus ag caint agus ag gáireach. Bhí an tarraingteacht sin inti; a dóigh speisialta féin aici le daoine a chur ar a suaimhneas nó, dá mbeadh gá leis, iad a spreagadh. Bhí Mánas an-bhródúil as an údarás ghrástúil seo a bhain lena mháthair agus anois chonaic sé go raibh Bashir agus a theaghlach faoi gheasa ag an bhean álainn sobhéasach chaidreamhach seo as tír i bhfad i gcéin a labhair leo amhail is dá mbeadh na seacht n-aithne déag aici orthu.

An oíche sin agus iad ina luí ina ndún seirce ar an díon; braillín ghlé na spéire os a gcionn, d'fhiafraigh Bashir de Mhánas: 'Does you mother realize that we are lovers?'

'Not only does she know it but she's delighted that I have found a heartmate so lovely as you, Bashir. I tell her everything.'

'Do you tell her about our love-making?' arsa Bashir.

'Not all the grisly details, just the general picture.'

'That's amazing,' arsa Bashir agus dú-iontas air. 'Although my mother knows that we are close; she senses that, I know it. But it would be impossible for us to talk about it; to give a name, to the love between the two of us. And she expects me, someday to marry a girl.'

'And will you?' arsa Mánas.

'No! How could I marry a girl when the only person I want to be close to, is you, my love.'

Chlutharaigh siad isteach lena chéile agus chan Mánas go híseal, bogchaointeach:

> *I wanna be loved by you, just you*
> *nobody else but you*
> *I wanna be loved by you, alone.*
> *I couldn't aspire to anything higher*
> *than to fill the desire to make you my own....*

'You have a sweet song for every occasion,' arsa Bashir leis nuair a chríochnaigh sé an ceol.

'A gay man should always have a song in his heart,' arsa Mánas. Bhí cleachtadh ag Mánas ó bhí sé beag a bheith ag éisteacht le hamhráin ó na ceoldrámaí cionn as go raibh spéis mhór ag a athair agus ag muintir a athara sa chineál sin siamsaíochta agus bhí siad uilig gníomhach ar bhonn áitiúil i gcumainn cheoil den tsaghas sin. D'fhág sin go raibh amhráin as leithéidí *Evita*, *West Side Story*, *Jesus Christ Superstar*, *Cabaret*, *Fiddler on the Roof*, *Porgy and Bess*, agus *Oliver* de ghlanmheabhair ag Mánas óna óige. Thaitin an sórt sin amharclannaíochta leis agus théadh sé lena thuismitheoirí chuig seóanna, chan amháin i mBaile Átha Cliath ach chuig an chuid ab fhearr de cheoldrámaí an Westend i Londain.

'I have much to learn about being gay,' arsa Bashir agus tharraing sé Mánas chuige go teann, teasaí.

'Culturally maybe,' arsa Mánas, 'but sexually you have made very big strides.'

'A big stride makes a good ride. Yes or no?' Arsa Bashir agus é a shoipriú féin síos i mullach Mhánais ionas go raibh siad ina luí, béal le béal agus bolg le bolg.

'You are a poet in bed, my Bashir,' arsa Mánas. 'Let's make strong sexy rhythms.'

'A lot of Arabic poetry makes strong love sounds,' arsa Bashir.

'You mean it moans and groans,' arsa Mánas.

'Yes, my love,' arsa Bashir. Lig sé osna throm phléisiúir agus é á dhingeadh féin go dúilmhear idir cosa Mhánais.

Cúpla lá roimhe sin luaigh Bashir go raibh sé ag cur airgead beag i dtaisce go rialta le gluaisrothar a cheannach, ceann athláimhe nach mbeadh róchostasach. Le fada bhí a chroí leagtha aige ar ghluaisrothar a bheith aige, a dúirt sé, ach ina theannta sin bheadh ceann áisiúil aige le gabháil chun na hollscoile agus fosta le gnóthaí beaga teaghlaigh a dhéanamh.

An mhaidin sula ndeachaigh Mánas arís go Marrakech chuir sé suim airgid isteach i gcuntas banc Fatima le spás beag ón anás a thabhairt daoithi féin agus dá teaghlach. Lena chois sin, thug sé airgead tirim isteach ina láimh do Bashir, a oiread agus a chuirfeadh ar a chumas siúd gluaisrothar a cheannach láithreach.

Níor fágadh focal in Bashir le méid a bhuíochais. Taobh amuigh den bhanc in Agadair, bhris an gol air go tobann agus theann sé Mánas lena ucht, ag déanamh neamhiontais de lucht siúil na sráide. De réir a chéile shíothlaigh an racht. Thriomaigh sé a shúile le muinchille a léinidh agus labhair sé go fórsúil.

'How can I thank you, Manus, for what you have done for me and my family?'

'Bashir, you have given me the greatest gift of all,' arsa Mánas go mórchroíoch. 'Yourself!' Bhí díth bheag amháin ag déanamh buartha do Mhánas i dtaca le Bashir de. Bhí deis aige anois an chasaoid sin a thabhairt chun solais. 'But you can do something for me.'

'I will do it, I promise. Anything!' arsa Bashir go díbhirceach.

'I want you to give up smoking.'

D'fhéach Bashir air agus é ag gealgháirí. 'For you, my love, I will gladly do that.' Thug sé mionn agus móid go n-éireodh sé as na toitíní. Chuir sé a chroí féin agus an Córan Naofa i ngealltanas air sin. Ba mhóide a dhóchas, a dúirt sé, go n-éireodh leis, de bhrí go mbeadh sé á dhéanamh as grá do Mhánas, agus le cur lena gheallstan chaith sé a chuid toitíní isteach i gcanna bruscair.

'From now on, it's a new way of living for me,' arsa Bashir, seasamh daingean á ghlacadh aige agus é sin le cluinstean ina ghlór.

'A new way of living for us,' arsa Mánas, á cheartú go caoin.

'Yes, my love, for us. For Manus and Bashir! Somehow, someday, somewhere.' Agus thug sé iarraidh mhaith ar an líne a chanadh.

Greim láimhe ar a chéile, shiúil siad síos an tsráid go Battoir, an stad tacsaí is mó in Agadair agus iad ag canadh 'Somewhere' le chéile.

Bhí máthair Bashir an-sásta go raibh a mac ag éirí as na toitíní. Bhí sí ag tromaíocht air le fada, a dúirt sí, as a bheith ag caitheamh ach ní raibh maith ina cuid achasáin. Anois d'éirigh le Mánas in am gairid géilleadh iomlán a fháil uaidh go dtabharfadh sé suas na toitíní. Thaispeáin sé sin, a dúirt sí, an urraim a bhí ag a mac do Mhánas. Thug Allah le chéile iad d'aon ghnó, bhí sí cinnte de sin agus bheannódh Sé iad san am a bhí rompu amach.

Bashir a bhí ag déanamh gnó na hidirghabhála sa chaint seo

agus, fad is a bhí sé ina fhear teanga, bhí sé ag féachaint go muirneach ar Mhánas agus ag déanamh bánaí leis. Agus ní raibh cuma ar bith ar an mháthair go raibh doicheall uirthi roimh an chomrádaíocht dlúth neamhghnách seo. Thaitin an tsoineantacht gheanúil seo le Mánas. Mhothaigh sé nár choimhthíoch a bhí ann ach ball gaoil den teaghlach.

Cé nach raibh sé leo ach dornán laetha bhí cumha mhór ar Mhánas a bheith á bhfágáil. Bhain sé an oiread sin taitnimh as comhluadar shúgach an chúpla, as cócaireacht agus as cineáltas Fatima, agus as a bheith ina aontíos le Bashir. Ba seo sméar mullaigh na saoire, a bheith faoin díon chéanna le Bashir, ag mairstean leis ina bhaile féin, a bheith ina chuideachta ar feadh an lae agus ina chodladh leis san oíche. Agus threisigh a ghrá do Bashir le linn an ama sin. Bhí deis aige a leannán a bhreathnú go grinn, a dhearcadh agus a chuid dóigheanna a mheá, a phearsantacht a mheas, a charachtar a dheimhniú. Agus feiceadh do Mhánas go raibh a theist agus a chéad bhreith foirfe. Bhí Bashir mar a d'iarrfadh Mánas é a bheith; nádúr séimh, ceanúil aige, agus meon a bhí cineálta, foscailte agus aigeanta. Bhí a fhios ag Mánas go raibh Bashir ag déanamh ionracais leis ón mhéid a d'inis sé dó faoi féin agus faoina theaghlach agus bhí Mánas cinnte go dtiocfadh leis a ghabháil ar a iontaoibh am ar bith agus áit ar bith. Ba seo a chéadsearc agus bhí an t-ádh air leannán chomh tréitheach le Bashir a fháil. Ach bhí a fhios ag Mánas go dtiocfadh leis an chinniúint a thug le chéile iad a bheith fabhtach fosta. Ní chuireann an chinniúint a cosa fúithi riamh agus b'eol dó go dtiocfadh léithi iad a scaradh chomh gasta céanna agus a thug sí i gceann a chéile iad. D'fhág sin go raibh gach bomaite dá gcaidreamh luachmhar agus le blaiseadh go hiomlán. Ní raibh am ar bith inchurtha leis an am faoi láthair agus chaithfeadh siad sú a bhaint as agus gan é a chur amú, óir i bhfaiteadh na súl thiocfadh leis an tóin titim as an tsaol a bhí acu.

•

Ar an oíche dheireanach i Marrakech fuair sé féin agus Bashir dhá sheomra in óstán beag sa Mhedina ionas nach mbeadh amhras, ná súl na n-údarás orthu. Ansin bhí siad ábalta an oíche a chaitheamh le chéile i seomra Mhánais i ngan fhios d'éinne. Sa dóigh nach mbeadh an leaba ag déanamh gíoscáin, leag siad an tocht ar an urlár agus thug siad grá dá chéile go caoin agus go fiáin. B'iontach le Mánas an t-urradh fir a bhí in Bashir.

An oíche sin, chuaigh sé i Mánas trí huaire ach fós ní raibh a bhairille crúite ná meath ar bith ar a chruadas; má bhí a dhath ann is ag dul i dtreise a bhí sé le gach éirí dá dtáinig air. Ní thiocfadh leis a sháith de Mhánas a fháil, a dúirt sé. Shantaigh sé go mbeadh siad beirt tomtha agus tuaslagtha ina chéile; go mbeadh siad ag mothú is ag brath mar aon phearsa amháin, go mbeadh a n-aigne ar aon rithim agus a gcoiscéim ar aon chéim.

Nuair a bhí Mánas silte is gan a thuilleadh seasamh fágtha ina bhall, chuach Bashir é suas lena ucht, phóg agus shlíoc agus chuimil é gur thit a chodladh ar Mhánas, codladh sámh an tsómais. Ar fhaitíos go bhfeicfí iad le chéile, shleamhnaigh Bashir as an tseomra le breacadh an lae. Luigh Mánas ina lorg the sa leaba, á iomlasc féin ina bholadh, ina mhúsc bog collaí.

Chaith siad an mhaidin sa souk, Mánas ag ceannach bronntanas le tabhairt abhaile leis agus Bashir i mbun na hargála agus na margála. De bharr go raibh Bashir in éineacht leis agus aithne airsean sa souk, fuair Mánas conradh sna hearraí costasacha criadóireachta a cheannaigh sé.

Fuair siad tacsaí go dtí an t-aerfort i dtrátha an trí agus i ndiaidh do Mhánas seiceáil isteach agus a mhálaí a chlárú, d'fhág siad slán ag a chéile. Ba sin an scaradh goirt daofu beirt. Ach thug sé sólás daofu go bhfeicfeadh siad a chéile arís, ar dhóigh amháin nó ar dhóigh eile, i gceann ráithe. Rachadh Bashir go hÉirinn aimsir na Nollag dá dtabharfaí cead cuairte dó nó dá dteipfeadh air sin, thiocfadh Mánas go Morocó. Bheadh siad i dteangmháil lena chéile go laethúil ar scor ar bith ar skype, ar facebook agus ag téacsáil.

Bhí siad ag croitheadh láimhe agus ag caitheamh póga ceana lena chéile go ndeachaigh Mánas as amharc ar chúl na ngeaftaí bordála.

Má bhí fód an bháis ann agus fód an tseachráin; tuiscintí a dtáinig sé trasna orthu ina rang béaloideasa, bhí Mánas ag smaointiú go gcaithfeadh go raibh fód na seirce ann fosta. Bhí sé den bharúil go mb'éigean dó a theacht go Marrakech le fód na seirce a aimsiú dó féin agus nuair a sheas sé ar an láthair dúrúnda sin sa Djemaa El Fna agus tháinig Bashir chuige agus in dhá mheandar d'athraigh a shaol ó bhonn aníos. Bhí sé i ngrá agus ba é seo an grá ab ionúine, a ba doimhne agus a ba déine dá dtug sé riamh; grá lasánta na colainne agus grá aigeanta na haigne. Agus ba é an chuid ab fhearr de go raibh a leannán amhlaidh leis agus go dtug seisean a mhacasamhail de ghrá do Mhánas. Bhí siad beirt i mbeartas páirte i ngrá a d'uaisligh iad is a bheannaigh iad. Chuaigh Mánas ar bord agus na smaointe dearfacha seo ag fabhrú ina cheann.

I ndiaidh do Mhánas pilleadh abhaile bhí siad i dteangmháil lena chéile gach lá agus ag malartú pictiúirí den tsaol laethúil a bhí á chaitheamh acu. Cheannaigh Bashir an gluaisrothar agus bhí sé le feiceáil i sraith pictiúirí ina sheasamh go bródúil le hais a dheis úr iompair; seaicéad dubh leathair air agus a chlogad cosanta ina láimh leis. Chuir sé James Dean i gcuimhne do Mhánas ach go raibh sé i bhfad níos dóighiúla ná Dean.

Tráthnóna Dé hAoine a bhí ann amach i Mí na Samhna, spéir lomliath báistí os cionn na cathrach, an trácht trom agus mallghluaiste. Bhí Mánas ag rothaíocht abhaile ó Choláiste na Tríonóide nuair a chuala sé gliogar téacsála ón ghuthán póca.

Mhothaigh sé creatha fuachta ag gabháil fríd ar an bhomaite sin. 'Aisteach,' a dúirt sé leis féin, ach choinnigh sé ag rothaíocht.

Óna dó a chlog ar aghaidh an lá áirithe sin bhraith sé míshuaimhneach ... mar a bheadh olc éigin á thuar dó, ach rinne sé neamhiontas de. Shíl sé gur babhta fliú a bhí ag teacht air, á fhágáil lag agus leanbaí.

Níor fhéach sé ar an téacs go raibh an rothar fágtha sa chró aige agus é istigh i halla tosaigh an tí: *Bashir in hospital. Motarbike accident. Bad.*

Lig Mánas scread péine as agus d'imigh na cosa amach as faoi. Chuala an mháthair an scread. Bhí sí ag obair ina hoifig thuas staighre. Anuas léithi láithreach agus fuair sí Mánas sínte ar an urlár, a aghaidh tnáite tláith agus saothar anála air. Bhí sé chomh mór sin trína chéile nach raibh breith aige ar chaint ach chuir sé in iúl lena láimh dona mháthair dearcadh ar an ghuthán. Léigh sí téacs an uafáis.

'Ó, a chroí, a chroí, mo thrua thú!' ar sise agus na deora léithi. Ach cé gur luigh an scéal go trom uirthi, bhí a fhios aici nár seo an t-am daoithi a bheith ag déanamh truacántais. Ba seo uair na práinne agus chaithfeadh sí a bheith láidir agus ina taca ag a mac. Bhí sé de bhua aici a bheith lán de chiall agus de mhothú i gcruachás.

Rinne sí cinnte nach raibh sé loite ón titim, chuir sí ar a chosa é agus isteach chun na cisteanaí agus ina shuí. Thug sí deoch uisce dó agus diaidh ar ndiaidh tháinig sé chuige féin. Ansin chaoin sé go hard agus go goirt ina hucht agus lig sí dó a thocht a chur de go dtí gur shíothlaigh a dheora.

Bhí an saol sa mhullach ar Mhánas go tobann gan soir nó siar nó amach aige as an ualach léin seo a bhí ag brú anuas air. Bhí a raibh ina aigne imithe chun dorchadais. Shuigh sé ansin ina staic gan mhothú, ag stánadh ar an lom, a mháthair lena thaobh, agus í á mhuirniú go ciúin.

Ar ball agus é ábalta chuige, rinne sé féin agus a mháthair cleachtaí anála ar feadh leathuaire, cur chuige a thug faoiseamh éigin dó sa chruth go raibh sé ina ann a aghaidh a thabhairt ar an drochscéala.

Bhí an t-ádh ar Mhánas go raibh tuismitheoirí an-ábalta aige agus a chruthaigh go maith dó in am an chruacháis. Nuair a tháinig an t-athair 'na bhaile thaobhaigh sé le Mánas láithreach agus ina dhóigh chéillí fhuarchúiseach féin, dhréachtaigh sé plean gníomhaíochta. Chaithfí a fháil amach caidé mar a bhí Bashir; an raibh cóir cheart leighis á chur air; caidé na riachtanais airgid a bhí de dhíth ar a theaghlach in am seo na trioblóide; agus mhol sé go rachadh an mháthair go hAgadair in éineacht le Mánas le tacaíocht a thabhairt don teaghlach agus le deimhin a dhéanamh de go raibh gach áis ag Bashir a bheadh lena leas.

Ansin bhí an mháthair ar an ghuthán ag caint le Fatima, leis an chúpla, le fear gaoil dena gcuid a raibh Béarla aige agus leis an mháinlia a bhí ag déanamh cúram de Bashir. Insíodh daoithi gur sciorr leoraí in éadan an ghluaisrothair agus Bashir ag gabháil thart ar thimpeallán in Agadair; gur caitheadh den ghluaisrothair é agus gur chnag sé a chloigeann ar chlaí cloch an bhruaigh. Bhí a chlogad cosanta á chaitheamh aige. Ádhúil go leor, bhí otharcharr sa chomharsanacht ag an am, agus tugadh tarrtháil air láithreach. Bhí a mheabhair aige ar dtús agus a urlabhra, ach ansin chaill sé a mhothú. De réir an mhionscrúdú a rinneadh air san otharlann, ní raibh cosúlacht go raibh créacht nó gortú de chineál ar bith air, taobh istigh. Cé go raibh sé i gcóma de bharr an bhualadh creathnach a fuair sé sa chloigeann, bhí na comharthaí tuartha maith, a dúirt an dochtúir, ach ní thiocfadh leis a rá go cinnte cá huair a gheobhadh Bashir a mhothú arís.

An oíche sin, thug tuairim an dochtúra uchtach éigin daofu i dtigh Mhánais.

Is beag cuimhne a bhí ag Mánas ar an tseachtain sin. In

éagmais a ansachta, mhothaigh sé nach raibh ann ach leathdhuine; mhothaigh sé go raibh a chuid braistintí uilig maolaithe agus go raibh an saol ag tarlú i limistéir éigin doiléir a bhí i bhfad uaidh.

Chuaigh sé féin agus a mháthair go hAgadair. B'iontach an teacht aniar a bhí intise, í ag tabhairt tacaíochta do Fatima, ag coinneáil cuideachta leis an chúpla agus ag plé leis an ospidéal. Rinne sí an dú-obair lena chinntiú go mbeadh córas éifeachtach i bhfeidhm agus ag oibriú le haire a thabhairt do Bashir go dtí go dtiocfadh sé amach as an chóma.

Mánas bocht! Bhí sé go beagmhaith sna laethanta sin. I bhfianaise air sin ní raibh ann ach go raibh sé ábalta a aghaidh a thabhairt ar Bashir agus é ina luí san ionad dianchúram gan mhothú, cuma ídithe air agus lear mór píobán i bhfostú ann. Bhí sé i mbarda scoite lena chosaint ar aon ghalar tógálach agus níor ceadaíodh éinne de chóir s'aige ach ar feadh seal beag gairid. Ach ba leor sin do Mhánas. Bhí an radharc róléanmhar, a leannán grámhar ina luí gan mhothú is gan fios cá huair a dhúiseodh sé as an támh bháis ina raibh sé.

Óna dhreach dobrónach agus ón chuma chiotach chráite a bhí air agus é ag siúl thart go místiúrtha, bhí a fhios ag Fatima go raibh Mánas croíbhriste. Má bhí aon amhras uirthi roimhe sin — agus ní raibh — ba seo teist agus cruthú ar an ghrá a bhí ag an bhuachaill 'iasachta' seo dona mac. Nuair a bhí sí féin agus máthair Mhánais le chéile — Nuala í féin a d'inis seo do Mhánas — dúirt sí, agus í ag streachailt leis an Bhéarla: 'Your son ... is loving ... my son.'

Ní raibh a fhios ag Nuala go baileach cad é a bhíthear a mhaíomh leis an chaint sin ach bhí sé tuigthe aici ná achasán a bhí sa mhéid sin. 'My Bashir is loving Manas very much.'

Chuir sí a lámh féin i láimh Nuala agus d'fháisc í go teann.

'My son, your son, it is love. I know. It is alright?'

D'fhéach sí ar Nuala go himpíoch. Mhothaigh sise gur ceist

a bhíthear a chur uirthi an raibh sí sásta agus toilteanach leis an chumann.

'Yes, Fatima, my son loves your son and your son loves my son. It is alright.'

Tháinig aoibh lúcháireach ar Fatima, rug sí ar Nuala ina bachlainn agus thug barróg chroíúil daoithi.

'Good. Good!' a dúirt sí. Bhí a fhios ag Nuala nár ghá níos mó a rá. Bhí an bheirt mháthair ar aon aigne i dtaca lena gcuid mac.

Nuair a d'aithris Nuala an scéala seo do Mhánas, thóg sé a chroí agus las a ghnúis le lúcháir.

'Ciallaíonn sé sin go mbeidh cead na dtuismitheoirí againn le pósadh amach anseo,' ar seisean go meidhreach.

Bhí seacht mí imithe thart ó tharlaigh an timpiste agus bhí Bashir fós i gcóma, gan aon athrú chun donachta air ach ag an am chéanna gan aon iomrá ar a theacht as an támh. Sa chúpla mí i ndiaidh na tubaiste — an uair a ba mheasa an saol ag Mánas — luigh sé isteach ar an staidéar agus ar an scríbhneoireacht lena intinn a thógáil as an duairceas agus níor mheasaide é an méid sin.

D'eagraigh a thuismitheoirí ócáidí éagsúla sa chathair i bpáirtíocht lena gcairde gustalacha le hairgead a bhailiú agus ciste a bhunú a dhéanfadh riar ar Bashir agus ar a theaghlach, agus a choinneodh an chóir leighis ab fhearr agus ab éifeachtaí a bhí le fáil in Morocó leis an easlán.

Caibidil 5

Sna seachtaineacha tosaigh dó i Mín na Móna chaith Mánas a dhúthracht leis an gharradh, ag rútáil amach feagacha agus fraoch agus ag déanamh réiteach mór ar na dreasóga agus ar an aiteannach a bhí ag coinneáil cúil ar an tsolas. Thug an gearradh siar seo uilig anáil úr aeir agus fás don áit agus léas nuabheatha do na blátha fiáine. Ní raibh i bhfad go raibh brat galánta buíbhán de nóiníní agus de cham an ime spréite os coinne an dorais aige.

Ba mhór an sásamh dó toradh a shaothair a fheiceáil. Giota ar ghiota agus lá ar lá, bhí slacht ag teacht ar an gharradh. An méid de sheantoir Mhamó a mhair, iadsan a sheasaigh neamart na mblianta is a choinnigh ag craobhú is ag bláthú; an fhéithleann chumhra, cúpla róschrann, cainchín na gcaor, bhí anois bearrtha go néata agus an chuma fhiáin bainte aige daofu. Bhí uisce na ndiúgóg a bhí marbh le fada ag rith arís go ceolmhar sna clasáin ghlana réitithe. Bhí cuma ordúil ar na ciumhaiseoga a bhí thart le bun an chlaí chríche, áit ar chuir sé peatúinia agus *pansies*, *sweet william* agus *nightstock*, *geraniums* agus *nastersiums*, na blátha tíriúla céanna a bhíodh ag Mamó.

Thug an t-athrach a bhí ag teacht ar an áit tuilleadh uchtaigh dó le leanstan ar aghaidh. Go fiú ar lá na seacht síon, bhí sé amuigh ina chídeog fearthainne agus é ag obair leis go righin dícheallach, ag gearradh agus ag bearradh, ag cur toir úra i dtalamh agus ag síolú póir.

Bhí dúchas na hoibre go smior i Mánas ar scor ar bith. Níor chleacht sé riamh a bheith díomhaoin. Bhain sin, a bheag nó a mhór, leis an dea-shampla a fuair sé ó Mhamó agus fosta óna thuismitheoirí. Chuir siad ina luí air go luath ina shaol 'má thugann tú faoi rud éigin fónta a dhéanamh, lean leis agus tabhair chun críche é.' Tuigeadh dó gur dearcadh léirsteanach a bhí ansin agus gurbh fhiú é a leanstan is a chleachtadh. Sheas an cur chuige sin go feidhmiúil dó agus é i mbun staidéir nó ag scríobh. Dhírigh sé a dhua ar cé bith obair leabhair a bhí os a choinne agus bhain sé amach an sprioc a bhí roimhe.

Thug an Gasúr an-chuidiú dó fosta. Bhí seisean níos deaslámhaí ná Mánas ar uirlisí gearrtha agus bearrtha a úsáid. Cé nach raibh ann ach buachaill óg a bhí bog sna cnámha go fóill bhí urradh millteanach ann, agus gan leisce ar bith air gabháil i gcionn oibre. Thug sé chainsaw leis anall ó Mhín an Draighin agus rinne sé féin cuid mhór den obair gharbh i dtaca le gearradh siar a dhéanamh ar an mhuine chas fhiáin a bhí ag craobhú ar fud an gharraidh. Idir ábaltacht phraiticiúil an Ghasúir agus deismireacht nádúrtha Mhánais, d'fhág siad beirt lorg a gcumais ar an gharradh.

Ar chomhairle an Ghasúir thug sé cúpla ruaig soir go dtí an t-ionad garradóireachta a bhí i mBaile an Droichid agus cheannaigh sé tuilleadh tor is lusanna le spré datha an tsamhraidh a leathadh ar fud an gharraidh.

Tar éis trí seachtainí d'obair dhian leanúnach bhí an garradh arís ar a bhonnaí aige agus ag bláthú. Mhothaigh Mánas go mbeadh Mamó bródúil as a dhúthracht. Bhí sé ag déanamh athghabháil ar chuid bhunúsach daoithi féin agus í ina beatha; an garradh seo a chothaigh sí ar feadh na mblianta, a dtug sí gean a croí dó agus a d'aoibhnigh faoina dlúthchúram. Bheadh sí sásta, bhí sé cinnte, go raibh lámh bhláfar ar a garmhac fosta agus go raibh sé ag baint pléisiúir as a bheith ag feistiú an gharraidh. Agus cé nár ghéill sé d'aon bharúil faoi bheatha iarbháis, mar sin féin, bhí amanta ann, dá n-admhódh sé é, gur mhothaigh sé Mamó lena thaobh agus í á threorú is á mholadh. Ní raibh ann, dar leis, ach mothú fánach éigin a bhí á thaibhsiú dó. Leag sé amach gur cumha ina diaidh a bhí ina chionsiocair leis. Ach dá shaoltaí is dá amhrasaí a dhearcadh ar an tsaol eile, ba mhór an mheanmna dó Mamó a mhothú, bíodh sí beo nó neamhbheo ina gné úr dúrúnda.

Agus ní raibh lá ná uair den lá nár chuimhnigh sé ar Bashir. Bhí a aoibh ghréine i dtaisce aige ina aigne, luisne órdhaite na n-íocón ina dhealramh. Ba dósan a thug sé ómós, ba dósan a d'umhlaigh sé; buachaill den tsaol seo a beannaíodh le grástúlacht is a huaislíodh le háilleacht. Ní raibh a athrach de dhia aige ach an duine bocht daonna seo a múnlaíodh i gcruthaíocht an aingil.

Is minic a smaointigh sé gur mhéanar dá mbeadh siad i gcuideachta a chéile i Mín na Móna ag giollaíocht a ngairdín aoibhnis féin; ag ithe úll na haithne as béal a chéile agus ag baint pléisiúir as gach greim súmhar sobhlasta mígheanasach, le cead nó le neamhchead ó dhuine agus ó Dhia.

Bhí sé i dteangmháil le hAgadair go rialta, é féin agus a mháthair, ach ní raibh Bashir a dhath níos fearr ná a dhath níos measa ná mar a bhí sé an lá a loiteadh é. Bhí sé fós i dtromshuan na breoiteachta agus é á bheathú le píobáin aeir agus bídh. Agus cé go raibh sé sa staid eadarbhuasach sin idir bás agus beatha, idir an saol is an tsíoraíocht, gan meath ná biseach ag teacht air, bhí sé ag coinneáil a choda féin. Bhéarfadh Mánas rud ar bith ach Bashir a thabhairt arís i mbeocht. Bhí dóchas aige agus é ina shuí ar a mharana ag dianmhachnamh go dtiocfadh leis dea-fhuinneamh bisigh a chur chuig Bashir. I Mín na Móna, maidin agus oíche, chleacht sé an deasghnáth grá seo; a aigne dírithe aige ar Bashir ansiúd ina leaba otharlainne in Agadair agus é ag cuisliú dea-thola fuinnimh ina threo. Mhothaigh sé agus é ar a mhachnamh mar sin go raibh sé ag ceapadh fuinneamh na hUile ann féin agus a sheoladh ar aghaidh chuig Bashir. Ar nós fuilaistriú, chreid Mánas go dtiocfaí fuinneamh na beatha a aistriú fosta ó dhuine go duine; an fuinneamh bunúsach sin; an beathfhórsa a chuislíonn ionainn go léir is a choinníonn an duine beo is ag beathú. Tuigeadh do Mhánas go dtiocfadh an lá a mbeifí ábalta an anamúlacht seo a aistriú go furasta ó dhuine go duine agus go mbeadh sé de bhua ag an dul chun cinn seo na breoiteachtaí uilig a bhain le lagar spride agus le heaspa beochta a leigheas is a chur ina gceart.

Tráthnóna amháin tháinig sean-Mhicí ar cuairt chuige le dul chun cinn an gharraidh a fheiceáil. Bhí an feabhas a bhí curtha ar an áit feiceálach go maith faoin tráth seo, an fás fiáin uilig faoi smacht, plásóga beaga glasfhéir bearrtha go deismir idir na toir nuachurtha, blátha ina bpaistí aoibhneasacha anseo is ansiúd timpeall an tí, bail ar sheanchlaí na gcloch.

'Bhaige go bhfuil lámh bhláfar do mháthair mhór leat, a Mhánais,' arsa Micí go moltach agus é ag siúl thart, ag déanamh iontais den dea-chuma a bhí ar an gharradh.

'Dálta Nansaí, suaimhneas síoraí uirthi, tá sonraíocht ar do chuid oibre féin. Is fada ó bhí do mhacasamhail de dhíth ar an áit seo. Lig d'aintín an áit amú agus é ar an gharradh a ba deise a tchífeá i siúl lae.'

Bhí lúcháir ar Mhánas go dtáinig sé nó ní iarrfadh sé de phléisiúr ach a bheith ag éisteacht leis. Chan amháin gur thaitin luadar teanga an tseanfhir leis ach mheall a ghuth cinn é fosta. Mhothaigh Mánas go raibh blas an dúchais ar gach focal dá dtáinig óna bhéal; go fiú an focal bocht coitianta nach dtabharfá sonrú ar bith dó, d'uaisligh Micí é le húdarás a ghutha. Cineál de chantaireacht a bhí i dtuin chainte an tseanóra, guth a d'fhoinsigh as aois i bhfad siar ina raibh lúth diamhair ag cuisliú sa teanga. Ba mhian le Mánas aithris a dhéanamh ar mhodh labhartha Mhicí agus dá bhrí sin thug sé cluas éisteachta ghéar do gach béim ghutha, do gach siolla dea-ráite, d'imeartas glic na gconsan agus na ngutaí. Ba seo ceacht dó i bhfuaimniú agus i bhfoghraíocht na bhfocal nach raibh le fáil aige i rang breac-Ghaeilge na hollscoile.

'Ní raibh preab spáide de thalamh briste anseo go dtí go dtáinig an traein an bealach. As baile isteach, féadaim a rá, an dream ar fad a bhí ag reáchtáil na stáisiún anseo agus ag stiúradh na ngeaftaí. Lucht an Bhéarla! Bhí an traein ina rith ar ghual ach choinnigh an Béarla ar ná rálacha í.'

Rinne sé gáire beag saoithiúil, dhearg sé a phíopa agus bhain smailc nó dhó as go sásta. Bhí tíriúlacht chumhra ag baint le tobac an phíopa, dar le Mánas, nár mhothaigh sé riamh i mboladh tréan na dtoitíní. Lena chois sin bhí caoineadas shéimh réchúiseach i gcaitheamh an phíopa a thaitin leis.

'Donaldsons, teaghlach as amach bealach an Lagáin, a bhí i mbun na ngeaftaí i dtús ama. B'iadsan a rinne na garrantacha beaga seo atá thart ar an teach. Mh'anam go bhfuil an domasach righin le cloí ach dálta ár mbunadh féin fá na caoráin seo, rinne siad a ndícheall agus d'éirigh leo greim a mbéil a bhaint as ithir a bhí coimhthíoch acu i ndiaidh a theacht ó thalamh méith an Lagáin. I dtaca le Frankie Evans de, nuair a fuair sise seilbh na háite, d'fhág sí coinneáil an gharraidh faoimse agus má déirim féin é, bhí mé bródúil as an aire a thug mé don áit seo. Ansin tháinig do mháthair mhór féin i dteideal an tí agus rinne sise garradh anseo arbh fhiú garradh a thabhairt air.'

Thug Mánas cuireadh isteach chun an tí dó agus rinne sé 'deoch láidir de tae the,' dó mar a d'iarr Micí é féin é, agus thug sé ceapaire muiceola dó le gabháil leis. D'ith sé leis ar a shuaimheas.

'Líon sin an spochán, tá mise ag rá leat,' a dúirt sé nuair a bhí sé réidh. 'Níl a dhath inchurtha le haer na gcnoc lena ghoile a thabhairt do dhuine.'

Bhí Mánas ag fanacht leis an deis le hé a cheistiú faoina aintín agus an gaol a bhí aici le hathair Éamoinn agus an Gharsúir. Bhí an scéal seo ag déanamh meabhráin dó ó luaigh Micí leis é i modh rúin an oíche úd.

'Bhí tú ag rá liom go raibh fear céile d'iníne mór le m'aintín,' arsa Mánas.

'Níl a fhios agam caidé a thug uirthi bualadh suas leis ar chor ar bith nó caidé faoi Dhia a chonaic sí ann. Tá an fear céanna chomh ramhar san inchinn le brúitín i mbuidéal.' Bhí corraí air. D'aithin Mánas sin ar an cholg a bhí ina chuid cainte.

'Ach tá a fhios agam seo,' ar seisean nuair a fuair sé a anáil arís, 'chuir an bhean bhocht sin a breithiúnas aithrí isteach leis. Dá mbeadh an fhírinne ráite déarfainn go raibh lámh aige ina bás.'

Bhain an chaint sin siar as Mánas.

'Bhfuil tú ag rá liom gur mharaigh sé í?'

'Tá níos mó bealaí le duine a mharú ná fuil a tharraingt,' arsa Micí. 'Bhí a ghob i gcac ag an fhear sin ón chéad uair a chuir mise aithne air; ba daor an lá do m'iníon an lá a phós sí é. Brúid shalach a bhfuil teanga an diabhail ina phluic. Rinne sé beag de d'aintín agus níor chuidigh sin lena huchtach agus í breoite mar a bhí sí.'

Ní raibh gá ar bith le hé a ghríosadh. Bhí sé réidh lena racht a ligean amach.

'Chluinfinn é ag béicigh is ag caitheamh anuas uirthi agus mé thuas ansiúd fá na héadain ag dreasú caorach. Ní raibh sí a dhath níos fearr aige ná mat an dorais. Bhí sí faoina chosa aige. Ghlac mé trua daoithi agus chuir mé focal i gcluais an tsagairt fán drochbhail a bhíthear a chur uirthi. Ach nuair a thug seisean cuairt tharrthála uirthi, thaispeáin sí an doras dó go gairgeach ag rá nach a dhath dena ghnóithe a bhí ann.'

D'fhéach sé ar Mhánas go caoinghnúiseach.

'Níl mé anuas ar d'aintín faoi cheann corr a thabhairt don tsagart. Ná bain an bharúil sin as mo chuid cainte, ach bhí an doicheall beag sin inti.'

Dúirt Mánas leis nach raibh focal bréige ina chuid cainte, gur bean nimhneach a bhí inti agus nach dtiocfadh le héinne den teaghlach cur suas léithi. Iontas an tsaoil a bhí orthu nuair a d'fhág sí Teach an Gheafta le huacht ag a mháthair, a dúirt Mánas leis.

'Shíl Dónall Mór Ó Gallchóir gur aige féin a bheadh an teach. Ní róshásta a bhí sé nuair a chuala sé faoin tiomna,' arsa Micí. 'Ach lena chois sin bhí cúpla cuibhreann aige thíos i mBaile na Creige agus cé bith úthairt a bhí air fuair sise seilbh ar an talamh seo. Is dóiche go bhfuair sé iasacht airgid uaithi agus gur i ngeall ar sin a tháinig na cuibhrinn chuici. Bhí sí glic ina dóigh féin. Fuair sí é leis na páipéir a saighneáil, agus bhí achan cheart aici ar an talamh ansin de réir an dlí. Agus bhfuil a fhios agat caidé a rinne sí leis na cuibhrinn? Ina tiomna bhronn sí iad ar dhream acu seo a thugann aire d'asalacha agus do phonies a fuair drochíde nó ar dearnadh faillí ina gcúram. Agus nuair a thosaigh an dream seo a chur asalacha ar féarach sna cuibhrinn agus ag tógáil bóithigh le díon a thabhairt daofu sa doineann, chuir sin Domhall Mór glan ar daoraidh, agus oíche amháin chuaigh sé amach agus spraeáil sé an talamh uilig le weedkiller. Níor fhág sé duilleog féir nár mharaigh sé. Bhí an doze a chuir sé orthu chomh trom sin gur fhág sé na cuibhrinn lomrua agus ó mhaith. Chuir sé lasóg sna bóithigh fosta agus dódh trí nó ceithre cinn de na hasalacha a bhí ar foscadh iontu. I ndiaidh fiosrú fada, beireadh air cúpla mí ó shin, tá sé amuigh ar bannaí faoi láthair, ach dhéanfar an cás a éisteacht gan mhoill agus tá súil agam go bhfaighidh sé an príosún, agus blianta fada de. Ach sé'n rud a bhfuil mé ag tarraingt an scéil air ná seo: bhí an focal deireanach ag d'aintín, buíochas le Dia. Thug sí tomhas a láimhe féin dó san áit ar ghoill sé air, an craosdiabhal santach.'

Bhí scéal ag Mánas anois nár chuala éinne den teaghlach agus b'fhada leis go ndéanfadh sé é a aithris dona mháthair, ach bhí tuilleadh le theacht. Shamhlaigh Mánas gur bean dhúr righin a bhí ina aintín a choinnigh chuici féin agus nach raibh a dhath as an choitiantacht ag tarlú ina saol. Ag éisteacht le Micí bhí a athrach de scéal aige.

'Ba chuma le d'aintín a bheith sonraíoch,' arsa Micí. 'Nudist a bhí inti, tá a fhios agat. Tchínn í ag siúl thart amuigh ansin sa gharradh agus gan tointe éadaigh uirthi. Sheasódh sí, a lámha san aer aici agus í ag monabhracht léithi féin amhail is dá mbeadh sí ag tabhairt altú na gréine. Ar oícheanta lánghealaí ba ghnách léithi a ghabháil suas go Loch na Cuiscrí ar chúl an droma sin thall; a raibh d'éadach uirthi a chaitheamh daoithi agus damhsa a dhéanamh faoi sholas na gealaí. Nach ag boic óga na háite a bhí an spraoi ag cúlchoimhéad is ag bobaireacht uirthi. Ach ba chuma sa tsioc léithi. An fhéith fhiáin sin a bhí inti, b'fhéidir, a tharraing chuici Dónall Mór. Ó na h-apes a tháinig seisean go cinnte. Tá a oiread den mhoncaí ina dhéanamh is atá den duine.'

Bhí Mánas ag smaointiú go raibh a aintín i bhfad níos spéisiúla ná mar a leag sé síos daoithi. Agus ní raibh amhras ar bith ná go raibh Micí ag inse na fírinne dó. Ní hé go raibh sé ag cur na n-ocht gcos faoin scéal ar mhaithe le hiontas a dhéanamh. Bhí cuma na fírinne ar ar dhúirt sé.

'Agus muid ag trácht ar Dhónall Mór na mallacht,' arsa Micí go stuama, 'bím ag smaointiú amanta go dtig leis an drochbhraon leanstan san fhuil. 'Sé an fáth a bhfuil mé ag rá sin leat, tchím cuid den athair sa mhac; Éamonn atá a mhaíomh agam. Tchítear domh — agus tá súil le Dia agam go bhfuil mé contráilte — tchítear domh go bhfuil easnamh inteacht ann.'

Stad sé, d'amharc timpeall an tí amhail is dá mbeadh sé ag lorg rud éigin; ansin luigh a shúile ar an bheochan bheag tine a bhí lasta ag Mánas sa ghráta.

'Tá sé doiligh téamh leis, mar a déarfá. Chan ionann agus an Gasúr atá chomh foscailte ina dhóigh le lá gréine, tá Éamonn druidte agus cóngarach dó féin.'

D'fhéach sé ar Mhánas go cineálta. 'Ar mhaithe leat féin atá mé a mheabhrú seo duit, a thaiscidh. Coinnigh thusa do shúil air.'

Bhí leisce ar Mhánas dul níos faide leis an scéal. Níor theastaigh uaidh go gcuirfí smál ar bith ar an dea-bharúil a bhí aige d'Éamonn.

Bhí sé ag gabháil ó sholas faoin am go dtáinig an Gasúr fá choinne Mhicí, tóirse mór leis lena mbealach a dhéanamh sa bhreacdhorchadas trasna an chnoic.

'Shíl mé go mbeadh mo sháith de lá agam le gabháil 'na bhaile,' arsa Micí 'ach leis an chaint ar fad beireadh tobann orm.'

'Tá a oiread geab ag Micí s'againne agus a chuirfeadh thart muileann gaoithe,' arsa an Gasúr agus é ag breathnú go ceanúil ar a athair mór.

D'imigh siad, greim láimhe ag an Ghasúr ar Mhicí agus é á threorú go faicheallach suas an cabhsa le solas an tóirse. Chuala Mánas iad ag comhrá lena chéile agus ag gáire go cuideachtúil amhail is nach raibh bearna ar bith aoise eatarthu.

Nuair a fuair sé dea-bhail a chur ar an gharradh bhí faill aige ansin a intinn a dhíriú ar an pheann. Nuair a thigeadh spailp thriomaigh i ndiaidh na fearthainne, ba sin an uair ab fhearr leis amuigh sa gharradh, ag breathnú uaidh ar shuíomh na talún agus ar ghníomhaíocht na spéire. Ní éireodh sé tuirseach go deo de bheith ag coimhéad na spéire i Mín na Móna. In ainneoin go mbíonn spéarthaí na gcnoc ag gabháil i leith na léithe den chuid is mó, tig foscailteacha geala agus gorma iontu a lasann suas a bhfuil fúthu le léaspairtí solais a chuireann luisne na gile i néalta dorcha.

B'amhail le taispeánadh ag Mánas an spré solais seo a d'aoibhnigh na cnoic agus a chuir dealramh sna caoráin. Spreag sé a shamhlaíocht agus chuir sé fuadar faoina chuid smaointe.

Lá amháin agus é ina shuí sa gharradh ag coimhéad ar scamaill reatha á scuabadh amach i dtreo Thoraí agus ar néalta ceatha ag trasnú ó Shliabh Sneachta, tháinig an smaointiú ina cheann gurb ionann é ag an duine; nach raibh sa bheatha daonna ach puth anála a shíothlaíonn fosta ina ghal séidthe ar nós na scamall.

Thug an léirstint sin ábhar dáin dó. Ar feadh cúpla lá d'oibrigh sé ar an téama, ag gabháil siar ar a raibh déanta aige, ag baint de agus ag cur leis, á mheá agus á bheachtú. Sa deireadh bhí sé sásta leis an uige cheoil a chruthaigh sé; an patrún fuaime is uama a thug an dán chun léire. Thar aon rud eile a chum sé go dtí sin, mhothaigh sé go raibh a ghuth féin ag teacht chun tosaigh sa dréacht seo, go raibh údarás lena chuid cainte, gur aimsigh sé foirm is friotal a d'fhóir don ábhar. Sheas sé i lár an gharraidh agus chan sé an dán do na crucáidí caoráin a bhí ag tógáil a bport féin san fhraoch.

Scamaill

Na scamaill seo; saonta, scaipthe, sealadach,
tig siad as spás diamhair na Spéire,
ag glacadh crutha orthu féin
amuigh ansiúd san Imigéin
ar feadh seal beag gairid gearrshaolach,
ansin imíonn siad as.
Téann siad ar ceal sa Spás.

Tá báidh agam leo agus dáimh.
Sin mar a hordaíodh dúinne fosta.
Déantar muid a shaolú as Borradh diamhair
na Beatha. Tig muid i gcorp is i gcló
ar feadh seal beag reatha.
Bog, tobann, díomuan, imíonn muid as,
téann muid ar ceal mar na scamaill
atá ag síothlú sa Spás.

Shásaigh sin é agus bhí flosc air a thuilleadh a scríobh.

Ach níl sé furast dán maith a chumadh agus chan i bhfad gur thuig Mánas é sin. Is minic go dtéadh an spreagadh ó léargas air, nó b'fhéidir, nach raibh an t-ábhar freagrach ón tús agus chaithfí é a chur i leataobh go dtí go bhfaigheadh sé greim níos fearr air. Chan amháin sin, ní i gcónaí go dtigeadh na focla cuí chuige a d'iompródh an dán, nó an rithim chóir a chuirfeadh gnaoi an cheoil air. Tuigeadh do Mhánas fosta nár leor dó a raibh ar a chroí a inse i ndán; chaithfeadh sé an mothú sin a chur i bhfocla a d'fhóir, agus bhí máistreacht stíle de dhíth fána choinne sin seachas maoithneas caointe. Bhí sé ag teacht ar an tuigbheáil fosta nach as an intleacht a thig an fhilíocht ach as braistint i bhfad níos déine agus níos diamhaire ná sin — as an Instinn.

B'fhéidir gur sin an fáth ar chur sé an oiread sin spéise sa tseanchas áitiúil a d'aithris Micí dó, go háirithe scéalta faoi na daoine beaga, faoin tseachrán sí agus an féar gortach; faoi thaibhsí toirmisc agus faoi thithe siúil; faoi chróchnaidí liatha a tchífeá idir an dá sholas; faoi dheamhain aeir agus anamacha fáin; faoin tír rédhorcha úd a luíonn idir am marbh na hoíche agus amhscarnach an lae.

I ndearcadh Mhicí bhí an saol eile fá fhad méire dúinn i gcónaí agus chaithfí aird a thabhairt air; chaithfí comharsanacht mhaith a chothú leo nó bheadh daor orainn. Bhí sé dearfa de go raibh níos mó sa domhan seo ina mairimid ná mar a feiceadh dúinn le súile cinn, ná mar a tuigeadh dúinn le héirim aigne.

Bhí glacadh mórchroíoch aige leis an tsaol sin eile, a bhí, dar leis, ar an taobh eile den uaigh, den ráth, den réasún. Agus chreid sé go raibh an dá shaol seo i bpáirtíocht lena chéile agus ag freagairt dá chéile.

'Cuirtear rudaí i bhfís orainn anois agus arís,' arsa Micí leis, tráthnóna amháin, iad ina suí ar laftán glas ar an droim os cionn Theach an Gheafta ag amharc uatha anonn ar Thaobh an Leithéid.

'Bhí bean thuas anseo i Mín an Bhogaigh, tá sí curtha anois, an créatúr, go ndéana Dia trócaire uirthi — lá amháin bhí sí thall ansiúd ag cróigeadh móna ag bun an chnoic — tá bachtaí ag go leor de bhunadh na háite seo thall ar an chaorán sin. Bhí fear s'aici ar séasúr in Albain ag an am agus thit ualach na hoibre uirthise sa bhaile. Bhí sí féin agus an mac a ba shine acu, buachaill beag i dtús na ndéaga, ag cróigeadh leo ar a suaimhneas nuair a tchí sí baicle fear ag trasnú gualainn an chnoic soir uathu agus cróchar á iompar acu — gléas iompartha coirp atá a mhaíomh agam — agus chuala sí glóir chaointe ar an aer mar a bheadh mairgneach ann. Níor léir don bhuachaill a bhí lena taobh a dhath; ní raibh beo ná ceo, a dúirt sé léithi, ar a hamharc ná ar a héisteacht. Bhí a fhios aici ansin gur taispeánadh a bhí ann. 'Cróchnaid' an t-ainm a thugaimid anseo ar a leithéid de thorramh taibhsiúil. Fuair an bean bhocht a sáith de scanradh anama an lá sin nó bhí a fhios aici nach raibh a dhath maith i ndán daoithi. Gan mórán achair ina dhiaidh sin maraíodh an buachaill céanna sin a bhí léithi ar an lá. Leag fear leoraí é a raibh braon de bharraíocht ólta aige agus a chaill stiúir ar an roth tiomána thuas ar bhealach an Dúna. Sciorr sé trasna an bhealaigh go tubaisteach san áit a raibh an gasúr ag buachailleacht an eallaigh.'

Thost Micí agus lig sé do Mhánas a bhreith féin a thabhairt ar an scéal. Ansin d'inis Micí dó faoi Chosán na gCorp.

'Sa tseanam nuair nach raibh reilig ar bith i nGaoth Dobhair ba ghnách leo na coirp a iompar trasna Thaobh an Leithéid go reilig Thulach Bheaglaoich. Chuala mé riamh go dtigeadh an tórramh aniar thar na Seacht Leachta agus anuas fánaidh an chnoic ansiúd faoi scáth Charn Traona agus amach ag Ceann na Ceathrúna. Ansin bheireadh siad a n-aghaidh síos ar Bhaile na Creige agus anonn thar Abhainn Ghleann an Átha ag áit ar a dtugtar Clochán an tSagairt. Bhí malaidh géar os a gcoinne ansin go mbíodh Mám an Chaisil tógtha acu. Soir leo ansin ar an chothrom fríd Ailt an Tórraimh agus Lag na gCnámh go mbainfeadh siad ceann scríbe amach i dTulach Bheaglaoich. Tá sé ráite go mbíodh sé feara déag i gcionn an choirp sa dóigh go dtiocfadh leo sealaíocht a dhéanamh lena chéile; ceathrar acu ag iompar an mharbháin ar a seal. Bhí baicle fear de dhíth leis an chorp a iompar nó bhí cúig mhíle dhéag, féadaim a rá, de shiúl sléibhe os a gcoinne.'

Bhí Micí eolach ar an ábhar agus mhínigh sé do Mhánas faoin ghléas iompartha a bhíodh acu. An 'marbhfháisc' a thugtaí ar an stiall d'éadach flainín a húsáideadh leis an chorp a cheangal is a chlúdach. 'Tuilleadh Teannaidh' a thugtaí ar an chróchar. Bhí an gléas iompartha seo déanta as sleasnacha de ghiúis phortaigh agus, ós rud é go mbíodh an phleatáil tugtha do bheith ag scaoileadh, chaithfí é a theannadh go minic. Scairteadh duine de na fir iompair amach, 'Tuilleadh teannaidh! Tuilleadh teannaidh!' agus sin, mar a lean an t-ainm de.'

Bhí a fhios aige ag Mánas go raibh an t-ádh dearg leis é a bheith de phribhléid aige a bheith ag éisteach le Micí ag inse na scéalta áitiúla seo dó agus thug sé cluas ghéar don tseanchas. Spreag scéal na mná é a chonaic an chróchnaid agus, mar dhúshlán dó féin, chuir sé roimhe an méid a d'aithris Micí dó a chíoradh is a chur i ndán. Bhí sé doiligh aige ar dtús treo an dáin a ríomh i gceart ach de réir a chéile tháinig sé ar léargas agus ar bhealach leis an scéal a aithris. Bhí sé mórtasach as toradh a shaothair.

Cróchnaid

Tchítear iad ag trasnú an tsléibhe,
tionól úd na marbh;
na sé feara déag sa tsiúl
thar an chaorán gharbh.

Iadsan nach bhfuil beo níos mó
á dtaibhsiú as an cheo;
as saol caochlóideach an tSolais,
a n-áitreabh go deo.

Ina gceathrair is ina gceathrair
in ard an tráthnóna;
iad ag iompar an fhir mhairbh
faoi scáth Charn Traona.

Iad á thionlacan ar a nguaillí
i dtórramh an tsléibhe;
is glór caointe ar an ghaoth
ar nós ochlán chléibh.

Ní dea-thuara thugann siad leo
cróchnaidí seo an bháis;
ar chróchar de ghiúis phortaigh
chonacthas gasúr i dtús fáis.

Gleo a gcuid cainte le cluinstean
i macalla an ghleanna;
'Tuilleadh teannaidh! Tuilleadh teannaidh!'
a cluineadh ó na beanna.

Thar Áth scáfar na hAbhann,
suas Mám crochta na Bealtaine;
soir Lag uasal na gCnámh
go leapacha éaga a gcine.

Is an bhean a chonaic a dtriall
ar chlaonfhód na Cinniúna;
inniu maraíodh a maicín i dtimpist
ar Bhealach uaigneach an Dúna.

Caibidil 6

Leath bealaigh suas an tEaragal ghlac siad sos beag. Bhí saothar anála ar Mhánas i ndiaidh dó a bheith ag iarraidh coisíocht a choinneáil le hÉamonn in éadan na malacha. Bhí seisean éadrom ar a chois agus seanchleachtadh aige a bheith ag siúl an tsléibhe. Ó tháinig sé i méadaíocht bhí na cnoic seo ar fad triallta agus trasnaithe aige go mion is go minic le linn dó a bheith amuigh i ndiaidh na gcaorach. Bhí sé de nós acu iníor an tsléibhe a thabhairt do na caoirigh sa tsamhradh ach chaithfí súil a choinneáil orthu agus gan ligean daofu a ghabháil i mbaol ar na beanna. Ar Éamonn agus ar an Ghasúr a thit trom na hoibre seo mar gur beag acmhainn a bhí ag an athair ar airdeacht.

'An áit is breátha faoin spéir,' arsa Éamonn le mórtas agus iad ina suí ar ghualainn an tsléibhe ag amharc síos ar leathantas mór na tíre spréite amach go gleoite ó mhínte glasa na gcnoc go cladaí geala an Atlantaigh. Bhí an áit ar a mbinn féin acu agus taitneamh na gréine ina dtimpeall go teolaí. Shín Mánas síos agus bhain sé fad as féin ag breathnú amach ó bharr na binne.

'Nach mór an méid cabhsaí beaga atá ag rith fríd na cnoic. Tá an sliabh siúlta go maith,' a dúirt sé le hÉamonn.

'Sin cosáin na gcaorach,' arsa Éamonn. 'Bíonn a mbealach féin ag gach tréad. Is caillte na caoirigh nach bhfuil a gcosán féin acu, a deir na seanchaoradóirí.'

'Bhfuil do chosán féin faighte agatsa go fóill?' a d'fhiafraigh Mánas de.

'Tá — tá — tá!' Lig Éamonn air féin gur caora a bhí ann.

Bhain sin gáire as Mánas.

Lá sna naoi n-airde a bhí ann go deimhin, dar leis agus é anseo ar an airdeacht i gcuideachta Éamoinn. Bhí Mánas ag iarraidh léamh a dhéanamh ar na comharthaí agus ar na leideanna a tháinig ó Éamonn i bhfách le léirstint a fháil ar a intinn. Bhí sé cinnte gur buachaill dá shórt féin a bhí ann ach choinnigh Éamonn srian dhian ar an mhian sin go fóill. Ach le priocadh beag anseo is ansiúd, cá bhfios caidé a thiocfadh as.

'Siúlann an chaora cosán céanna na cuimhne! Is fearr liomsa i bhfad siúl san áit nach bhfuil lorg ar bith,' arsa Mánas. Ní hé gur chreid nó gur chleacht sé sin. 'Hey babe, take a walk on the wild side, mar a déarfá.' Bhí sé ag féachaint le seans a thabhairt d'Éamonn é féin a fhógairt, fiú mura mbeadh ann ach an leathfocal.

'Cad chuige a ndéanfá an saol doiligh duit féin?' a d'fhreagair Éamonn go cosantach. 'Leagadh bealaigh síos dúinn sa dóigh nach dtéann muid ar seachrán.'

Bhí Mánas ag faire ar na scamaill bhogbhána a bhí ag caitheamh scáilí aisteacha ar bhlár an chaoráin thíos fúthu in Altán.

'An dtáinig seachrán sí ortsa riamh amuigh anseo sa tsliabh,' arsa Mánas. Bhí súil aige go dtuigfeadh Éamonn as a chuid cainte.

'Bíodh splanc céille agat,' arsa Éamonn, ag ligean air féin go raibh iontas air. 'An síleann tusa go gcreidimse sna siógaí?'

'So níor casadh sióg ort riamh?' Chlaon Mánas a lámh ag déanamh geáitse bheag phiteogach.

'Sióg!' Rinne Éamonn gáire gáifeach. 'Bhfuil tú i ndáiríre?'

'Bhal, shíl mé agus tú i do chónaí faoi na cnoic go gcasfaí sióg ort thall nó abhus. Shíl mé, b'fhéidir, go mbeadh siad amuigh ag crúsáil sa chlapsholas á gcur féin in aithne do bhuachaillí na háite. Sna cuntais bhéaloidis atá á léamh agam sa leabharlann tá sé ráite go raibh cuid mhór siógaí ag cur fúthu sna cnoic seo.'

'B'fhéidir go dtáinig myxomatosis orthu cosúil leis na coiníní a bhíodh anseo,' arsa Éamonn go giorraisc.

'Nó b'fhéidir go bhfuair siad bás le hAids!' arsa Mánas ag teacht trasna air go gnaíúil.

D'fhéach Éamonn air go fiafraitheach. 'Bhfuil tú ag rá liom go raibh siad an dóigh adaí ... tá a fhios agat?' D'ísligh sé a ghuth beagán amhail is go raibh sé ag labhairt i modh rúin.

Tá sé 'an dóigh adaí'! 'Sin an chéad uair a chuala mé an cor cainte sin,' arsa Mánas, aoibh an gháire air. 'So sin mar a chuireann sibh síos ar an té atá gay. Tá sé an dóigh adaí!'

'Tá fear ag obair i siopa an éadaigh i mBaile an Droichid agus tá sé an dóigh adaí, a deir achan duine,' arsa Éamonn, leid den mhasla ina ghlór. 'Cití the Cam a thugtar air ar chúl a chinn.'

Ba thráthúil an ócáid é seo leis an chomhrá a chur chun tosaigh. Bhí áiméar aige anois Éamonn a cheistiú. D'fhéach sé é idir an dá shúil.

'Bhfuil duine ar bith de do chairde féin atá an dóigh adaí?' arsa Mánas go soineanta, mar dhea.

Thug sé faoi deara gur dheargaigh aghaidh Éamoinn. Ba léir gur bhain an cheist sin siar as. D'fhéach sé faoi agus thairis agus nuair a labhair sé bhí a shúil aige ar fhiar an chnoic ar a gcúl.

'Chan sin an cineál cairde atá agam.' Labhair sé go feargach agus ag an am chéanna bhí sé ag baint gach snap as ailt a mhéar.

D'aithin Mánas an teannas a bhí ann. 'Go fóill!' ar seisean ar son grinn agus bheir sé greim láimhe ar Éamonn, á tharraingt chuige as a shuí.

'Caidé atá tú a mheanáil?' Bhí faobhar ar ghlór Éamoinn agus an chuma air go raibh sé tógtha.

Scaoil Mánas a ghreim ar láimh Éamoinn agus cé gur chuir an teangmháil drithlíní beaga teasa ag coipeadh ann níor mhaith leis é féin a bhrú ar a chara. Ina am féin agus dá dheoin féin, thiocfadh Éamonn amach as an lios ina raibh sé gafa. Bhí Mánas lánchinnte de sin.

Ba mhinic an léirstint sin aige i dtaca le daoine aeracha a chastaí air, go háirithe iadsan a bhí faoi cheilt nó ag séanadh a gclaonta nádúrtha. Bhí a dtomhas aige láithreach.

'Ní raibh mé ach ag rá go mb'fhéidir go gcasfaí sióg orainn ar bharr an Earagail, sióg a imríonn soccar,' arsa Mánas go díreach ar mhaithe le réiteach agus an ghoimh a bhaint as na focail. Níor mhaith leis go mbeadh nimhneadas ar bith eatarthu.

'Lig tharat é! Níl a fhios agam cad chuige a raibh mé ag éirí tógtha,' arsa Éamonn go croíúil. Leag sé a lámh go ceanúil ar ghualainn Mhánais, 'Sure creideann mo mháthair féin sna sióga. Deir sí go bhfaca sí iad tráthnóna amháin samhraidh idir dall is dorchadas agus iad amuigh ag damhsa ag ceann Loch na Cuiscrí.'

Ní raibh smid as Mánas. Is beag nach raibh sé ábalta a anáil a tharraingt agus é ag mothú lámh Éamoinn ina luí ar a ghualainn. Ní raibh ball beo ina cholainn, dar leis, ach amháin an ghualainn sin. Mhothaigh sé broidearnach teasa inti amhail is dá mbeadh sí ag gabháil ar thine. An raibh Éamonn ag baint fad as an teangmháil seo mar gur mhothaigh seisean an tarraingt chéanna? Bhí seo ag déanamh meadhráin do Mhánas nuair a chas Éamonn ar a chois go tobann agus thug sé a aghaidh ar bharr an tsléibhe.

'Má tá splanc fir ionat faigh greim orm,' a scairt sé thar a ghualainn le Mánas agus é ag cur tuilleadh treise lena choiscéim suas an mhaladh righin.

D'fhreagair Mánas an dúshlán sin láithreach. Ba sin glaoch a chuir sponc agus spleodar ina choiscéim. Ní raibh a dhath ba deise leis ná greim a fháil ar Éamonn. Thug sé léim as a sheasamh agus ar shiúl leis.

Bhain Éamonn barr an tsléibhe amach roimhe agus bhí sé ina shuí ansin ar a ghogaide ar an ard mullaigh ag caint le beirt ghirseach nuair a tháinig Mánas chun tosaigh agus é rite as anáil i ndiaidh dó a theacht aníos faoi théirim. Níl fad ná leithead talaimh ar bith ar bharr an Earagail. Cúnglach contúirteach atá ann agus ní mór duit do choiscéim a thomhas go cúramach. 'Sliútar' an focal a chuala sé ó shean-Mhicí agus é ag trácht ar dhuine inteacht a bhí amscaí agus sliopánta ar a chois.

'Chan áit ar bith é seo le bheith ag sliútráil,' arsa Mánas leis féin agus shiúil sé go faicheallach agus shuigh síos sa log atá idir dhá mhullach an tsléibhe.

Bhí Éamonn ar an bhinn os a chionn agus achan chuma air go raibh svae aige leis na cailíní. Bhí siad ag slogadh siar gach focal dár dhúirt sé agus ag gáireach go hamaideach. Chonaic Mánas go raibh siad triúr ag caitheamh toitíní ach bhí an chosúlacht orthu gur faoi choim a bhí siad á dhéanamh. Chuir sin iontas air ós rud é nach raibh éinne ar bharr an tsléibhe ag an am ach iad féin.

Rinne Éamonn neamhiontas de fad is a bhí sé a bladar lena chuid cailíní. D'fhan Mánas amach uathu. Shocraigh sé é féin síos ar bharr na binne íochtaraí ag féachaint uaidh i bhfad is i gcéin ar fhairsingeacht ghrianlite na tíre. Ó am go ham, thigeadh boladh toite chuige ar an ghaoth agus bhí a fhios aige nach iad na gnáth-thoitíní a bhí á gcaitheamh ag lucht na scléipe os a chionn. B'fhéidir gur sin an fáth nach raibh Éamonn i bhfách leis a bheith ina gcuideachta.

Nuair a d'imigh na hógmhná tháinig Éamonn anuas chuige agus shuigh lena thaobh.

'Na girseachaí sin, tá siad uilig ar mire i mo dhiaidh,' ar seisean ar an chéad fhocal. Ní thiocfadh le Mánas a bheith cinnte cé acu le drochmheas a bhí sé a rá seo nó le sotal fhear na mban.

'Chuirfeadh an bheirt sin an adharc ar fhear measartha ar

bith,' ar seisean. Ansin shín sé a chosa amach roimhe go feiceálach agus chonaic Mánas go raibh boilsc mhór ina ghabhal. Le tréan dánachta bhí sé á thaispeáint féin do Mhánas, gan scáth, gan náire. Bhí seisean sa chiall is aigeantaí aige agus é ag féachaint ar an urradh fir seo a bhí ag bogadaí go láidir i mbríste Éamoinn.

Nuair a ba léir dó go raibh Mánas ag stánadh go géar ar a ghabhal, luigh sé siar fad a dhroma, a lámha ar chúl a chinn aige ionas go bhfeicfí an t-éirí a bhí air ní b'fhearr.

Bhí Éamonn ag déanamh leithid as a bhod. Phreab an croí i Mánas. Bhí dúil chráite á chur aige sa chuisle bhorrtha seo agus chaithfeadh sé breith ar láithreach. Ní thiocfadh leis an mhian theaspaigh seo a chosc níos mó. Bhí barr an Earagail fúthu féin acu agus spéir ghorm na glóire os a gcionn. Leag sé a láimh ar ghabhal an fhir eile agus níor diúltaíodh é. Ar feadh bomaite bhí lán a chráige de bhod Éamoinn á fháisceadh aige go teann. Ní raibh húth ná háth as Éamonn ach é sínte siar agus a shúile druidte aige, ach ansin ón dóigh a dtáinig oibriú tiubh ar a anáil agus ar bhrúigh sé é féin chun tosaigh d'aon iarraidh sháite amháin, bhí a fhios ag Mánas gur scéith sé. Láithreach bonn, dhírigh Éamonn é féin suas agus phreab sé ina sheasamh.

'Tchím gur fear acu seo tú a bhfuil dúil aige sa bhacán,' ar seisean go giorraisc agus mhothaigh Mánas goimh ina chuid cainte a ghoill air. Ach d'fhan seisean ina thost. I dtaca le cúrsaí gnéis den chineál seo, thuig Mánas go dtig an t-aiféaltas go minic i ndiaidh an tsásaimh, agus an náire i ndiaidh an phléisiúir. Ghlac Mánas leis gurb amhlaidh é d'Éamonn, ach shocródh sé síos i gcionn tamaill bhig agus bheadh sé ar bís arís lena dhúil a fháil. Ní raibh Mánas róbhuartha. Bhí dul chun cinn déanta aige i dtóraíocht Éamoinn. Bhí cruthú aige anois ar a laghad go raibh luí ag Éamonn le fir nuair a d'fhóir sin dó. Ach thairis an ghnéis, níor mheas Mánas go raibh spéis ar bith ag Éamonn i gcumann grámhar a bheith aige le fear eile. D'fhóir sin do Mhánas fosta.

Ní raibh de shuim aige in Éamonn ach amháin ar mhaithe le babhta beag suirí anois agus arís a thabharfadh faoiseamh na hadhairce dó.

Bhí a chroí istigh in Bashir. B'eisean a chéadsearc agus bhí dóchas aige gurb é a bhuanghrá é fosta.

Is beag a dúirt siad lena chéile ar an tslí anuas. D'imigh Éamonn chun tosaigh, giodar siúil faoi agus choinnigh Mánas sna sála aige. Bhí na girseachaí rompu, iad ina suí ar ardán fraoigh clósáilte don charrchlós, agus an chuma ar a gcuid cainte agus tú ag éisteacht leo go raibh siad sna hardaibh amaideacha — bhí barraíocht den dúidín draíochta diúlta acu, a mheas Mánas.

Fad agus a bhí Éamonn ag athrú rotha ar an charr — bhí ceann de na boinn deiridh ag ligean gaoithe, a dúirt sé — chuir Julia agus Cordelia iad féin in aithne do Mhánas. Bhí seanaithne acu ar Éamonn, 'our ministering angel' a thug Julia air agus rinne siad beirt gáire beag saoithiúil ina gcuid cainte. As Gaoth Dobhair iad ach Béarla a labhair siad.

'We are blow-ins,' arsa Julia. Lig sí uirthi féin go raibh eiteoga éin fúithi agus thosaigh sí ag cleitearnaí. 'Edward is giving us a lift home,' arsa Cordelia, 'and he's staying over for a little something.' Bhain sí tarraingt bheag thapaidh as an sip i seaicéad Mhánais. 'My folks are holidaying in Spain and I have the house to myself.'

Scairt Éamonn orthu ansin. Bhí an carr arís i ngléas agus réidh le himeacht. Bhí na girseachaí giodamach go maith sa charr; iad ag ceol is ag scairtí is ag scigmhagadh ar éinne a chonaic siad ar leataobh an bhealaigh. Shuigh Cordelia sa tsuíochán le taobh Mhánais, a lámh aici ar a leis agus í á cuimilt. Ach theip uirthi spreagadh ar bith a bhaint as in ainneoin a cuid cuimilte. Ní thiocfadh leis-sean fáil ar shiúl uaithi gasta go leor. D'ordaigh sé d'Éamonn é a ligean amach ag ceann bhealach Mhín na Móna. Bhí fonn siúil air a dúirt sé.

'Why don't you come with us?' arsa Cordelia, cuma mhíshásta uirthi.

'Is maith liom an Domhnach a choinneáil naofa,' arsa Mánas go searbhasach.

'What's that you're saying?' Bhí Cordelia ag éirí tógtha nuair a chonaic sí nach raibh Mánas ag gabháil ag fanacht léithi.

'I like sex on a mountain but only on a Sunday when I feel that I'm coming closer to God,' arsa Mánas agus é ag fágáil an chairr. Chonaic sé gur dheargaigh Éamonn siar go bun na gcluas nuair a chuala sé é sin, ach níor dhúirt sé a dhath.

'That's fucking crazy,' a scairt Cordelia ón fhuinneog leis agus é ag siúl síos bealach cúng Mhín na Móna. 'Are you weird or something?'

Rinne Mánas deimhin de go bhfuair sé a sháith d'aer úr friseáilte an tsléibhe. I mBaile Átha Cliath dó, bhí sé in ísle brí le fada an lá ach anseo bhí achan lá dá dtáinig ina lá bisigh aige. Agus bhí sin le feiceáil ar a aghaidh ghlanghnéitheach. Bhí an snua arís ina chraiceann agus mílí na doilíosa imithe as a dhreach.

Má bhí an mhaidin go measartha ar chor ar bith bhí sé ar a chosa go luath agus amuigh ag siúl na gcnoc. Do Mhánas, mil ar mhilseacht a bhí in aer folláin an tsléibhe. Sheasódh sé ar ardán i mbéal na gaoithe agus shlogfadh sé siar lán a scámhóige den aer spreagtha seo. Bhí neart ann ansin le siúl fríd mhín agus fríd gharbh. Agus b'aoibhinn leis a bheith amuigh i mullaí na n-ard ag coimhéad ar an mhaise thaibhseach a thigeadh i leargacha na gcnoc le héirí gréine agus an t-athrú datha i leith na goirme is an chorcra a bhí le feiceáil aige thar oíche. Sa bhlár de chaorán breacrua os coinne an tí, bhí gach rud iontach aige; cíora míne na gaoithe ina chuid gruaige, na crucaidí caoráin ag seinnt ar a gcuid fideoga pingne, na fuiseoga a chan bel canto na maidine.

Chuir an Gasúr rudaí ar a shúile dó fosta agus iad amuigh ag siúl na gcnoc lena chéile; an drúchtín móna a dhéanann craos ar mhionfheithidí; an earc sléibhe nach bhfeictear ach go hannamh; an riabhóg, buime agus máthair altroma na gcuach. Thaispeáin sé do Mhánas an dóigh le scread cheoil a bhaint as seamaide féir, mar a dhéantar cróigeán mhóna, mar a bhaintear an ghoimh as goin na neantóige le copóg, mar a dhiúltar an sú meala as na deora dé.

Bhí na logainmneacha aige ó Mhicí agus ba mhór an pléisiúr dó a bheith á gcanadh os ard agus é amuigh ag siúl ina aonar fríd na caoráin; Mín an Bhogaigh, Droim na Sí agus Miodún na nGé; an Sruthán Rua, Mín na hÁithe agus Ailt na Sméar; Carraig an tSeascainn, Creig an tSeabhaic agus Lios an Chuilinn; Gort na Crúite, Páirc na hEasóige agus Sruthán na Críche; an Cnoc Ramhar, Éadan Achaidh agus Cruach na nÉan. Ba seo a liodán beannaithe agus é ag déanamh turas na dtimpeall fríd an leathantas caoráin a luíonn idir Mín na Móna agus Mín an Droighin.

Bhí an saol ar a láimh féin aige i Mín na Móna agus é ag baint leasa as an neamhspleáchas seo. Idir a bheith ag garrantóireacht is ag coinneáil tí, ag siúl na gcnoc is ag scríobh, ní raibh sé riamh díomhaoin. Thigeadh an Gasúr chuige le lámh chuidithe a thabhairt dó agus dá mhinice a dtigeadh sé, b'amhlaidh ab fhearr le Mánas é. Chan amháin go raibh sé deaslámhach agus cuiditheach, bhí Gaeilge aige go mb'fhiú le Mánas aithris a dhéanamh uirthi. Ach thairis sin bhí an seans ann i gcónaí go mbeadh Éamonn in éineacht leis agus ba é an ola bhealaithe ar mhianta Mhánais é a bheith i ndeas d'Éamonn. Ach chan ionann agus an Gasúr a bhí i gcónaí i ndea-iúmar, bhí Éamonn lá go milis agus lá go searbh, lá go binn agus lá ina thost. Ba doiligh léamh ar bith a dhéanamh ar a aigne nó fios a fháil caidé a bhí ag dó na geirbe aige. Ach ba chuma le Mánas ach é a bheith faoina shúil aige; an aghaidh dhóighiúil a bhí air, an téagar fir a bhí ann, na mása breátha a bhí faoi. Amanta agus é lán d'ámhaillí aisteacha éigin, dhéanfadh sé glac-ionsaí spórtúil ar Mhánas agus gan moill ar bith shínfeadh sé é ar shlat a dhroma sa gharradh. Uair amháin nuair nach raibh siad i bhfianaise an Ghasúir, luigh Éamonn ina mhullach, á bhrú féin anuas air go crua ionas go raibh siad ar feadh bomaite beag, gabhal le gabhal. Ansin tháinig an Gasúr orthu agus scar siad amhail is nach raibh siad ach ag spraoi lena chéile go soineanta.

'Dhéanfá cliobóg ar dóigh dá mbeadh úim ort,' arsa Éamonn agus é á scoitheadh féin ó Mhánas.

'Agus dhéanfá thusa marcach den scoth ach tuilleadh den bhuatais a thabhairt,' arsa Mánas leis agus é á fhéachaint go dána. Ba sin a raibh de ag an am agus cé gur mhaith le Mánas dlús a chur lena gcaidreamh ní raibh Éamonn freagrach. Chuireadh sé glaoch air ag tabhairt cuiridh dó aníos go Teach an Gheafta ach ní fhreagródh Éamonn an fón nó dá bhfreagródh féin, ní raibh ann ach cur ó dhoras agus cur i gcéill, ag rá go raibh sé gnóthach nó ag gabháil amach le cailín éigin. Bhí leithscéal diúltaithe aige i dtólamh. Nuair a d'fhiafraíodh sé den Ghasúr cá háit a raibh Éamonn, déarfadh sé 'an boidheán sin, tá deifre a dhá chois air i gcónaí agus níl a fhios aige féin, tá mise ag meas, cé acu ag teacht atá sé nó ag imeacht.'

Choinnigh Mánas guaim air féin chomh maith is a thiocfadh leis. Bhí sé den bharúil, nuair a thiocfadh rabharta mór na meidhre is na méine ar Éamonn go dtiocfadh sé i dtír ar leaba Mhánais.

Ní raibh Mánas riamh i dteach Éamoinn agus níor tugadh cuireadh ar bith dó a ghabháil ann ach oiread, ach chífeadh sé an teach ón bhealach mhór ar a chamashiúlta dó timpeall na háite. Bungaló de chuid na Comhairle Contae a bhí ann, tógtha ar ghiota de screabán lom faoi scáth Chnoc na Scrathóg. Bhí seid mhór bhéalfhoscailte don eallach agus do na caoirigh os coinne an tí. D'fhág sin go raibh an tsráid ina ghlár agus ina chlabar ag na hainmhithe a bhí amach agus isteach. Dingthe istigh i gclúid foscaidh ag binn an tí bhí tollán fada plaisteach, glasghort faoi dhíon. Ba sin an t-aon bhall den áitreabh a raibh an chosúlacht air go raibh sé coinnithe go maith. Bhí a fhios ag Mánas gur seo obair láimhe Éamoinn. Ó bheith fostaithe sna tithe gloine, bhí sé eolach ar an chineál seo curadóireachta.

Ach i dtaca leis an teach de, ón chuma dhéaróil anróiteach a bhí air, ba léir nár tugadh mórán cúraim de. Dúirt Micí leis gur tógadh an teach, ach in éadan a tholasan, san áit a mbíodh seanrath. Bhí sé curtha os ard ag an tseandream, a dúirt sé, go mbeadh daor ar an té a dhéanfadh díobháil 'd'áit uasal'.

'Agus tá a shéala sin ar m'iníon. Ní dhearna sí lá maith ó chuaigh sí a chónaí sa teach sin,' ar seisean. 'Tá mí-ádh ag siúl léithi ó shin.'

Ní dhiúltódh Mánas don tseantuigsint ársa sin; ghlacfadh sé leis go bhfuil áiteacha áirithe faoi gheasa nach eol dúinn go fóill a mbrí ná a gcumhacht; go bhfuil sruthanna d'fhuinneamh síceacha ag sní i gcorp na Cruinne seo ar a mairimid nach bhfuil fós faoi réim na heolaíochta.

Tráthnóna amháin agus é ar cuairt i dtigh Mhicí, casadh an iníon seo air, máthair na mbuachaillí. Bean ard mheáite a bhí inti a raibh ceann donnrua gruaige uirthi agus é ag sileadh léithi ina chlibíní.

B'fhurasta a aithne gur beag an méid measa a bhí aici uirthi féin óna cóiriú anasta agus óna hiompar. Shiúil sí thart, a ceann faoi aici go dobhránta agus gruaim ina dreach. Is beag nár labhair sí ar chor ar bith le Mánas, rinne sí cupán tae dó go fuarbhruite agus theich sí siar isteach sa chisteanach chúil agus d'fhan sí ansin fad is a bhí sé i láthair. Bhí a hiníon Brídín ansin fosta, girseach bheag a raibh Downs Syndrome uirthi. Bhí sise cainteach, lán de chroí agus ní dhearna sí coimhthíocht ar bith le Mánas. Bhí sé de bhua ag Mánas go dtiocfadh leis a bheith ar aigne na bpáistí nuair a d'fhóir sin don ócáid. Chan i bhfad go raibh sé féin agus Brídín bheag ag súgradh lena chéile go soineanta agus ag imirt cluichí beaga amaideacha ar fud an tí. Bhí sí mallghluaiste ar a cois agus bliotach ina cuid cainte ach bhí guth cinn álainn aici. Nuair a chan sí 'Nóra Bheag' gan dul amú i bhfocal nó i bhéarsa thug Mánas, Micí agus an Gasúr bualadh bos mór daoithi as a héacht ceoil. Thug Micí mám milseán daoithi agus ba é an chéad rud a rinne sí ná iad a roinnt ar an chomhluadar. 'Tá an cineáltas inti go smior,' a dúirt Micí, agus bheadh a fhios agat gurb í seo iníon an cheana aige. Mar an gcéanna, bhí an Gasúr doirte daoithi agus bhí sé sin le feiceáil sa dóigh ar éist sé léithi go cúramach agus a dtug sé barróga beaga grámhara daoithi.

Chuidigh an Gasúr leis seomra na leapa a phéinteáil. Ó tháinig sé go Mín na Móna bhí fuath ag Mánas ar an dath úcáiste a bhí air. Shúigh an dath tromdhonn breac a bhí ar na ballaí an solas isteach agus d'fhág cuma ghruama ar an tseomra. Roghnaigh Mánas péint gheal bhán a raibh lí den loinnir inti ach ghlac sé traidhfil de chótaí troma péinte sular éirigh leo ceal a chur sa tseanphéint bhrocach seo a bhí ann ó aimsir a aintín. Nuair a bhí an jab curtha i gcrích acu agus iad á bhreathnú, bród orthu as gile a gcuid oibre, dúirt an Gasúr 'Tá sé galánta! Thiocfadh le banríon cur fúithi sa tseomra seo anois.'

'Bhuail tú an marc ansin,' arsa Mánas leis agus é ag gáire ach ní dhearna sé an Gasúr a dhath ní b'eolaí.

Nuair a thaispeáin sé an seomra nuachóirithe do Mhicí, ba é a bhreith siúd, 'Tá mise ag rá leat nach bhfaighfeá seomra a dhath níos fearr ná seo i Meiriceá,' agus é ag amharc thart go sásta ar na cuirtíní bláthbhreaca, ar an chuilt álainn d'obair paistí, ar na tírdhreachanna a bhí crochta os cionn na leapan, ar an scáthán a bhí ina shuí ar chófra an mhairnéalaigh. 'Mh'anam féin go bhfuil tú chomh bláfar le bean tí ar bith,' arsa Micí, agus rinne sé caochadh beag rógánta ar Mhánas.

'Outing beag,' a thug an Gasúr ar a dturas rothair soir go Baile an Droichid. Um meán lae agus iad ag gabháil i gceann bealaigh bhí biseach ar an lá i ndiaidh maidin d'fhearthainn thréan a dhéanamh. Bhí solas bog caoin ina luí ar leargacha na gcnoc agus iad ag rothaíocht soir fríd Mhín an Bhogaigh, Chluain Caoin, agus Cheathrú na bhFearn. Bhí na cnoic mar a bheadh siad ar láimh leo. Shamhlófá gur spotsholas a bhí á dtabhairt i ngrinneas. Seit scannáin a tháinig i gceann Mhánais agus é á mbreathnú — cutouts i western éigin a chonaic sé ar TG4.

Nuair a luaigh sé seo leis an Ghasúr tháinig aoibh airsean agus d'inis sé do Mhánas go raibh sé breá eolach ar an chineál sin scannáin. Bhíodh sé féin agus Micí á gcoimhéad go rialta ar TG4, a dúirt sé agus lena chois sin bhí stór mór DVDanna acu féin de sheanwesterns. Bhí blár leathan caoráin ar gach aon taobh daofu anois agus an Achla Mhór agus an Mhucais ag glinniúint ar a ndeis. Thiocfadh leo a bheith sna Sierra Madras nó sna Big Horn Mountains a mheabhraigh Mánas don Ghasúr.

'Youse in Badlands now,' arsa an Gasúr. 'Gringo, git down of that hoss, fork out what dinero you got and do it fast.' Bhí sé ag baint an-spraoi as an tsíneadh samhlaíochta seo. Chonaic sé cúpla caora ag innilt ar dhroim cnoic os a gcoinne.

'I smell skunk. Them two no-good Injuns are scoutin for scalps. Lets git outa heah mighty fast.' Thug sé lasc den fhuip sna heasnacha, mar dhea, dona chapall gorm Raleigh. 'Vamoose, amigo.'

'Hi-ho Silver,' arsa Mánas, agus é cromtha chun tosaigh thar lámha a rothair amhail is dá mbeadh sé ag marcaíocht ar chapall. 'Giddy-up!'

Ag corradh cam i ngar don tsráidbhaile tháinig siad ar veain a bhí stoptha go hanásta ar an bhealach. Cha agus Billie a bhí ann agus iad briste síos i gcoirnéal contúirteach i mbéal an tráchta.

'Ní raibh mé i bhfad contráilte i dtaca leis na Badlands de,' arsa an Gasúr i leataobh le Mánas. Bhí cuma eaglach air ach ní raibh aon dul i gcúl aige anois. Chaithfeadh sé a aghaidh a thabhairt orthu.

'Tá mise leat,' arsa Mánas, ag tabhairt misnigh dó. 'Ná bíodh eagla ar bith ort. Simmer down, pard. Don't git too proddy.'

Chuir an Gasúr ucht teann air féin agus tháinig sé i láthair s'acu. Bhí Cha sínte ar a dhroim faoi chorp an veain agus é ag úthairt le rinse agus bhí Billie ina sheasamh, an boinéad tógtha aige agus é ag féachaint isteach san inneall, gach rois mionna mór as.

'Bhfuil a dhath ag gabháil?' arsa an Gasúr go pléisiúrtha, amhail is dá mbeadh sé ag iarraidh ceann a chur ar chomhrá.

'Foc all,' arsa Billie agus é ag baint lán na súl as an bheirt bhuachaillí. 'Tá'n cunt de yok seo briste anuas, an carburettor fuckáilte, sílim.'

Thug Mánas faoi deara go raibh gnúis ghéar ghonta air. Bhí a aghaidh marcáilte go holc, an lorg a d'fhág bruth goiríní a óige ina ndiaidh. Bhí sé sna fichidí déanacha a thuairimigh Mánas. Bhí glib bhricliath gruaige thart fána chluasa agus ag teacht anuas ina bhuicín ar chlár a éadain. D'fhéach sé ar Mhánas anois, a shúile sáite ann go dána.

'Cén diúcach é seo atá leat,' a deir sé leis an Ghasúr.

'Mánas atá air. As Baile Átha Cliath é.'

Bhí Billie á ghrinniú níos géire anois.

'Gotcha,' ar seisean. 'Teach an Gheafta!' Ansin chas sé a shúile ar an Ghasúr. 'An bhfuil an boc seo muinteartha don lassie adaí a raibh d'athair ag tabhairt rumpy pumpy daoithi?' Lig sé gáire searbh araiciseach as féin.

Dheargaigh an Gasúr go bun na gcluas. Chonaic Mánas go raibh cuil troda ag teacht air, bhí sé buartha go rachadh an Gasúr in achrann le Billie. Chuir sé é féin chun tosaigh le haird a tharraingt ar shiúl ón chaint shuarach seo a ghoill ar an Ghasúr. 'Tá áthas an domhain orm bualadh libh beirt.'

Faoin am seo bhí Cha éirithe ar a chosa, a aghaidh agus a lámha dubh le smearadh bealaidh. Stumpán beag fir a bhí ann, sna fichidí, é tromdhéanta fán ucht agus fá na slinneáin, meilleogaí feola faoina smigid. Bhí straois bhómánta air den chineál gur dhoiligh déanamh amach cé acu an raibh sé uilig ann nó nach raibh.

Dhírigh Mánas a aird ar Bhillie. Bhí seisean ina sheasamh go stuacach, airde an chinn aige ar Cha. B'fhurasta a aithne go raibh an fear beag faoina bhois aige. D'aon ghnó labhair Mánas go postúil i nGaeilge choimhthíoch na leabhar. 'Chuala mé tú ag rá go mb'fhéidir go bhfuil do charbradóir as ord.'

'Do what?'

'Do charbradóir. Bhfuil tú cinnte nach bhfuil fadhb leis an adhaint spréiche? Nó thiocfadh go ndearna tú damáiste don chamseafta. Cluinim nach bhfuil an maolú tarraingte rómhaith sna feithiclí áirithe seo.'

Bhí na téarmaí seo le Mánas ó scéitse graosta, grinn a chum sé do chumann drámaíochta na hollscoile Bhí siad in úsáid aige anois leis an fhear ghoirgeach seo a bhaint as a chleachtadh. Sheas Cha béalscaoilte ag éisteacht leis an chaint seo. Thug sé croitheadh dá chloigeann amhail is go raibh sé ag iarraidh cé bith gráinníní beaga céille a bhí istigh ann a chruinniú le chéile le tuigbheáil éigin a bhaint as ar chuala sé.

'Bhfuil sé seo for real?' arsa Billie agus é ag amharc le dímheas ar Mhánas. Bhí streill mhagaidh ar a aghaidh. 'Nó ar ligeadh amach as an looney bin é?' Dhírigh sé a chuid cainte ar an Ghasúr.

'Tá sé anseo ag foghlaim Gaeilig',' arsa an Gasúr go cosantach.

'Más sin an cineál Gaeilig' atá sé a fhoghlaim tá sé fucking crazyáilte.'

Níor thug Mánas aird ar bith ar an tarcaisne. 'Tá mé aineolach ar oibriú an innill seo,' ar seisean, ag leanstan ar aghaidh amhail is nach raibh teannas ar bith eatarthu. 'Ach is cuimhneach liom anuraidh agus muid ag tiomáint tríd Ghleann na nGealt i gCiarraí gur shéid an stopallán....'

Nuair a chuala Cha é sin bhris sé amach ag gáireach, grág circe de gháire ard, amaideach. Shílfeá nár chuala sé a dhath riamh ní ba ghreannmhara ná 'shéid an stopallán'. Idir gach racht gáire déarfadh sé 'shéid an stopallán' agus ansin bhí sé ar shiúl arís i dtaom meidhréise.

Thug Billie súil dhrochmheasúil air.

'Cha, cop yourself on, a ghláimín; níl a dhath funnyáilte fá dtaobh de.' Tháinig dreach bhuartha ar Cha agus thost sé. Ansin thiontaigh Billie ar Mhánas, graince mhíofar ar a ghnúis.

'Tá sé in am agatsa a bheith ag déanamh cnaipí, a stócaigh.'

'Ní thuigim,' arsa Mánas, ag ligean ainbhios air féin. 'An bhféadfá an leagan cainte sin a mhíniú domh, le do thoil.'

'Foc off amach as m'amharc leat. Níl cunt ar bith de Dub ag gabháil a éirí thuas ormsa lena chuid Gaeilig'.'

Choinnigh Mánas a cheann agus labhair sé go réchúiseach, fios maith aige nach raibh sé ach ag gríosadh an fhir eile.

'Tá brón orm ach bhain tú an chiall mhícheart as mo chuid cainte. Tá mé anseo le teanga shaibhir na Gaeltachta a phiocadh suas ó chainteoirí dúchais, ó do leithéidí féin, cainteoirí breátha....'

Bhí Billie ag cailleadh guaime air féin anois. Thuig sé go maith go raibh Mánas ag glacadh láimhe air. Phioc sé suas an jack. Bhí anchuma air. Labhair sé leis an Ghasúr a bhí ina sheasamh agus cuma scáfar air.

'Mura dtuga tú an cunt sin leat amach as m'amharc, sáfaidh mé an fucking jack seo suas poll a thóna.'

I rith an ama seo bhí moill á cur ar an tsruth thráchta de bharr go raibh an veain ag cúngú an bhealaigh. Chonaic Mánas carr an Gharda ag teacht chucu sula bhfaca Billie é. Bhí sé sábháilte ó ionsaí anois agus deis aige an focal deiridh a bheith aige.

'Tá tú iontach tógtha,' ar seisean le Billie. 'Bí cúramach nó d'fhéadfá spréach an phlocáid a phléascadh.'

D'ardaigh Billie an jack go bagrach, ach nuair a chuala sé bonnán an Gharda ag a thóin, d'ísligh sé arís é go nádúrtha, ag cur i gcéill nach raibh sé ach ag aclú a sciatháin le meáchan.

A luaithe a tháinig an bheirt ghardaí amach as an phatról, bhog Mánas agus an Gasúr chun bealaigh. Chuala siad Billie ag scairtigh leo go cuideachtúil, mar dhea. 'Good on ya boys! Watch yerselves on the bikes.' Bhí a fhios acu gur i gcluasa na ngardaí a bhí sé á rá seo.

'Éist leis! An slítheadóir caca,' arsa an Gasúr, nimheadas ina chuid cainte. 'Tá súil agam go dtógfaidh na péas iad.'

D'fhág siad a gcuid rothar faoi ghlas ag ceann an bhaile agus shiúil leo síos a fhad leis an Caifé Glas i gcoirnéal íochtair an sráide.

'Ní sásta a bhí Billie le do chuid geab,' arsa an Gasúr nuair a bhí a n-ordú tugtha acu agus iad socair síos ag tábla fuinneoige sa chaifé. 'Gotta hand it to you, you shore gotta a tongue slick as a rattlesnake.'

'I reckon they just two double dealin would-be badmen,' arsa Mánas. 'They ain't scarin us off.'

Ní raibh i bhfad le fanacht acu go dtí go raibh an bia curtha ar bord. Bhí a ngoile acu i ndiaidh daofu an turas rothaíochta a dhéanamh agus cha luaithe na ceapairí agus an caife a bheith leagtha os a gcoinne go raibh siad i mbun itheacháin go hocrach. Níor labhair an Gasúr focal go raibh an pláta ite agus lite aige. Ansin shuigh sé siar sa chathaoir go sómasach, thug cuimilt ghasta de naipcín boird dá bhéal agus dá lámha agus ar seisean, 'An dtug tú faoi deara an fear a ba mhó de na péas? Sin Sergeant McFeely. Tá iníon aige a bhfuil nóisean millteanach aici d'Éamonn s'againne.'

Bhain sin preab beag as Mánas. Bhí práinn ina ghlór nuair a labhair sé. 'Caidé mar atá a fhios agat sin?'

'Bíonn sí i gcónaí á textáil,' arsa an Gasúr. 'Stunner atá inti.'

Roghnaigh Mánas an focal a ba neodraí a tháinig leis. 'Bhfuil sé ... mór ... léithi?'

'Bhfuil sé á seaigeáil? Sin an cheist?' arsa an Gasúr go pointeáilte.

Níl a theanga i gcúl a bhéil ag an Ghasúr seo, arsa Mánas leis féin.

'Bíonn sí leis sa charr,' arsa an Gasúr, diabhlaíocht bheag ag fabhrú ina shúile, 'nuair nach mbíonn bean inteacht eile leis.'

'Tá dúil mhór aige sna mná, an bhfuil?' arsa Mánas. Bhraithfeá strus teannais ina chuid cainte dá mbeadh cluas ort chuige sin, ach níor thóg an Gasúr aon cheann dó.

'Tá sé ar mire ina ndiaidh,' ar seisean, é ag téamh lena chuid cainte, 'cosúil liom féin.' D'fhéach sé ar Mhánas go fiosrach. 'Caidé fá dtaobh duitse, an bhfuil bean agat?'

'Ní bheadh bean ar bith....' Stop Mánas ag lorg an chruinnfhocail, mar dhea, lena chás a mhíniú. 'Gaite, mar a deir sibh féin anseo. Ní bheadh bean ar bith gaite liom.'

'Níl tú chomh graifleach sin uilig,' arsa an Gasúr agus é ag breathnú ar Mhánas go clósáilte. 'Níl a dhath cearr leat nach ndéanfadh facelift a chóiriú.' Chuir sé strainc air féin ag gáireach. 'Deir Micí nach bhfuil seanstoca ar bith nach bhfaigheann seanbhróg.'

'Pull your socks up atá tú a rá liom,' arsa Mánas. 'Is annamh a chaithim stocaí. B'fhéidir gur sin an locht atá orm.'

'Sock it to them,' arsa an Gasúr go gáirsiúil agus amach leis chun an leithris.

Níl an gasúr seo in aois a bhearrtha go fóill, a mheabhraigh Mánas, ach tá a chéad Éabha, an baineannach meallacach ag fabhrú ina intinn cheana féin is ag cur taghd fhiáin an fhireannaigh ag borradh ina chuid fola. Tá sí á dearbhú féin is á buanú féin ina mhian agus ina dhúil, ina mheabhair agus ina mhothú, i ngach ball dá bhallaibh. 'Bean' atá sí a rá agus tá sí á chur sin ina luí air lena cíocha, lena ceathrunacha, lena cosa, le cumhacht chorpartha a colainne. Agus tuigeann sé an teanga sin agus freagraíonn sé í lena dhúchas fireann.

Ba é sin, a mheabhraigh Mánas, an difir bunúsach a bhí idir é féin agus an Gasúr. Níor mhothaigh Mánas riamh gríosadh an bhaineannaigh ina chuid fola. Níor bhraith sé a tarraingt ina mhianta. Ní raibh éileamh aige uirthi.

Tuigeadh do Mhánas gur fear ban a bhí sa Ghasúr. Bhí a chlaon gnéis soiléir agus siúráilte. Ach ní mar sin dona dheartháir. Mhothaigh Mánas go raibh Éamonn ar nós an tseifín, go dtiocfadh leis lúbadh go réidh agus géilleadh do bhean nó do fhear ag brath ar phráinn na huaire. Ach ciocu acu treo ar mhó a luí leis, bhí sin le feiceáil go fóill.

Bhí cuma lom chaillte ar dhreach Bhaile an Droichid agus is beag a bhí ag tarlú le hiad a choinneáil ann.

'Baile beag fágtha atá anseo,' a dúirt an Gasúr agus b'fhacthas do Mhánas gur cheap sé go beacht easpa beochta na háite san fhocal 'fágtha'. Bhí an chuma ar dhá thaobh na sráide go raibh an bhrí tnáite as an bhaile; comhlaí dúnta ar dhoirse, comharthaí ceantála in airde anseo agus ansiúd; seanfhoirgnimh agus mílí na neamhairde ar a gcuid aghaidheanna. Bhí daoine ag siopadóireacht i bhfad ó bhaile anois, a dúirt an Gasúr, sna hollmhargaíocha nua a bhí tógtha ag Aldi agus ag Lidl i Leitir Ceanainn agus ar an Chlochán Liath, 'áiteacha ina bhfaighfeá luach ar do chuid airgid,' a dúirt sé.

Chan iontas ar bith, a mheabhraigh Mánas, go raibh an croí imithe as go leor de shráidbhailte beaga na tuaithe. Bhí ionaid siopadóireachta na mbailte móra ag mealladh a ngnóithe uathu. Sin an rud a chaill an lá orthu.

I ndiaidh do Mhánas cúpla leabhar a cheannach sa tsiopa charthanachta agus arán, bainne agus nuachtán a fháil sa Stór, bhí siad réidh lena n-aghaidh a thabhairt arís ar na cnoic. Seo suas leo ag tarraingt ar cheann an bhaile, áit a raibh a gcuid rothar faoi ghlas acu, nuair a thug an Gasúr sonc beag sna heasnacha do Mhánas.

'Sin í!' ar seisean agus a shúil aige ar óigbhean a bhí ag siúl na sráide trasna uathu.

'Cé?' arsa Mánas.

'Miranda May McFeely,' ar seisean, ag ligean séideán te as féin.

Má bhí iomrá léithi, mar a dúirt an Gasúr, bhí bunús leis an teist sin. Shiúil sí amhail is gur léithi an tsráid, a ceann san aer go huaibhreach. Ina cuid sáltaí arda; a steip réidh scaoilte cigilteach, luasc sí mar a luascfadh supermodel agus í ag teacht chun tosaigh ar an catwalk. D'amharcfá ar Mhiranda May McFeely faoi dhó agus faoi thrí agus ní raibh aon amhras ar Mhánas ná gurb é sin a theastaigh uaithi — a bheith ina lánsúl ar an tsráid. Agus bhí.

Lena sciorta gorm giortach agus a t-léine teann a chuir a cumraíocht chuartha ar taispeáint d'éirigh go gleoite léithi a bheith feiceálach. Bhí a cuid gruaige gearrtha gairid, rud a thug iarracht bheag den buachaill dá cosúlacht, agus stríocacha ar bhuí an oráiste agus ar dhearg na gcaor ag rith fríd ó chlár a héadain siar go baic a muinéil. Thug an smideadh craicinn a bhí uirthi cuma bhánghéitheach dá haghaidh, ach amháin a beola, a raibh lí láidir labhandair iontu agus a súile a bhí déanta suas i ndubh. Chuir sí Liza Minnelli ina páirt i gCabaret i gcuimhne do Mhánas. Ba seo, dar leis, Sally Bowles Bhaile an Droichid.

Bhí deis aige í a bhreathnú de thairbhe go raibh sí ina seasamh anonn uathu anois agus í ag caint ar a guthán póca.

'Nár dhúirt mé leat go raibh sí ina stunner,' arsa an Gasúr, agus an chuma air go raibh sé ag cur dúile inti. 'She's all woman that one and a real purty girl at that.'

Bhí Mánas á faire go géar, ní hé go raibh aon spéis ghnéisiúil aige inti, ach de bharr go raibh sí, má b'fhíor don Ghasúr, i gcumann le hÉamonn. Dá n-admhódh sé é, bhí leid bheag den éad ina fhéachaint. Ní hé gur theastaigh uaidh a bheith i gcumann buan le hÉamonn — ní raibh seisean inchurtha le Bashir agus ní bheadh go deo na ndeor — ní raibh uaidh ach go sásódh Éamonn a thoil collaí; go dtabharfadh siad pléisiúr na pluide dá chéile. Ach an dtiocfadh leis a mhian a fháil d'Éamonn agus an cailín meallacach seo aigesean? An dtiocfadh le Mánas ise a shárú sa tóir? Sin an rud a bhí ag déanamh meadhráin dó agus é ag féachaint uirthi.

Bhí an Gasúr á choimhéad, ag baint an chiall chontráilte as an spéis a bhí aige i Miranda May McFeely.

'Looks like you stuck to that purty gal like a fly on a honeypot,' arsa an Gasúr leis.

'Cha bhíonn i bhfad go mbeidh tú féin agus Éamonn s'againne in adharca a chéile fúithi.'

'I ain't thinkin too straight,' arsa Mánas, 'ain't that queer?'
'Shore is,' arsa an Gasúr. 'Let's git, saddle up and head back to the ranch.'

Caibidil 7

Sa tseanchairéal ghraibhéil ar Dhroim Ard na gCosán, áit a raibh fairsingeacht aige, bhí Éamonn ag tiomáint timpeall, ag déanamh lúbán agus lúbóg sa charr, fad is a bhí Mánas ina sheasamh ar an bhinn os a chionn, ag amharc síos ar an cheo teasa a bhí ag éirí ina shlaoda geala as an tSeascann Mhór.

Tháinig Éamonn chuige níos luaithe sa tráthnóna agus thug cuireadh dó a theacht amach leis sa charr. Thiomáin siad siar bealach na farraige go bhfaca siad luí na gréine i gCnoc Fola agus ansin phill siad ar ais fríd Ghaoth Dobhair, agus aníos bealach Mhín na Cuinge. Stop siad sa tseanchairéal. Bhí Mánas den tuairim go dtáinig teidhe éigin gnéis ar Éamonn agus gur sin an fáth ar thiontaigh sé isteach sa tseanchairéal chúlráideach seo. Agus bhí Mánas é féin ar daoraidh le teannadh leis.

Anois agus é ina sheasamh ar an bhinn, ba seo ceo draíochta a bhí ag taibhsiú chucu, a shamhlaigh sé. Bhí sé féin agus Éamonn snaidhme istigh i gcrioslach geal an cheo i dtír shéanta éigin a bhí suite sa tsaol seo ach nár den tsaol í.

Nuair a bhí a sháith reváil timpeall na coracha déanta ag Éamonn stop sé an carr agus tháinig sé aníos taobh na hairde.

'Cé a shílfeadh nach sna Flaithis atá muid?' ar seisean agus é ag amharc síos ar an aer os a gcoinne; radharc néamhar a bhí cosúil le Neamh na Néal mar a tchítear an áit sin léirithe i bpictiúirí cráifeacha.

'Agus cé a shílfeadh nach dhá aingeal atá ionainne,' arsa Mánas go suáilceach.

'Cha n-abróinn sin,' arsa Éamonn, 'ach tá stuif anseo agam a chuirfeas eiteogaí orainn.'

Tharraing sé puitse amach as póca a bhrollaigh agus thosaigh ag rolladh an ábhair go cúramach, deaslámhach. Ní thiocfadh le Mánas a rá nach raibh iontas air. Bhí. Níor shamhail sé go mbeadh Éamonn ag caitheamh dóp ach ag an am chéanna bhí lúcháir air nach raibh sé ag géilleadh don íomhá a bhí seisean a chruthú dó — an buachaill cothrom tíre a choinnigh i gcónaí ar an díreach. Ach ansin smaoinigh sé ar an Domhnach a dhreap siad an tEaragal. Ba léir dó anois nach ndearna sé an léamh ceart ar na leideanna úd. Ní raibh Éamonn mar a mheas Mánas é a bheith. Thuig Mánas é féin go raibh an claonadh ann daoine a chur i rannóga soláimhsithe sábháilte. Bhain seo, mheas sé, leis an éileamh a bhí aige ar ord agus ar eagar; tréithe na Maighdine, réaltchomhartha breithe s'aige. Chaithfeadh sé é féin a shaoradh ón dearcadh cheangailteach seo.

Dhearg Éamonn an rollóg agus nuair a bhí a sháith de tarraingthe aige shín sé an joint chuig Mánas. Ní fear haisíse a bhí i Mánas, ach ar mhaithe le cuideachta a choinneáil bhain sé smailc róthapaidh as an joint. De bharr nach raibh cleachtadh aige ar an toit, phlúch an gal trom é agus tháinig racht tiubh casachtaí air.

'Nach maith leat an dúidín draíochta?' arsa Éamonn agus é ag féachaint ar Mhánas go hamhrasach.

'Níl go leor de caite agam le freagra a thabhairt ar an cheist sin,' arsa Mánas, nuair a fuair sé a anáil leis. 'Ní bhím ag caitheamh.'

Thaispeáin Éamonn dó an dóigh le hé a tharraingt go bog réidh siar isteach ina scámhóga. 'Caithfidh tú fadaíocht a bhaint as. Ansin beidh tú ag flyáil.'

'Ag tripeáil sa tsíoraíocht,' arsa Mánas. 'A little psychadelic makes you angelic.'

'Right on, man,' arsa Éamonn.

Ní raibh caill ar bith ar an mhothú shocairshuaimhneach a

bhí ag glacadh seilbhe ar a chéadfaí. Tá seo tairbheach, arsa Mánas leis féin. Duine ar a sheal, bhain siad tarraingt as an dúdóg, diúl fada sásta go raibh sé caite acu. Ansin lasadh ceann eile agus ceann eile ina dhiaidh sin.

'Mothaím anois go bhfuil mé ag marcaíocht ar Puff the Magic Dragon,' arsa Mánas agus a chloigeann ag éirí éadrom.

'Hey man, tá tú i bhfad amach,' arsa Éamonn, a shúile ag léimtí ina cheann.

Bhí Éamonn ag caint agus bhraith Mánas go raibh bagairt éigin ina ghuth ach ní thiocfadh leis aon chiall a bhaint as an bhagairt.

'Bhí mé ag brionglóidí aréir,' arsa Éamonn 'go bhfuair mé bás agus go dteachaigh mé 'na bhFlaitheas agus bhfuil a fhios agat caidé a mhúscail mé?'

'Cad é?' arsa Mánas.

'An teas,' arsa Éamonn agus bhí streill ghránna ar a aghaidh, a b'fhacthas do Mhánas. Chonacthas dó go raibh gnaoi an aingil ag tiontú isteach ina dhreach mallaithe.

'An teas!' arsa Mánas. 'Más é an teas a mhúscail tú ní sna Flaithis a bhí tú.' Labhair Mánas go réidh fadálach. 'Bhí mise ag brionglóidí ... aréir ... go raibh mé ... i mo chodladh.'

'I do chodladh?' arsa Éamonn. 'Cé leis a raibh tú 'do chodladh?' Bhain sé tarraingt shúmhar as an joint agus lig sé osna phléisiúir as féin.

'Le Miranda May McFeely' arsa Mánas. Theastaigh uaidh an t-ábhar cigilteach seo a lua le hÉamonn roimhe seo ach ní raibh sé de dhánaíocht ann trácht uirthi. Anois ní raibh a dhath á chosc. Bhí sé chomh saor ina chuid smaointe leis na ribíní daite ceo a bhí ag scéitheadh as an tSeascann Mhór. Bhí an joint ag éirí níos fearr le gach smailc.

'Bhfuil aithne agat ar Miranda May?' arsa Éamonn go giorraisc. Bhí searbhas ina ghlór.

'Chonaic mé uaim í i mBaile an Droichid,' arsa Mánas.

'Ní bheadh suim aici i do leithéidse,' arsa Éamonn.

Ní raibh a fhios ag Mánas cé acu le drochmheas a dúirt sé sin nó an é go raibh sé ag iarraidh beaguchtach a chur airsean. Rinne Mánas neamhshuim de.

'Tá sí ag mún ard, an ghirseach chéanna,' arsa Éamonn.

Níor thuig Mánas brí na cainte sin, 'ag mún ard'. 'Cén chiall atá leis sin?'

'Síleann sí go bhfuil a cuid múin níos beannaithe ná uisce coisricthe,' arsa Éamonn.

Ní raibh a fhios ag Mánas faoi seo cé méid joint a bhí caite acu, beirt nó triúr, b'fhéidir, ach bhí a fhios aige go raibh sé stónáilte nuair a chonaic sé na stríocacha a bhí ar na carraigeacha ag éirí san aer agus eiteoga liatha orthu. Ní raibh a dhath ar a umhail anois agus ní raibh daingne ar bith ina smaointe.

'An raibh tú i do luí le Miranda May?' Bhí sé ábalta an cheist sin a chur ar Éamonn gan faitíos ar bith a bheith air go raibh sé rófhiosrach

'Bhí mé in airde uirthi sa charr,' arsa Éamonn. 'Bhí adharc an diabhail uirthi.'

'Ar thaitin sé leat?' arsa Mánas. Cé go raibh sé ag stánadh ar Éamonn ní thiocfadh leis é a choinneáil suite ina radharc. Bhí sé ag teacht agus ag imeacht i dtulcaí tiubha ceo; aoibh thaitneamhach air bomaite amháin agus cuma an ainsprid air sa chéad amharc eile.

'Níl a fhios agam,' arsa Éamonn. 'Ní bhfuair mé an sórt sásaimh as a shíl mé a gheobhainn.' Bhí fuarchúis éigin ina chuid cainte.

Bhí an dóp ag oibriú anois ar Mhánas. Tháinig coipeadh ina ghabhal. Sheas a bhod. Shín sé é féin siar san fhraoch.

'Ar scor ar bith tá sí róghiodalach. Cha rachainn fad mo choise léithi anois,' arsa Éamonn go tarcaisneach. Luigh sé síos le taobh Mhánais.

'Go díreach fad do bhoid,' arsa Mánas, a shúil sáite aige i ngabhal Éamoinn. Bhí bogadaí le feiceáil ina bhríste. Leag Mánas a lámh ar leis Éamoinn.

'Agus tá sin chomh fada le lá samhraidh,' arsa Éamonn. I dtobainne bhuail spadhar éigin é, theann sé isteach le Mánas agus thosaigh ag cur i gcéill go raibh sé á chluimhriú. 'Dhéanfaidh mé tú a phlucáil! Dhéanfaidh mé tú a phlucáil'!'

Chuir an piocadradh seo cigilt i Mánas ionas go dtáinig gach scairt gháireach as. D'ainneoin go raibh a cheann ag gabháil thart i mearbhallán mearaí agus go raibh ceolán millteanach ina chluasa, bhí sé ag baint pléisiúir as an chluiche chuimilte seo a bhí ar siúl ag Éamonn. Agus bhí a lámha siúd ag snámh síos thar a chorp anois go grod garbh.

'Tá mé ag gabháil do phlucáil,' a bhí sé a rá agus d'aithin Mánas, cé go raibh a aigne scaipthe go maith faoina am seo, go raibh dithneas buile i nglór Éamoinn a chuir eagla air. Ach ag an am chéanna bhí sé róspásáilte le haon aird a thabhairt ar an mhothú mhímhuiníne seo a bhí ag fabhrú ina mheabhair.

Bhí gach rud ar a sháimhín só aige a shíl sé, Éamonn á chuachadh agus ciflí ceo ar foluain in aer a aigne chomh gleoite le bratacha urnaí na mBudach. Bhí an saol is an tsíoraíocht ar a thoil féin aige.

Bhí Éamonn á rúscadh go garbh anois, a lámh i ngreim aige i ngabhal Mhánais.

'Caidé seo? Círín an choiligh!' agus bheir sé greim teann ar bhod crua Mhánais agus bhain tarraingt thréan as.

Lig Mánas scread fhiochmhar as le neart péine.

'Stad de sin. Tá tú 'mo ghortú.' Bhí sé sínte ina shrathairt san fhraoch agus Éamonn ag scaoileadh cnaipí a bhríste go téirimeach. Mhothaigh Mánas contúirt sa dóigh chíotach ghránna a raibh Éamonn ag tarraingt an éadaigh de, amhail is dá mbeadh sé á dhéanamh le holc. Ach ní raibh spriolladh ar bith fágtha ann le cosc a chur air. Bhí Éamonn á bhrú féin isteach leis anois, ag scaradh a chosa is á ndingeadh siar thar a ghuailleacha. Bhí a thóin ris agus Éamonn á mhéaradradh go garbh.

'Bhfuil tú ag gabháil in airde orm,' arsa Mánas go lagbhríoch. Impí a bhí ann gan aon dochar a dhéanamh dó ach ní raibh cuma ar Éamonn go raibh aon aird aige ar an achaine sin.

'Chomh cinnte is atá gob ar ghé,' arsa Éamonn, féachaint mhillte ina shúile. B'iontach le Mánas a laghad de chion a bhí i nglór Éamonn ach ní raibh sé ábalta ciall ar bith a bhaint as an easpa ceanúlachta seo. Bhí na súile ag teannadh air. Mhothaigh sé lagachar coirp ag baint na brí as a ghéaga is ag lagú a chéadfaí. Sular thit sé thart i dtaom laige chonacthas dó go bhfaca sé Éamonn, straois uafásach mhagaidh air a ghnúis, agus é ag cur smearadh seileoige ar a bhod. Ansin níor chuimneach leis a dhath ach a bheith caillte i gceo dlúthdhorcha agus aingeal mallaithe éigin, a aghaidh smeartha le cac, á sháthadh le stumpán giúise.

Nuair a tháinig sé chuige féin bhí sé i bpian, é caite ina stolp sa fhraoch, a bhríste síos leis agus é conáilte. Ar feadh scaithimh ba doiligh dó meabhair ar bith a bhaint as an stáid thruacánta seo inar fágadh é ach de réir a chéile tuigeadh dó gur Éamonn a ba chúis lena aimhleas.

Ní raibh aige ach mearchuimhne d'eachtra na hoíche ach bhí a fhios aige go ndeachaigh sé thar an mheasarthacht leis an dóp. Anois bhí a chloigeann ag scoilteadh agus domlas ag éirí air i mbéal a ghoile. Nuair a sheas sé suas ar a chosa mhothaigh sé arraing ghéar i gcuas a thóna agus in íochtar a bhoilg. D'airigh sé go raibh sileadh leis síos cúl a leise agus nuair a scrúdaigh sé an fliuchadh seo bhí lorg fola ar a mhéara. Shíl sé ar dtús gur scríobóg a bhí ann ó bheith ina luí i scrobarnach gharbh an chaoráin ach nuair a rinne sé iniúchadh níos grinne fuair sé amach gur óna ionathar a bhí an fhuil ag teacht.

Ón nimheadas a bhí i gclais a thóna bhí a fhios aige anois gur éigníodh é.

Chreathnaigh sé, tháinig scread chráite as agus bhris a ghol air.

Chaoin sé agus chaoin sé, ag mairgní go hard amuigh i mbéal an uaignis. Gealach lán os a chionn agus lios liathbhán ina timpeall, gan le cluinstean aige ach corrchasachtach caorach agus i bhfad uaidh trup múchta tráchta ar bhealach Dhún Lúiche.

Idir na smeacharnaigh chaointe agus an t-éagnach, d'urlaic sé a raibh ina ghoile. Thug sin faoiseamh éigin dó, an t-ualach domlais a bhí ina luí in íochtar a chraois a chartadh aníos.

Nuair a d'fhéach sé ar a uaireadóir, bhí sé fá dheich mbomaite don trí; am marbh na hoíche agus cuma thréigthe thaibhsiúil ar a raibh ina thimpeall. Bhéarfadh sé mionna gur i seanreilig ársa a bhí sé leis an dóigh a raibh loinnir fhuar na gealaí ar cur dealramh agus cosúlacht na huaighe ar na leacacha loma a bhí a fheiceáil aige thart air agus thall uaidh ar learg Chreig na Leice.

Mhothaigh sé creatha fuachta ina chnámha agus ar fud a cholainne agus é ag teannadh air na scriosáin bheaga éadaigh a tharraing Éamonn anuas de. Ba seo oíche scáfar a anama ach chuir sé go dtína dhícheall é ciall ar bith a bhaint as an ghníomh dhíobhálach a déanadh air. Cad chuige a raibh an chinniúint leatromach seo á leanstan? Bashir bocht agus a mhothú caillte aige? Agus anois éigniú déanta air féin? Cad chuige? Cad chuige? An mí-ádh seo go léir; an drochrath is an díomá, na buillí tubaisteacha seo a chráigh é. Cén fáth ar chuir sé dúil agus spéis ghnéasúil in Éamonn nuair a bhí a chroí istigh in Bashir. Bhí Éamonn dóighiúil dea-chumtha ach ní raibh sé inchurtha le Bashir. Ní raibh an caoineadas ná an tséimhe ná an cineáltas ag gabháil leis a bhí de dhúchas i nádúr Bhashir. Bhí a fhios ag Mánas nár fear a iontamhla a bhí in Éamonn ach mar sin féin lig sé d'ainmhianta na colainne dallamullóg a chur air. D'inis ar tharlaigh anois dó cad é an cineál duine a bhí in Éamonn. Bhí an feall istigh ann agus bhí sé urchóideach.

Ag an am chéanna ba doiligh leis creidbheáil gur ghlac Éamonn míbhuntáiste brúidiúil air agus é i lagar gan chosaint. Sháraigh sin gach dlí agus gach béas. Ba feall uafásach é ar iontaoibh agus ar chairdeas. Ní thiocfadh leis déanamh mór le hÉamonn níos mó, duine nach raibh aithne na maithe ann, de réir cosúlacht, thar an olc. Fiú amháin má bhí an dóp ina chionsiocair le cé bith spreang mire a tháinig ar Éamonn, ní haon leithscéal a bhí ansin lena leithéid d'ainghníomh a dhéanamh ar dhuine.

Ar dhóigh amháin nó ar dhóigh eile phioc Mánas é féin suas agus thug sé a aghaidh abhaile. Bhí a shiúl ciotach agus amscaí de bharr na ndaitheacha géara péine a mhothaigh sé in íochtar a bhoilg ach choinnigh sé ar a chois chomh maith agus a thiocfadh leis anuas fríd Mhín na Cuiscrí, trasna Ailt na Sméar agus amach ar an chosán chlochach a thug síos go Teach an Gheafta é.

Agus é istigh faoi sholas an tí thug sé faoi deara go raibh píosa páipéir sáite síos i bpóca a bhrollaigh. Tharraing sé amach é. 'A poof needs a good fuckin,' a bhí scríofa air. D'aithin sé lámh scrábach Éamoinn ar an scríbhneoireacht. Bhain an nóta maslach seo an anáil de Mhánas.

Bhí urchóid agus olcas sa té a scríobhfadh a leithéid de nóta mallaithe i ndiaidh dó duine a éigniú. Agus nárbh aisteach an ní é gur fhág sé fianaise scríofa mar seo ina dhiaidh tar éis dó an gníomh coiriúil a dhéanamh.

Léigh Mánas an nóta a dó nó a trí d'uaireanta le meabhair éigin a bhaint as an réasúnaíocht a bhí ar a chúl. Ach ní raibh de chiall leis i ndáiríre, a dúirt sé leis féin, ach gur scríobhadh é le tréan oilc agus mailíse. Chuir sin fearg ar Mhánas. Lig sé scairt dúshláin as féin, 'Ná síl go bhfaighe tú ar shiúl le seo, a Éamoinn.'

Ghlac sé cúpla lá sula dtáinig Mánas ina neart arís.

An chéad lá bhí sé ag siúl thart, coiscéim bhacach leis, ag déanamh trua dó féin agus ag téamh ina chuid fola le teann feirge. Bhí pian boilg air amhail is dá bhfaigheadh sé rúscadh de bhata i bputóg a thóna ach théarnaigh sé go tapaidh. Ní raibh sé chomh gonta agus a shíl sé. Ní raibh ann ach go raibh poll a thóna greadta agus chneasaigh sin i gceann cúpla lá.

Fuair sé togha na haire ón aimsir shéimh chineálta a bhí ann. Shuigh sé amuigh sa gharradh á ghrianadh féin agus ag éisteacht le hOum Kalthoum, amhránaí ón Éigipt a raibh an-chion ag Bashir ar a cuid ceoil.

Bhí a thuilleadh is a sháith trioblóide faighte aige ó tharla an timpiste do Bashir. Bhí laethanta ann agus bhí sé dubhthuirseach den tsaol ach i gcónaí chuimhnigh sé ar Bashir agus chuir sé i dtuiscint dó féin go dtiontódh an t-ádh leo agus go bhfaigheadh seisean a mhothú arís. Mhothaigh sé sin anois níos láidre ná riamh. Bhraith sé go raibh Bashir ag tabhairt uchtaigh dó, ag meabhrú dó go mbeadh siad le chéile trí shaol na saol. Bhí a fhios ag Mánas nach raibh sé ach ag cur dallamullóg air féin a bheith ag sílstean go raibh sé i dteangmháil dhiamhair le Bashir agus á mhothachtaíl, ach sin ráite ní shéanfadh sé cumhacht an ghrá.

In Bashir, d'aimsigh sé an tseoid dofhála, agus cé gur sciobadh uaidh é a luaithe is a bhí sé aige níor ghéill sé riamh don chaill. Bhí sé ag tnúth agus ag dúil leis an lá a mbeadh siad le chéile arís, beo slán.

Ina shuí dó i gciúnas gréine an gharraidh bhí faill aige smaointiú ar ar tharlaigh dó. Anois chaithfeadh sé cibé mothú corraí agus feirge a bhí ag éirí ann a cheansú, a bheith foighdeach agus fanacht lena áiméar. Mall nó luath, thiocfadh an uair, ach idir an dá linn, bheadh sé go díbhirceach sa tóir ar Éamonn; á leanstan, á choimhéad. Ní raibh amhras ar bith ach go mbéarfadh sé air, tur te i mbun míghnímh.

Níor lig sé focal as a bhéal lena thuismitheoirí i dtaca lenar tharlaigh dó. Chuirfeadh sé as a gciall iad le himní agus bhéarfadh siad air pilleadh láithreach go Baile Átha Cliath. Ach bhí cúiteamh le fáil aigesean ar an éagóir a rinne Éamonn air agus gheobhadh sé sin dá leointe féin. Ach chaithfeadh sé fanacht i dTeach an Gheafta. Thuig Mánas gur beag seans a bhí aige an dlí a chur ar Éamonn. Cúis dhlíthiúil a bhí ann, gan dabht, ach ba doiligh cás éifeachtach a argáil as a sheasódh iniúchadh géar na cúirte. Nach ag an abhcóideacht chosanta a bheadh an spraoi, a mheabhraigh Mánas. 'Bhí an cúisitheoir seo, a dhuine uasail, imithe sna spéartha amaideacha le cannabis. Ní raibh splaid aige. Deir sé gur thit sé thart sular hionsaíodh é. Tá sé aerach, a dhuine uasail, agus fianaise dochtúra againn go bhfuil sé tugtha don ghnéas máis. Rinne sé drochiarraidh ar an chosantóir, buachaill soineanta tuaithe, nach raibh aon taithí ná tuigsint aige ar an chineál chaidrimh a bhí buachaill na cathrach a bhrú air. Ní haon iontas gur éalaigh an buachaill dea-bhéasach ar shiúl ón iarraidh mhígheanasach a rinneadh air agus eagla a anama air.'

Dar ndóighe, bhí a athair féin ar dhuine de na habhcóidí ab éirimiúla agus ab údarásaí sa tír agus bhí a fhios ag Mánas go dtiocfadh leis-sean cás a chur chun tosaigh gur dheacair a bhréagadh ach ní raibh Mánas ag gabháil sa treo sin. Agus dá mbeadh cás cúirte ann shamhlaigh Mánas cinnlínte na bpáipéirí lathaigh 'Carnal Highs in the Hills of Donegal!' 'Wild Sex!' 'Bog-gered!' Bhí Mánas deimhin de nach raibh sé ag gabháil a tharraingt an cineál sin airde ar a theaghlach. D'aimseodh sé a shlí dlisteanach féin leis an dlí a chur ar Éamonn.

Ní tháinig an Gasúr a chomhair fad agus a bhí sé i ndiachair tinnis ach bhí a fhios ag Mánas go raibh sé gnaitheach ar an phortach ag sábháil na móna. Ansin, tráthnóna amháin go déanach agus é amuigh i gcoirnéal cúil an gharraidh ag tochailt póir an tsiolastraigh mhóir lena athchur in a mhalairt d'áit, chuala sé glór an Ghasúir ar a chúl.

'Jest keep right still and keep yore hands off that goddamn gun or I'll blow you loose from your waistband.'

Thiontaigh Mánas thart, a lámh in airde aige i gcomhartha géillsine.

'Apache Chief says peace. Me lead, brave Paleface, come sun, to shiny gold,' arsa Mánas.

'Goidé mar atá tú?' arsa an Gasúr leis. Bhí sé ag féachaint ar Mhánas go géar. Thug sé faoi deara meath éigin air.

'Caidé atá ag caitheamh ort?' ar seisean. Bhí teas fiabhrais i gcuid fola Mhánais go fóill, rud a d'fhág gnúis dhearg lasta air.

'Aw hell, I'm purty fine, I just got some trail dust on me, I guess.'

'You look plum tuckered,' arsa an Gasúr. Bhí sé ag grinniú Mhánais. 'Tá cuma aingí ort. Bhí mé 'do choimhéad agus tú ag rútáil amach na bhflowers sin agus shílfeá go raibh píobar te le do thóin.'

Ón chaint sin shíl Mánas go raibh an Gasúr ar an eolas faoinar tharlaigh dó agus go raibh sé ag scigmhagadh air. Bhí a lámh tógtha ag Mánas leis an Ghasúr a chnagadh ach bhí seisean i mbun tochailte cheana féin agus an chuma air nár thuig sé cé chomh cóngarach don chnámh agus a bhí sé lena chuid cainte ar 'phiobar te le do thóin'. Ba léir do Mhánas ansin gur leagan cainte a bhí ann agus nár chuir an Gasúr dochar ar bith ann.

D'oibrigh siad leo ar a suaimhneas, ag baint agus ag athchur an phóir.

'Bhí tú ar an phortach le cúpla lá?' arsa Mánas leis.

'Bhí agus chuaigh mé fá pholl cnaipe de bheith ite ag na míoltóga agus na creabhair.' Sháigh sé a shoc i dtreo Mhánais. 'Amharc an chuma atá orm.'

Bhí spuaiceanna beaga dearga thall agus abhus ar a chraiceann.

'Níl a dhath cearr leat nach ndéanfadh facelift a chóiriú.' Bhí Mánas ag cuimhneamh ar an rud a dúirt an Gasúr leis sa Chaifé Glas i mBaile an Droichid.

'Ní imíonn a dhath ortsa, a chuilcigh,' arsa an Gasúr, é lánsásta go raibh Mánas ag aithrise ar a chuid cainte.

D'fhiafraigh Mánas de ar chuidigh Éamonn leis ar an phortach. Bhí sé i bhfách le fáil amach ar luaigh an fear mallaithe an oíche faoi dheireadh leis an Ghasúr.

'Dheamhan cuidiú,' arsa an Gasúr. 'Tá'n boc sin amuigh i nDoire le cúpla lá.'

'Ó, cad é atá ar siúl aige i nDoire,' arsa Mánas, ag déanamh a dhíchill gan aon ró-iontas a thaispeáint.

'Chan fhuil a fhios agam,' arsa an Gasúr. 'Cha n-insíonn sé a dhath dúinne. Téann sé amach traidhfil uaireanta achan mhí.' Mhothaigh Mánas go raibh amhras éigin ar an Ghasúr nach raibh sé sásta a rá. 'Tá mé ag déanamh go bhfuil sé ag kipeáil suas le bean inteacht,' a dúirt sé go fuaramánta.

Mhothaigh Mánas go raibh an Gasúr ag muirliú ar rud inteacht ina mheabhair. Choinnigh sé a bhéal druidte agus thug sé faill don bhuachaill breith ar a smaointe.

'An gcaitheann tusa dope?' arsa an Gasúr.

Bhí a dhroim le Mánas, é cromtha síos ag cur scoilteáin an tsiolastraigh i dtalamh. D'aithin Mánas go raibh níos mó ar chúl na ceiste sin ná mar a thuig sé.

'Cad é atá tú a rá liom?' arsa Mánas, é ag cur teann lena ghuth.

Labhair an Gasúr go tomhaiste. 'Tá tú iontach mór le

hÉamonn, nach bhfuil? Sílimse go bhfuil sé róthugtha don dope.'

'Ó!' arsa Mánas, ag cur i gcéill go raibh iontas an domhain air.

'Ní ligeann sé air féin go bhfuil sé ag caitheamh ach tigim air in amanta agus ní bhíonn sé ina chiall cheart,' arsa an Gasúr.

'Ba chóir go mbeadh ciall aige,' arsa Mánas go neamhchúiseach.

'Bíonn sé tógtha, mar a déarfá, agus deir sé rudaí ráscánta liomsa agus le sean-Mhicí.'

Cé go raibh Mánas ar goil le fearg agus gur beag an tsiocair a bhéarfadh air insint don Ghasúr suas lena bhéal cén cineál dearthára a bhí aige, níor lig sé smid as féin. B'fhearr an focal tobann a sheachaint agus lena chois sin ní ar an Ghasúr a bhí an locht má ba bithiúnach a bhí ina dheartháir. Ba d'aon chineál iad beirt ach ní d'aon nádúr iad ar chor ar bith. Mhothaigh Mánas go dtiocfadh leis muinín a bheith aige as an Ghasúr. Ach ansin, mheabhraigh sé go mb'fhéidir nach raibh i gcaint an Ghasúir ach cur i gcéill; cleas cliste le hÉamonn a chosaint agus a shaoradh ó chion. An créatúr bocht, tá sé tugtha do dhrugaí agus níl neart aige ar a chuid ainghníomhartha; an cineál sin breith shaofa. An raibh a fhios ag an Ghasúr seo níos mó ná mar a bhí sé ag ligean air féin? An raibh sé i gcomhcheilg lena dheartháir? D'fhág an t-amhras seo Mánas idir dhá chomhairle faoin Ghasúr. Chaithfeadh sé a bheith faicheallach agus feiceáil.

'B'fhéidir dá ndéarfá thusa leis fanacht amach ón dóp go n-éistfeadh sé leat,' arsa an Gasúr i nglór faon leathchaointeach. Chonaic Mánas go raibh sé ag iarraidh na deora a choinneáil siar.

'Is mór an náire é. Ba chóir go mbeadh ciall aige,' arsa Mánas go seachantach.

'Nach bhfuil a fhios agam,' arsa an Gasúr. 'Tá eagla orm, agus ar shean-Mhicí, go dtiocfaidh droch-chríoch air. An bhfeiceann tú an carr costasach sin atá aige, tá iontas orainn cá bhfuair sé an t-airgead le Volvo úr mar sin a cheannach?' Chlaon sé a cheann i dtreo Mhánais amhail is dá mbeadh sé ag gabháil a chur cogar rúin ina chluais. 'Tá mé ag gabháil a inse seo duit agus ní abróinn é leis an dara duine ach tá trust agam asatsa.' D'fhéach sé ar Mhánas idir an dá shúil agus bheadh muinín agat as an fhéachaint mhacánta sin go raibh sé ag inse na fírinne duit. 'Tá mise agus sean-Mhicí den bharúil go bhfuil Éamonn s'againne ag déileáil sna drugs caidheacha sin agus gurb as sin atá an t-airgead ag teacht. Coinnigh sin faoi d'fhiacail agus tú ag caint leis nó thiocfadh leis a éirí garbh leat. Shílfeá gur aingeal atá ann le hamharc air, ach creid mise, tá drochdheoir ann a chuireann eagla ormsa, agus ar Mhicí fosta.'

Thug Mánas buíochas don Ghasúr as é a chur ar an eolas ach níor thug sé breith ar bith, maith nó olc, ar ar hinsíodh dó. Ach chaithfeadh sé a admháil go ndearna sé iontas de stuamacht seanchríonna an Ghasúir agus an dóigh mhín líofa a bhí aige le rudaí a rá. B'fhiú an cairdeas a choinneáil i bhfách leis an chaint. Rinne sé an tae agus bhí 'neam-neams' acu, mar a thug an Gasúr ar an mhilsineacht a leagadh os a chomhair. Bhí toirneach bhodhar i bhfad uathu thuas os cionn na hAchla agus deoradradh beag báistí ag titim.

'Caithfidh mé a bheith ag bogadaí liom,' arsa an Gasúr, i ndiaidh dó a shásamh a ithe, 'sula bhfosclaí an spéir.'

'Beidh gach rud i gceart,' arsa Mánas, go díreach ar mhaithe le rud éigin cineálta a rá leis an Ghasúr.

'Tchífimid,' ar seisean go stuama. 'Deir Micí nach dtig leis turadh a dhéanamh go ndéanfaidh sé fearthainn ar dtús.'

Caibidil 8

Bhí Mánas ag ithe greim bídh sa Chaifé Ghlas i mBaile an Droichid nuair a shiúil Miranda May McFeely isteach agus shuigh sí síos ag tábla lena thaobh. Bhí culaith shíoda ghorm straidhpeach uirthi inniu, é casta go grástúil timpeall a colainne ar nós sari; í cíortha cuartha slíoctha; a cuid gréibhlí uilig ag lonrú sa tsolas. Mhothaigh Mánas an mus cumhra a bhí isteach léithi ag éirí chuige go meallacach; boladh a bhí cosúil le hanáil úr na coilleadh; rud a thug an tsamhail ina cheann gur síofróg a bhí inti. Ní thiocfadh leis an fhaill seo a ligean thairis gan labhairt léithi. Nuair a bhí sí ar a sócúlacht, a caife latte faighte aici agus bolgam nó dhó ólta aici, chuir Mánas é féin in aithne daoithi, ag rá go bhfaca sé í ar an tsráid an tseachtain roimhe sin.

'Hillooo!' a dúirt sí i nguth umhal éasca éadrom. Bhí sí chomh lách leis lena bhfaca tú riamh. D'inis Mánas daoithi cé hé féin, cá háit a raibh cónaí air agus gur le feabhas a chur ar a chuid Gaeilge a tháinig sé chun na háite seo.

'Cool!' ar sise.

Bhí sí féin, a dúirt sí, i ndiaidh céim sa cheol a chríochnú in Ollscoil Luimnigh agus bhí sí ag smaointiú ar chúrsa dearthóireachta a dhéanamh i Londain. An t-aon rud a bhí á coinneáil i mBaile an Droichid i rith an tsamhraidh ná Altered States, an banna ceoil a bhí aici. D'fhiafraigh Mánas daoithi cén cineál ceoil a sheinn siad.

'Tá sé doiligh a mhíniú, really,' ar sise agus í ag déanamh rollóga beaga néata de na naipcíní páipéir. 'Rococo & Roll a thugaimse air; sound groove denár gcuid féin. Absolutely iontach groovyáilte. Rud beag retro ach cool.'

'Ó?' arsa Mánas go ceisteach. Bhí sé ag baint suilt as an ghibrisc ghleoite seo.

'Tá sé like, you know, cosúil le ... dowop grunge; tá a fhios agat what I'm saying.' Lena leathshúil d'fhéach sí ar Mhánas fríd rollóg páipéir amhail is dá mbeadh sí á ghrinniú le teileascóp.

Chroith seisean a ghuaillí; d'ardaigh sé a mhalaidh go ceisteach agus tháinig meangadh beag gáire ar a bhéal.

'Níl a fhios agam cad é atá tú a rá,' ar seisean go cineálta. Lig siad beirt gáire astu féin.

'Tá mé rud beag dotty i mo chuid cainte. Caidé mar a déarfá é sin i nGaeilig?'

Chuimhnigh Mánas ar leagan cainte a bheadh fóirsteanach. 'Tá tú imithe glan le gaoth na gcnoc,' ar seisean.

'Wow! Tá sin really wild,' ar sise agus an chuma uirthi go raibh sí spreagtha. 'Tá sé sórt Voodoo cool.' Tuigeadh do Mhánas go raibh sí ag tagairt do chlub oíche i Leitir Ceanainn, an áit a dtéadh aos óg Bhaile an Droichid.

'Sílim nach bhfuil tú róthugtha do Bhaile an Droichid?' arsa Mánas, ar mhaithe le caint a bhaint aisti.

'Amanta, it's a bridge too far, really, má tchíonn tú cá háit a bhfuil mé ag teacht as?' Theip an chaint uirthi. Bhí sí tógtha. D'ól sí siar an caife ina shlogóga beaga gasta agus d'ordaigh cupán eile. Tháinig an chaint chuici ansin. 'Baile an Droichid! It's an emotional hole. Níl rud ar bith ag happenáil anseo. Tá na daoine óga uilig ar an dole. Seo na dole-drums, I'm telling you. Baile an Droop, more friggen likely. Iucht!' Bhí sí ag méaradradh ar na péarlaí bréige ina slabhra brád amhail is dá mba clocha paidrín a bhí aici.

Bhí bogchallán sa chaifé agus de tairbhe go raibh siad i gcoirnéal leo féin bhí siad ábalta a gcomhrá a dhéanamh gan éinne a bheith ag cúléisteacht leo. Ní fhoghlaimeoidh sé Gaeilge ar bith ó Mhiranda, bhí Mánas deimhin de sin, ach cá bhfios cad é a phiocfadh sé suas uaithi i dtaobh Éamoinn.

Tharraing sé an comhrá ar Éamonn. D'inis sé do Mhiranda mar a chuir sé aithne ar an Ghasúr, agus ar Éamonn, a dheartháir mór siúd. Ar dhóigh éigin ní raibh sé ar a shuaimhneas le hÉamonn ach ní thiocfadh leis, a dúirt sé, a mhéar a chur go díreach ar cad a ba chúis leis an mhíshuaimhneas seo. Níor ghá dó a thuilleadh a rá. Labhair Miranda amach go neamhbhalbh.

'Tá an stócach sin freaked-out like. I mean scary. Tá problem mór aige lena chuid boundaries.' Thost sí bomaite. D'fhéach sí go géar ar Mhánas amhail is dá mbeadh sí á mheá an raibh sé le trust. Cé bith a chonaic sí, bhí sé, de réir dealraimh, chun a sástachta. Chuaigh sí ina mhuinín. 'Bhí party ag cara de mo chuid i Leitir Ceanainn anuraidh. Cineál de ethnic rave a bhí ann; tequila, stuffed olives agus gerkins agus a oiread dope agus a shéidfeadh an roof den friggin Vatican. Bhí muid uilig ag flyáil.'

Ghlac sí sos cainte, an chuma uirthi go raibh sí ag iarraidh an ócáid a thabhairt chun cruinnis ina cuimhne.

'Wow! Bhí sé, like, really, really, fiáin. Bhí Éamonn ansin agus é ag peddleáil a chuid junk. Anyway, bhí an bheirt againn, mé féin agus Éamonn atá mé a rá amuigh sa potting shed — sin an áit a bhfásann mo chara a cuid pot féin — bhí mé ag shareáil cúpla splif le hÉamonn agus out of the blue, léim sé orm agus thosaigh ag tarraingt an éadaigh anuas domh. Lucky mé, fuair mé ar shiúl uaidh ar dhóigh inteacht but ooh boy ... bheireann sé na creeps domh smaointiú, caidé a dhéanfadh sé dá mbeadh a dhóigh féin aige ... agus gan duine ar bith thart le hé a stopadh.'

Bhí Mánas ag meabhrú ar an ionsaí barbartha a rinne Éamonn airsean ach níor lig sé focal as mar gheall air.

Nuair a labhair Miranda arís bhí neirbhís ina glór. Mhothaigh Mánas é sin.

'Fear acu seo atá ann, caithfidh sé tú a rapeáil sula bhfaighe sé a chuid kicks.'

Thóg sí buidéilín gloine amach as a mála láimhe, thug

croitheadh beag dó agus spreáil sí an cumhrán ar chuisle a láimhe.

'Uisce coisricthe,' arsa Mánas le hiarracht bheag grinn a chuir sa chomhrá thromchúiseach seo.

'Friggin right,' ar sise go borb. 'Bheadh sé de dhíth ort agus Éamonn thart.'

Bhí Mánas ag meabhrú ar an mhéid a d'inis sí dó agus bhí sé idir dhá chomhairle an ligfeadh sé a rún léithi. Ach ar dtús d'fhiafraigh sé daoithi ar smaointigh sí cúis dlí a thabhairt in éadan Éamoinn.

'Hang on, mise iníon an Sarge. Ní thiocfadh liom mo bhéal a fhoscailt. No way, hon, A iníon féin, wireáilte to the friggin moon ar dope. So ní raibh ann ach zip the lip agus coinneáil ciúin. Agus lena chois sin, níor mhaith liom Papa a ghortú.'

Thuig Mánas an réasúnaíocht sin go maith. Thaitin Miranda leis. Ina dóigh aisteach sholabhartha féin, bhraith sé go raibh íogaireacht áirithe ag baint léithi a bhí tarraingteach. B'fhiú leis a cuideachta.

Bhí feaig uaithi. D'íoc Mánas an bille agus ansin shuigh sé lena taobh amuigh i bpatio cúil an chaifé. Bhí bean ard fhionn — a súile móra liathghlas ar dath na smaragaide; cuma fhearúil uirthi; í cóirithe i gculaith gheal chisteanaí — ag caint le Miranda. Labhair sí i mBéarla Mheiriceá. D'éist Mánas léithi.

'I bought him a t-shirt with 'the man and the legend' across the front of it, and a big arrow pointing down to his manhood. I thought it was pretty funny; a little raw and bawdy, I guess, but funny. But he refused to wear it on religous grounds. That evangelical nonsense, I told you about, has made him so uptight. What he needs to do is unshackle his chakras, loosen up his libido agus enjoy a funky laidback fuck.'

Tháinig an chaint seo léithi ina rabhán líofa amháin.

'Miranda, honeybunch, I must fly. Byee!' Agus ansin sular

thiontaigh sí ar a cois, d'fhéach sí orthu go ceanúil. 'Hope you two have a sweet hook-up. Byee.'

'Sin mo chara Polly Fuller as Montana. Ise atá ag cookáil anseo,' arsa Miranda.

'Míthuiscint éigin aici lena fear, an ea?' arsa Mánas.

'Dyke atá inti. Ar a hathair a bhí sí ag caint. Bhí sí back i Meiriceá le cúpla mí le hé a fheiceáil. Bhí cáil mhór air mar country singer uair amháin, a deir Polly. Big Randy Fuller! Anois tá sé ar shiúl bonkers leis na hEvangelicals. Tá diner mór aige i mButte, Montana, The Good Lord's Neon Chicken Diner.'

Bhí siad beirt sna lagracha ag gáireach faoi sin. Bhí an patio acu daofu féin anois, coirnéal beag gréine, sceacha ornáideacha curtha in árthaí cré, scaipthe thall agus abhus; fráma cliathraigh faoi bhláth ar an bhalla chúil. Saor ó ghleo tráchta na sráide, bhí suaimhneas ann.

Bhí Mánas ag smaointiú ar an chomhrá faoi Éamonn. An raibh sé ag déileáil i ndrugaí go fóill a d'fhiafraigh Mánas daoithi. Silk Cut a bhí sí a chaitheamh; bhí feaig sáite aici i gcoisín coinneála, rud a thug grástúlacht bhanúil don chaitheamh.

'You name it,' arsa Miranda, 'thig leis é a fháil duit, an holy shit ar fad, no kiddin.'

'Thiocfadh leat a rá gur, 'man of substances', atá ann,' arsa Mánas. 'I nGaeilig, thiocfadh leat 'fear an Phúdair' a thabhairt air.'

'Tá sin aige, powder power,' arsa Miranda go rúnda.

'An sin an fáth a mbíonn tú ag cur glaonna air?' arsa Mánas léithi go soineanta.

Chuir sin ina tost í. Chonaic Mánas an t-imní ag teacht ina súile. Bhí rud beag de bharraíocht sa cheist, b'fhéidir.

'Caidé mar atá a fhios agat sin?' ar sise go truamhéileach. Ba léir gur bhain an cheist stangadh aisti. Rinne Mánas gáire beag cuideachtúil.

'Ná bíodh eagla ná eagla ort. An Gasúr, deartháir beag Éamoinn, a d'inis domh go mbíonn tú á théacsáil. Síleann seisean go bhfuil sibh ag siúl amach lena chéile.'

Bhí lúcháir uirthi a chluinstean nach raibh a dhath níos díobhálaí ar chúl na ceiste.

'Ag siúl amach lena chéile,' ar sise go brionglóideach. 'Nach bhfuil sin quaint. Caithfidh mé é a úsáid mar cheann de mo retro phrases.'

'Ach cad chuige a mbíonn tú i dteangmháil le hÉamonn mura bhfuil ... lámh agus focal eadraibh?' a d'fhiafraigh Mánas go rógánta.

D'fhéach sí ar Mhánas, ceann faoi uirthi. 'Gheibhim mo chuid party poppers uaidh, ok. Tá a fhios agam go bhfuil sin dopey ... ach tá greim aige orm, you see. Iníon an Sarge, an dtuigeann tú, sórt blackmail.'

Tháinig tocht uirthi. 'Ok honey, tá mé hookáilte to the light and gheobhainn bás dá mbeadh powder-cut ann.' Rinne sí gáire beag doicheallach ansin agus d'fhéach sí ar Mhánas go ceanúil.

'Ooh honey, abair something, abair rud inteacht sweet agus milis liom.'

D'éirigh Mánas ón bhinse ina raibh sé ina shuí agus rug sé greim barróige uirthi. 'Tá tú marvellously duwop agus utterly acapulco,' ar seisean léithi.

'Abair sin liom i nGaeilig a thuigim,' ar sise, ag leagan a cinn ar a ghualainn.

'Tá tú galánta,' arsa Mánas.

'Is maith liom fear a labhrann straight liom i dteanga a thuigim,' arsa Miranda agus thug sí smaoiseog de phóg dó ar a leiceann.

'Straight, a dúirt tú. Dá ndéarfainn leat nach bhfuil mé...?'

'Ok honey, níl duine ar bith againn perfect,' arsa Miranda,

greim aici ar a stuaim arís. 'Anois inis domh na roller coaster details uilig. Tá cluasa orm ... ó bhaitheas go bonn.'

Thug Miranda cuireadh dó a teacht léithi síos chun an tí. Gheobhadh sí an carr agus rachadh siad ar 'spin beag out of town', a dúirt sí.

Bhí an teach suite ar imeall an bhaile, tuaim na mara le cluinstean ar a chúl agus radharc álainn sléibhe ar a aghaidh amach. Bungaló acu seo a bhí ann, trasphórú ailtireachta, a raibh giota de seo, siúd agus uile ina dhéanamh: áirse rómhánach, colúin dóracha, balcóin, fuinneoga túdaracha, pergola rós-chraobhach os coinne an dorais tosaigh. Bhí an teach ina shuí i bhfaiche ghlas fhairsing, foscadh crann ar thaobh na gaoithe de, ciumhsóga bláth agus rósóga ina rith thart leis na gruaimhíní.

Chuir sí Mánas in aithne dá tuismitheoirí. Tom agus Majella a bhí orthusan. Bhí siad ina suí sa ghrianán ag ól tae. Fear ard cnámhach a bhí san athair, ceann tiubh gruaige air go fóill ach an donn ag liathadh os cionn na gcluas san áit a raibh lorg a bhearáid le feiceáil. Bhí nós aige a mhalaíocha a tharraingt le chéile, cineál de ghruig éisteachta a chur air féin nuair a labhair éinne, amhail is dá mbeadh gach focal le meabhrú is le meas aige.

Ba deacair leis, dar le Mánas, culaithe agus cúram an tsáirsint a chur uaidh in am ar bith. Bhí sé de shíor ar diúite. B'aoibhinn le Mánas an guth cinn a bhí aige; láidir, líofa, ceannasach, bhí sé ábalta a údarás a chur i gcion ar an chomhluadar gan mhoill ar bith. D'éiligh sé d'aird. D'éist tú leis.

Banóstach le hAer Lingus a bhí sa mháthair sular pósadh í agus bhí an chuma sheang ordúil sciobalta sin uirthi go fóill.

Béarla a bhí á labhairt acu mar theanga an tí agus, cé go raibh 'Gaeilge na leabhar' aige, a dúirt an sáirsint, a oiread ar a laghad agus a bhí de dhíth air leis an dlí a chur i bhfeidhm, bhí sé lánsásta, a dúirt sé, an beagán Gaeilge a bhí aige a úsáid, 'but in reality most people here in the Gaeltacht conduct their business with us in English except, occasionally, when it's to their legal advantage to use Irish as a loophole.'

Bhí Mánas ag smaointiú gurb iad na leithscéil údarásacha sin agus iarrachtaí bacacha rialtais, a raibh tarraingt na gcos riamh ina gcuid polasaithe Gaeilge, i dteannta le heaspa muiníne an phobail lena gcearta teanga a éileamh, a ba chúis le cúlú na Gaeilge sa Ghaeltacht. Ach lig sé thairis aon phlé teanga a bheith aige leis an tsáirsint. Cé nár Gaeilge teanga an tí, ní raibh aon chol acu leis an teanga. Bhí Miranda ina cruthú air sin. Cé go raibh a blas agus a bail féin curtha aici ar an teanga, mhothaigh Mánas go raibh sí chorr a bheith ina cainteoir dúchais.

Leag an mháthair pióg úll a rinne sí féin os a gcoinne, hóladh tuilleadh tae agus d'éist siad lena raibh le rá ag an tsáirsint.

Bhí sé ag inse daofu go raibh méadú suntasach le bliain nó dhó anuas tagtha ar líon na ndaoine óga a bhí ag glacadh drugaí sa cheantar. Mura gcuirfí stop leis bheadh 'chemical crisis', sara bhfad i sráidbhailte beaga na háite.

'Daddy,' arsa Miranda, 'it's only a little flourish of ecstasy or a puff of marijuana to light up their dole lives. It's their choice.'

Ba léir do Mhánas nach raibh aon teannas ná aighneas idir an t-athair agus an iníon. Bhí siad beirt ina macasamhail dá chéile; iad teann as a gcuid tuairimí féin agus líofa go leor leis sin a thabhairt le fios do chách. D'aithneofá an t-athair inti, ina haghaidh ach go háirithe, an deilbh shnoite mhínchnámhach chéanna agus an fhéachaint sin a raibh idir ghruaim agus ghus ag oibriú ann.

Bhí cead cainte ag an athair anois.

'You have to put choice in its proper context. In the Western World we live in a culture of entitlement and privilege which worships individual choice. It's called personal liberty and freedom of speech. Ok. That's sound and good. We have fought hard for those ideals. But you have to remember that every choice you make has a consequence for some other person's choice. So, for argument's sake, you decide to take some nightclub substances and you have a severe allergic reaction to it, it becomes an emergency, and you have to be rushed to hospital. The whole service is put under pressure because of your irresponsibility — ambulance staff, doctors, nurses, police, when, maybe, some elderly person or child genuinely deserving cases are neglected in order to attend to your drug-induced emergency. That's where individual choice versus the common good. Freedom, liberty, only works when it comes with a strong sense of responsibility. Being free, being at liberty, being independent, also means being accountable for yourself; being answerable to others.

Chuir an chaint seo a athair féin i gcuimhne do Mhánas; an líofacht loighiciúil chéanna, an t-údarás óráidíochta sin a thug ar dhaoine cluas éisteachta a thabhairt dó. 'Cicero na Cúirte' an leasainm a tugadh ar a athair as a chumas cainte. Ach ní lig Mánas a dhath air féin faoi seo leis an tSáirsint. Bhí sé an-bhródúil as a thuismitheoirí ach mura gcuirfí ceist air mar gheall ar a gcuid oibre, ní raibh sé de nós aige a bheith ag maíomh as an stádas sóisialta a bhí acu.

'Ok, big Papa, we heard the homily from the McFeely Book of Wisdom,' arsa Miranda go giodamach, 'now it's time off and time out.'

'That's what you get when your daughter spends her time on the lunatic fringe of Baile an Droichid.' Bhí an mháthair ag caint le Mánas, aoibh an gháire uirthi. Bhí an chosúlacht uirthi go raibh sí breá sásta lena hiníon dhéanfasach.

'I only wish that it had a lunatic fringe,' arsa Miranda. 'Baile an Droichid, Mammy, is the outer edge of dead-end nowhere.'

'What do you think, Manus?' arsa an mháthair go croíúil.

'I know nothing. I'm from Barcelona,' arsa Mánas, ag déanamh 'Manuel' as Fawlty Towers de féin.

D'aimsigh Miranda eochracha an chairr agus, nuair a bhí siad ag fágáil an tí, scairt an sáirsint ina ndiaidh.

'Keep clean.'

'Pristine,' a ghlaoigh Miranda ar ais chuige.

Bhí tráthnóna galánta ann agus mhol Miranda go rachadh siad ag siúl ar thrá Mhachaire Robhartaigh. D'inis sí do Mhánas sa charr go mbíodh an t-athair tugtha don ól agus ise ag fás aníos, agus gur sin an fáth nach bhfuair sé ardú céime riamh, cé go raibh éirim aigne agus ábaltacht as an ghnáth ann. Cuireann sé díomá air, a dúirt sí, nach bhfaighidh sé an dara faill ar chéimíocht de thairbhe é a bheith anonn i mblianta anois. D'éirigh sé as an ólachán trí bliana ó shin, a dúirt sí, ach go dtí sin bhí an-dúil aige sa deoch; féith a bhí róchoitianta ina theaghlach i gCeatharlach agus a chuir críoch thobann lena bheirt deirfiúr agus gan bean acu ach go díreach sna tríochaidí, an bhean eile i meán a laetha. Bhí eagla air, is dócha, a dúirt sí, go raibh an tréith chéanna léithi féin ó dhúchas agus bhí sé i gcónaí buartha go ndéanfadh sí dochar daoithi féin ó d'aimsigh sé 'a cuid night-club medicine', mar a thug sí ar a cuid piollaí agus a cuid púdair, de mhísheans, ina seomra leapan anuraidh.

Bhí sé féin éirithe as an ól agus 'ar pentecostal mission', a dúirt sí, le daoine a shábháil ó dhiabhal an óil agus na ndrugaí.

'Caidé mar a déarfá pentecostal mission i nGaeilig?' ar sise le Mánas.

Bhí airsean an ceann sin a mheá sula dtáinig sé ar leagan. 'Misean Cincíseach,' a d'fhreagair sé. Bhain sin gáire aisti. 'Cé a dúirt nach raibh a dhath erotic faoi Ghaeilg?' arsa Mánas.

Stop siad ar an airdeacht os cionn na céibhe i Machaire Robhartaigh, ag amharc amach ar radharc na n-oileán. Toraigh ar an cheann amuigh, mar a bheadh lacha mhór chosantach ann agus a héillín lag sa tsnámh taobh istigh daoithi — Inis Bó Finne, Inis Dumhaigh, Inis Beag. Ba sin an tsamhail a tháinig i gceann Mhánais agus é ag breathnú uaidh ar léinseach cúrgheal an Atlantaigh. Cé go raibh soineann gréine ar tír mór bhí an fharraige mhór tógtha, tonnshuaite.

'Out there, somewhere, New York,' arsa Miranda agus í ag féachaint i bhfad i bhfarraige. Ansin cheol sí ceathrú de *New York! New York!*

These little town blues
are melting away,
I'll make a brand new start of it
in old New York.
If I can make it there
I'll make it anywhere.

'Seo demo atá déanta againn,' ar sise, 'd'amhrán úr a scríobh mé.' Shín sí cóip den liric chuig Mánas agus chuir sí an demo i ngléas. Níor chuala sé glór chomh follasach leis le fada. Bhí éagsúlacht ann ó phréamh. Uirnéis solúbtha a bhí sa guth aici agus bhí sí ábalta a buntáiste féin a bhaint as. Bhí tabhairt agus síneadh ann; amanta bhí sé éasca beoga, amanta eile múchta ochlánach.

Agus, mar a dúirt sí leis sa Chaifé Glas, bhí fuaim coimhthíoch dena gcuid féin cruthaithe ag Altered States. Le dordveidhil, pianó, veidhlín agus le feadóg mhór, thóg siad cóiriú a bhí aisteach, fuinniúil, spreagtha thart ar an amhrán, cóiriú a d'fhódaigh ach ag an am chéanna a thug scóip do ghlór cumhachtach Mhiranda.

Bhí a fhios ag Mánas go raibh sé ag éisteacht le cuisle

úrscaoilte ceoil a mbeadh éileamh air agus bhí an tsamhlaíocht cheanndána chéanna sa liric a thug sí le léamh dó.

I'm a slinky jazz tune
an ultra-sonic syllable;
I'm a frenzied cloud in June
an angel at your table;
I'm fancyfree and footloose
a doorway to the marvellous.

I'm a megalithic rumble
a vowel in a biscuit tin;
I'm a gothic hovel in the jungle
an angel marooned in sin;
I'm an avalanche of bliss
on the spice route of a kiss.

I'm an anarchy of skies
a sea ablaze at sunset;
I'm a host of butterflies
a ghost at a banquet;
I'm a bed of rumpled thrills
I'm the light behind the hills.

D'éist Mánas leis an amhrán arís agus b'fhacthas dó go raibh an úire shíoraí dhúshlanach sin ann a bhí i leithéidí 'A Whiter Shade of Pale' nó McArthur Park, vibe éigin diamhair nach ndearmadófá. Bhí mianach neamhghnách i Miranda agus mura raibh mearbhall ar Mhánas, bheadh sí, mar a dúirt sé léithi ina 'Queen of the Hill', top of the heap. Agus chreid sé sin. Bheadh a hainm in airde i soilse roimh i bhfad.

Phárcáil siad an carr ag Caifé na Céibhe agus shiúil siad soir an tráigh gheal gainimhe idir na dumhaigh arda agus béal na toinne. Níor casadh ach cúpla duine orthu, iad amuigh ag déanamh na gcos fosta agus ag tabhairt rith an chladaigh dona gcuid madadh.

Bhí iontas ar Mhánas a laghad daoine a bhain tairbhe as tráigh chomh hálainn leis seo. Dá mbeadh grian na Spáinne in Éirinn, a dúirt Miranda, bheadh an áit seo chomh holc le Torremalinos. Bheadh óstáin ilstóracha agus tithe spéire ina radharc gránna ar feadh an chósta seo ar fad. 'Highrise' agus 'hooliganism' na focail a d'úsáid sí. B'fhearr i bhfad léithi an tráigh fholamh seo seachas é bheith breac le 'beerbellies agus le boobs.'

'The body is the temple of the lord,' arsa Mánas go suáilceach.

'Yes,' arsa Miranda, 'and the disco of the devil. Tá mé iontach Pentecostal.'

'Iontach Kinkyseach,' arsa Mánas.

'Ba chóir duit amhrán Gaeilge a scríobh domh,' arsa Miranda agus iad ag gabháil timpeall Ghob an Dumhaigh.

'Scríobhfaimid ceann le chéile,' a mhol Mánas.

'Cosúil le Carol King agus James Taylor,' arsa Miranda.

'Bhí siadsan pósta ar a chéile, nach raibh?' a dúirt Mánas.

'If you're sendin, I'm receivin,' arsa Miranda agus í ag cur i gcéill go raibh sí ag iarraidh é a mhealladh, 'Hey babe, let the good times roll.'

'Amhrán grá a bheas ann, mar sin,' arsa Mánas.

Shuigh siad síos ar mhaolchnocán gainimhe i measc na ndumhcha, agus chuir Mánas tús leis an chumadóireacht. Char ghlac sé i bhfad go raibh an chéad véarsa i dtoll a chéile aige.

Tabhair domh póg,
Tabhair domh barróg,
Déanfaimid an Tangó
mar a rinne fadó
faoi sholas na gealaí
ar Thrá Mhachaire Robhartaigh.

Beidh an lá linn go fóill, a chuisle is a stór.
Tiocfaidh muid slán.
Hey babe, let the good times roll.

Thug sin treoir agus spreagadh do Mhiranda lena cuid féin a dhéanamh den amhrán.

Tá poll ar an díon.
Tá billí le díol,
an mortgage i mbaol.
Tá'n carr conkáilte.
Tá'n fridge gooseáilte.
A leithéid de shaol!
Beidh an lá linn go fóill, a chuisle is a stór.
Tiocfaidh muid slán.
Hey babe, let the good times roll.

D'oibrigh siad beirt ar an véarsa deireanach, focal anseo, focal ansiúd go bhfuair siad an tón a bhí siad a lorg. Mhol Miranda go mbeadh cuid de i nGaeilig agus cuid i mBéarla. 'Beidh sé níos funkyáilte ar an dóigh sin,' a dúirt sí. 'Mixáilte, tá a fhios agat.'

Is tusa mo ghrá
mo chumann go brách,
let's stomp, let's romp,
shake a leg, spin, step it.
Wrap my troubles in dreams
babe, bit by bit.
Beidh an lá linn go fóill, a chuisle is a stór,
Tiocfaidh muid slán,
Hey babe, let the good times roll.

Thosaigh sí ar phortaíocht béil ansin, ag iarraidh fonn a aimsiú a bheadh feiliúnach do na focail. Idir an bheirt acu tháinig siad ar fhonn a raibh geonlach an cheoil tíre ann agus anamúlacht na mblues.

Ansin spailp Miranda amach an t-amhrán. Bhí iontas ar Mhánas mar a thug sí mothú agus meáchan do liric bheag a bhí simplí agus saonta. Thug sí brí agus beocht do na focail thar mar a bhí iontu. Chuir sí Dusty Springfield i gcuimhne do Mhánas; amhránaí a raibh an gheoin chroíbhriste thruachánta sin ina glór a thaitin le Mánas. Ach bhí Peggy Lee le cluinstean aige fosta sa chuid ab éadroime aigeantaí de ghlór Mhiranda.

'An Tangó ar an Trá,' arsa Mánas go bródúil. 'Cleamhnas ceoil le Miranda agus Mánas.'

'Les liasons dangerouse,' arsa Miranda.

'Go háirithe agus muid in Altered States,' arsa Mánas.

'An Weed Creed,' arsa Miranda.

'Luibh and let live,' arsa Mánas.

Ar an bhealach arís daofu go Baile an Droichid le rothar Mhánais a bhailiú — dúirt Miranda go dtabharfadh sí go Teach an Gheafta sa charr é — thiomáin carr eile lena dtaobh go contúirteach, ansin scinn sé tharstu de sciuird mhire agus é ag séideadh na hadhairce. Éamonn a bhí ann.

'Tá mearadh ar an bhoc sin,' arsa Miranda agus í ag maolú luais ionas nach mbeadh sí sa tóin aige.

I mBaile an Droichid agus iad ag teannadh an rothair de raca bagáiste an chairr, chonaic siad Éamonn á gcoimhéad go slítheánta ina chúlscáthán. Pháirceáil sé in áit a mbeadh radharc aige orthu nuair a chonaic sé iad ag stopadh ag ceann na sráide.

'Tá a shúil orainn,' arsa Mánas.

'A chead aige,' arsa Miranda. 'Ignoreáil é ar fad.'

Agus iad ag tarraingt ar Chroisbhealach an tSrutháin Bhuí, an áit a dtiontódh siad ar chlé agus suas i dtreo Theach an Gheafta, chonaic siad go raibh sé ar a gcúl, á leanstan — ach caithfidh sé gur thiomáin sé leis nó ní fhaca siad ní ba mhó é.

'Tá a gaosán ag cur air,' arsa Miranda. 'Tá sé noseyáilte!'

Thaitin Teach an Gheafta go mór le Miranda. 'Tá sé cosúil le teach i bhfairytale,' a dúirt sí.

'An bhfuil sé chomh Grimm sin?' arsa Mánas.

Rinne Mánas an tae agus shuigh siad sa gharradh ag caint, bhí an ghaoth ag éirí agus scamaill reatha ag trasnú na spéire.

'Miranda,' arsa Mánas, 'tá mé ag gabháil a inse rud éigin duit nár luaigh mé le haon neach beo.' Bhí iontas air cé chomh socair agus a bhí sé agus é ar tí a rún a scéitheadh.

'Tá tú ag gabháil a rá liom gur Mac Dé atá ionat, ab é?' arsa Miranda go meidhreach. 'Bhí affair ag do mháthar le haingeal?'

'Rinne Éamonn mé a éigniú?' arsa Mánas, gan fiacail a chur ann.

'Éigniú! Explain?' arsa Miranda. Ba léir nár thuig sí brí na cainte.

'Rinne sé mé a rapeáil, mar a déarfá féin,' arsa Mánas.

Leath na súile uirthi le dú-iontas, d'fhoscail sí a béal, stán sí air.

'Holy-shit,' ar sise nuair a fuair sí na focail léithi. 'Tá sin wicked!'

D'aithris sé an scéal ar fad ansin agus thaispeáin sé an nóta maslach daoithi a fágadh i bpóca a léinidh an oíche sin. Bhí na deora léithi nuair a chríochnaigh sé, rud a léirigh dó cé chomh goilliúnach agus a bhí sí mar dhuine. Thuig sí go maith an fáth ar choinnigh sé an scéal uafáis seo aige féin agus nach dtug sé cúis in éadan Éamoinn, ach chaithfeadh sé anois, a dúirt sí, smaointiú ar a shábháilteacht féin.

Chuir sí in iúl dó go raibh sé ina chónaí in áit chontúirteach, amuigh anseo leis féin ar an uaigneas agus gan aon chosaint aige in éadan duine chomh fabhtach le hÉamonn. Dúirt sí go raibh sí mór le beirt fhear a choinneodh súil mhaith air agus a thiocfadh chuige láithreach dá mbeadh sé i gcontúirt.

Bhí ciall leis sin, arsa Mánas. D'fhiafraigh sé daoithi c'iad na fir ghardála seo. Beirt iad a bhí ina gcónaí sa chomharsanacht, a dúirt sí, bhí siad garbh ina ndóigh agus ina dteanga ach bhí níos mó den mhaith iontu ná mar a bhí den olc. Cairde dena cuid a bhí i Cha agus i mBillie, a dúirt sí, agus ní raibh uirthise ach an focal a rá leo agus bheadh súil amuigh acu dó.

Chonaic sí Mánas ag déanamh gáire beag doicheallach. D'inis sé daoithi mar a casadh ina shlí iad agus faoin íde béil a thug Billie dó. 'T'eagla orm go n-íosfadh siad mé le gráinnín salainn sula ndéanfadh siad tarrtháil orm,' arsa Mánas.

'So, tusa a bhí ag tabhairt geab dó, ab é?' arsa Miranda. 'Chuala mé é ag rá rud inteacht fá smart-arse Dub ach níor éist mé mórán leis.'

'Ní dóigh liom gur mórán de smart-arse mé,' arsa Mánas. 'Dá mbeinn níos glice sa bhall sin, b'fhéidir, nach mbeinn sa chás seo ina bhfuil mé.'

'Tá tú ar shiúl leis na fairies,' arsa Miranda agus í ag gáire.

Bhí sí ocht mbliana, a dúirt sí, nuair a bhog an teaghlach ón Charraig i ndeisceart Dhún na nGall go Baile an Droichid. Sin an uair a chuir sí aithne ar Laura, deirfiúr óg Bhillie, agus bhí siad ina ndlúthchairde riamh ó shin. Bhí Laura ina ball de Altered States. B'ise bean an veidhlín agus bhí sí feidhmiúil ar an fheadóg mhór fosta. In éineacht lena cuid col ceathracha — Darren ar an dordveidhil agus Jason an pianadóir — b'in baill an ghrúpa cheoil. Bhí gaol muintearais acu seo uilig le Cha fosta. De thairbhe an ghréasáin cheoil agus charadais seo thiocfadh léithi, a dúirt sí, scairteadh ar Cha agus ar Bhillie am ar bith a raibh cuidiú uaithi.

Bhí a fhios aici, a dúirt sí, go raibh gráin shaolta acusan ar na Gallchóraigh, is é sin ar Éamonn agus ar a athair; tharla titim amach námhadach eatarthu agus iad ag cur bail ar thithe le chéile agus is in olcas a bhí an t-achrann sin imithe le tamall anuas. Ní bheadh orthu ach lúcháir, gríosáil mhaith a thabhairt d'Éamonn, a dúirt sí, ach an deis cheart a bheith acu.

'Nach mbíonn tú féin i dteangmháil le hÉamonn?' d'fhiafraigh Mánas daoithi.

'Cuirim text chuige le rá leis caidé atá de dhíth orm; fágann sé an stash i dteach sábháilte; tugaim na readies daofusan le tabhairt dó. Taobh amuigh de sin, fanaim amach uaidh.' Tháinig cuma stuacánta ar a gnúis. Labhair sí go diongbháilte. 'Ach i ndiaidh an rud millteanach a rinne sé leatsa ní bheidh mise ag déileáil leis níos mó.'

Mhothaigh Mánas an stóinseacht agus an rún daingean a bhí ina glór.

'Níl tú gabháil a shiúl amach leis níos mó, mar sin de,' arsa Mánas, é idir shúgradh agus dáiríre.

'Ní shílim gur 'siúl' a bhíonn ina cheann nuair a bhíonn girseach aige,' arsa Miranda go goirgeach. 'Bíonn sé 'mo phesteráil ag iarraidh a ghabháil liom ach bheadh níos mó seans ag an Earagail!'

'An síleann tú go bhfuil sé míshásta cionn is go bhfuil muidne mór lena chéile?' arsa Mánas. 'B'fhéidir go bhfuil éad air?'

'Is dócha go síleann sé go bhfuil muid ag boncáil. Fear iontach jealousáilte atá ann,' arsa Miranda.

'Níl muid ag boncáil,' arsa Mánas, 'ach tá muid i bponc.'

'Cosúil le Sid agus Nancy,' arsa Miranda.

'Cé acu den bheirt againne Nancy?' arsa Mánas.

Sular imigh sí, thaobhaigh Mánas léithi i dtaca le Cha agus le Billie de agus dá dtiocfadh léithi an nimh a bhaint as an aighneas bheag amaideach a bhí eatarthu, dúirt sé, gur mhór an gar dó chosaint a bheith aige.

'Déarfaidh mé leo go bhfuil siad 'on a mission from God' le tú a tharrtháil,' arsa Miranda. 'Síleann siad féin gur na Blues Brothers atá iontu.'

'An dtig leo ceol?' arsa Mánas.

'Ní thig, ach cha chuireann sin stop ar bith orthu,' arsa Miranda.

An oíche sin, bholtáil sé doras an tí — rud nár ghnách leis a dhéanamh. Chuir caint Mhiranda ar a fhaichill é, agus d'fhág sé buailtín de bhata faoi fhad láimhe dena leaba ar eagla go mbeadh cúis aige leis. Cé go raibh sé imníoch an oíche sin, níor chuir sin thar a chodladh é. Cha luaithe a bhí a cheann leagtha ar an philiúr aige go raibh sé ag srannfaí go sámh. Am éigin amach san oíche agus é idir a bheith ina chodladh agus ina dhúiseacht, shíl sé gur chuala sé rúchladh rothaí ar an bhealach garbh os coinne an tí. Léim sé ina shuí agus d'fhéach amach ó fhuinneoigín cheann an staighre. Chonaic sé soilse deiridh na feithicle ag gabháil as amharc ar chúl na malacha.

An mhaidin sin, i ndiaidh dó a bhricfeasta a dhéanamh, d'fhoscail sé doras tosaigh an tí le haer úr na mochmhaidine a ligean isteach agus chonaic sé go ndearna duine inteacht práib chaca ar leac an dorais aige. Chuir sin samhnas agus déistin air. Cé bith a rinne sin bhí an t-olc istigh aige do Mhánas. Gníomh salach gránna. Níos moille nuair a d'fhiosraigh sé timpeall an gharraidh féachaint an raibh lorg ar bith eile le fáil de ruagaire reatha na hoíche, chonaic sé go raibh an ghaoth ligthe amach as boinn a rothair. Cé nach raibh dochar rómhór ar bith déanta, dearbhú a bhí ann ar bhagairt. Bhí an ceart ag Miranda labhairt le Cha agus Billie agus é a chur ar láimh a shábhála. Bhí sé cinnte gur obair Éamoinn a bhí sa mhí-iompar suarach seo. B'fhéidir gur comharthaí éadmhara a bhí anseo de bharr go bhfaca sé

Miranda agus é féin in éineacht lena chéile. Ach ansin arís, má shíl sé gur fear aerach a bhí i Mánas, cad chuige a mbeadh sé buartha as a chaidreamh le Miranda? Nó an é go raibh fuatha nimhe ag Éamonn ar dhaoine aeracha, de bharr gur mhothaigh sé an claonadh sin ann féin, agus gur mhaith leis iad a mhaslú agus a shásamh brúidiúil féin a bhaint astu?

Chaith Mánas seal ag spíonadh na ceiste is na cúise seo. Bhí aigne an duine aisteach agus duibheagánach agus b'amhlaidh ag Éamonn é. Bhí nimheadas éigin san fheoil aige; gortú domhain leis óna óige, b'fhéidir — agus bhí an tsiocair sin aige ón mhéid a bhí cloiste ag Mánas faoin ainíde a thug a athair dó, gortú a ghoin an spiorad ann is a chuir cor cam díobhálach ina aigne. An rud ab eaglaí faoi dhuine mar Éamonn, a mheabhraigh Mánas, go bhfuil siad go dubh in éadan an tsaoil mhóir agus go dtig leis an mhianach urchóide agus díoltais atá iontu réabadh in am ar bith, agus dochar mór a dhéanamh.

Ach má bhí sé eaglach féin, dhiúltaigh Mánas tabhairt isteach don bhagairt. Thiocfadh leis teicheadh 'na bhaile go Baile Átha Cliath agus a ruball leis idir a chosa go truacánta.

Ach ní thabharfadh sé de shásamh d'Éamonn go n-imeodh sé mar sin — sheasódh sé an fód i Mín na Móna.

Cúpla oíche ina dhiaidh sin tháinig na Blues Brothers ar cuairt chuige.

'Cha raibh ag Miranda ach an focal a rá agus bhí an throttle thíos againn ag bootáil aníos anseo,' arsa Billie go giodalach.

Mar a gheall Miranda, bhí súil amuigh acu dó agus iad ag gardáil na háite go coimhéadach. Tháinig siad isteach le hé a chur ar a shuaimhneas sula ndeachaigh sé a luí agus le cur in iúl go raibh siadsan fá scairt ghutháin dó dá dtiocfadh a dhath air go tobann. Thug sé canna lagair an duine daofu agus shuigh siad thart ar an tábla ag comhrá. Cé bith a dúirt Miranda leo, cheansaigh sí iad, agus mhothaigh Mánas nach raibh nimheadas ar bith ina gcuid cainte anois. Thiocfadh leis greann a bhaint astu.

'Bhí an bhróg agaibh ar an troitheán luais,' arsa Mánas leo go díreach i bhfách le gáire a bhaint astu. Níor ghlac siad ceann corr ar bith den chaint seo anois.

'Bhí muid ag bootáil chomh gasta sin gur shéid muid an stopallán,' arsa Cha agus é ag gáire, pislíní lena bhéal.

'We have an understanding with the Lord,' arsa Billie go sollúnta, agus é ag déanamh aithrise ar cheann de na línte iomráiteach as The Blues Brothers.

'We're on a mission from God,' arsa Cha ar an dara focal.

Agus é ag breathnú orthu anois as an nua, dar le Mánas go gcuirfeadh siad na Blues Brothers i gcuimhne do dhuine. Bhí Billie, an scodalán mór scaoilte, an-chosúil le Dan Aykroyd agus ar a dhéanamh, bolgadán beag daingean-déanta, ní raibh Cha neamhchosúil le John Beluchi.

Bhí Miranda mar dhuine dá mbunadh féin acu, a dúirt siad, agus bhí siad an-gheallmhar uirthi agus coimhéadach aisti. Ach bhí siad buartha go raibh sí róthugtha dona cuid party pills. Le bliain anuas bhí a fhios acu go raibh Éamonn ag déileáil i ndrugaí. Bhí sé á bhfáil sa Tuaisceart agus á ndíol go háitiúil. Bhí sé cleasach, a dúirt siad, sa dóigh ar ghníomhaigh sé. Dhírigh sé isteach ar chlann na mbodach, mic agus iníonacha na nGardaí, na máistrí scoile, na ndlíodóirí; aos óg a raibh céimíocht ag a muintir sa tsaol agus gur scannal a bheadh ann dá bhfaighfí amach go raibh dúil thar an choitiantacht ag duine dá gclann i ndrugaí. Thaobhaigh sé leis an aicme óg seo, a dúirt siad, dháil sé a chuid piollaí agus a chuid púdair orthu agus ansin bhí siad gafa aige i gcroí a bhoise. Agus dá mba ghá dó, sa chás go dtáinig siad salach air ar dhóigh ar bith, thiocfadh leis iad a bhagairt le focal slítheánta i gcluais a dtuismitheoirí. Níor mhaith le héinne den dream óg déanfasach seo go dtarraingeofaí míchlú na ndrugaí orthu agus iad féin ag ullmhú dona n-áit ghairmiúil mheasúil sa tsaol.

'Tá a fhios againn go bhfuil sé sáite go dtína chuid balltaí sa scene seo,' arsa Billie go feargach. 'Thiocfadh linn trounceáil cheart a thabhairt dó lá ar bith, ach you see, iníon an Sarge, caithfidh muid a bheith delicateáilte. 'Tiptoe through the tulips' agus béarfaidh muid air go fóill.'

Bhain íomhá na mbláth gáire as Mánas. Ní thiocfadh leis an bheirt sliútrachán seo a shamhlú ag siúl ar a gcuid ladhra go fáilí fíneáilte fríd phlásóga na dtiúilipí agus iad sa tóir ar choirpeach.

Mhothaigh Mánas go mbeadh sé ag déanamh éagóra ar an Ghasúr dá leanfadh sé ar aghaidh lena chaidreamh le Cha agus Billie faoi cheilt. Níor theastaigh uaidh a bheith mór leo ar chúl a chinn ag an Ghasúr. Sin an cineál duine a bhí i Mánas, rinne sé a sheacht ndícheall i gcónaí a bheith díreach agus prionsabálta agus é ag déileáil lena chomhdhaoine. Ach thuig sé go maith go raibh daoine chomh casta le gad ina ndearcadh, ina gcuid mothúchán, ina gcleachtadh saoil. Bhí a fhios aige go raibh castaíocha aisteacha dothuigthe in aigne an duine agus go rómhinic nach é an rud a dúradh an rud a cleachtadh. Ach in ainneoin sin bhí claonadh ann a bheith muiníneach, an maitheas a fheiceáil i nduine seachas an fhabht, agus siocair na dea-thola sin a bhí ann go smior, ba mhian leis go mbeadh réiteach ar an aighneas a bhí idir an Gasúr agus an bheirt fhear seo. I bhfách le suaimhneas aigne s'aige féin, b'fhearr leis go mbeadh siad ag tarraingt le chéile. D'fhiafraigh sé daofu cén fáth a raibh achrann idir iad féin agus an Gasúr. Bhí dhá thaobh ar achan scéal agus ba mhaith leis a dtaobhsan den scéal a chluinstean. Thiocfadh leis a bhreith a thabhairt ansin agus b'fhéidir comhréiteach a dhéanamh eatarthu.

D'inis Billie dó gur cheannaigh siad caoirigh uan ó Pheadar, seanuncal de chuid an Ghasúra, fear a bhí anonn i mblianta agus a bhí ag cailleadh a chuimhne.

'Cheannaigh muid na caoirigh ar an sly,' arsa Billie. 'D'fhóir sé sin dúinne agus d'fhóir sé do Pheadar. Thug muid an t-airgead dó isteach ina láimh. Bhí muidinne ag gabháil á ndíol trasna an border, you see, ach nuair a chuaigh muid suas chuige le hiad a chollectáil, refusáil sé iad a thabhairt dúinn. Tá sé ag doteáil agus bhí dearmad déanta aige go dtug muid an t-airgead dó. Ní raibh a athrach le déanamh acu, a dúirt Billie ach na caoirigh a thabhairt leo ar a gconlán féin. Chonaic an Gasúr iad agus shíl sé gur á ngoid a bhí siad.

'Ní raibh muid ag déanamh a dhath as bealach,' arsa Cha, aoibh shoineanta ar a aghaidh bhealaithe. 'Ní raibh muid ach ag tabhairt linn ár gcuid féin.'

'Wheeler-dealers atá ionainn,' arsa Billie. 'Cheannódh muid an diabhal é féin dá dtiocfadh linn agus dhíolfadh muid é leis an Fhear Thuas ach an luach ceart a fháil air.'

Dá bhíthin a gcuid mangaireachta uilig d'admhaigh Billie go raibh drochiomrá amuigh orthu ach ní raibh ann ar fad ach caint bhéalscoilte gan bunús, a dúirt sé. 'Tá sé amuigh orainn go ngoidfeadh muid an lotto ó leanbh,' ar seisean go croíúil.

Bhí Mánas ag cuimhneamh ar a ndúirt sean-Mhicí leis i dtaca le lucht an bhéadáin, 'in áit bheag mar seo bíonn an fear thall i gcónaí ag coimhéad an fhir abhus; bíonn an focal diúltach ar a mbéal acu níos túisce ná an focal moltach — is cuimhneach liom go maith an rud a dúirt Frankie Evans liom fadó, 'I do believe, Michael, that the people around her have an awful sense of rumour.''

'I believe we are all in a ghastly pickle,' arsa Mánas, sa chanúint bhéalteann shéidthe a shamhlaigh sé le Frankie Evans. 'But, dear fellows, do be kind to the boy, bless you. It's dreadfully unfair of me to ask you to do this, but poor thing, he needs it so.'

Bhain an bréagaithris ardnósach seo gáire astu agus thug sé deis do Mhánas iarraidh orthu, idir shúgradh agus dáiríre, a bheith cineálta leis an Ghasúr. Dúirt Billie gur beag is fiú é an t-achrann a bhí eatarthu agus nach raibh baol ar bith ann go mbeadh siadsan anuas air ach é stad de bheith ag scaipeadh ráflaí bréagacha mar gheall orthu. Gheall Mánas daofu gurb é an rud is lú a thiocfadh leis a dhéanamh ná focal beag céille a chur i gcluais an Ghasúir.

Nuair a bhí siad ag fágáil thiontaigh Billie thart ag gob an dorais agus d'fhiafraigh sé de Mhánas cén Ghaeilg a bheadh ar 'we're on a mission from God.'

'Tá muid ar ghairm ó Dhia,' arsa Mánas leis.

'Fucking right go bhfuil,' arsa Cha go dea-chroíoch.

'For fuck's sake ná bí ag rá mionnaí móra mar sin,' arsa Billie leis, 'agus muid ar ghairm ó Dhia.'

Caibidil 9

Ní raibh Mánas róthugtha do chlubanna oíche nó do phubanna ach oiread. Níor thaitin an ceol nó an t-ólachán leis nó an gleo ard gáifeach a bhíonn ag lucht ragairne. Ós rud é nach raibh sé ar thóir mná ní raibh brú ar bith air an oíche a chur amú i gclub callánach éigin nár thaitin leis. Théadh sé amach corruair i mBaile Átha Cliath le Trixie La Rue ach ó tharla an timpiste do Bashir ní raibh fonn siamsaíoch ar bith air.

Nuair a thug Miranda cuireadh dó a theacht léithi go Dolly's, pub i gCeann Trá a raibh ardán agus éisteacht ann do cheol beo, agus a thug deis do bhannaí úra a theacht os comhair an phobail, bhí leisce air í a dhiúltú. Ach nuair a d'inis sí dó go raibh príomh-ghig na hoíche ag Altered States ní thiocfadh leis gan a ghabháil ann. Ó chuala sé an demo, bhí a spéis spreagtha. Chaithfeadh sé iad a chluinstean beo beathach ar an ardán.

Baile beag saoire atá i gCeann Trá suite idir torc mór droim-leathan na Mucaise agus ceann tíre ard arúil Chorrán Binne. Baile de chuid na Plandála a bhí ann, a dúirt Miranda, agus bhí Béarla an Lagáin á labhairt go coitianta sa cheantar. De bhrí go raibh sé ina shuí go deas ar chaolas beag i mbéal na báighe, tránna breátha in aice láimhe, agus machaire iomráiteach gailf ann, bhí tarraingt ag daoine ar an áit, rud a d'fhág rathúnas ar an bhaile. Bhí sé sin le feiceáil ar dhreach na háite. Bheadh a fhios agat ón chuma ghlan ordúil néata a bhí air gur baile faoi bhláth a bhí ann.

'Bíonn buzz ar an bhaile seo,' a dúirt Miranda agus í ag páirceáil an chairr ag ceann na sráide. Bhí féile cheoil ann an deireadh seachtaine áirithe seo agus bhí an tsráid agus cearnóg lár an bhaile dubh le daoine; cuid ina suí ag táblaí amuigh faoin aer, ag ól is ag éisteacht le ceol meidhreach sráide, cuid ag siúl thart ag baint sú as suáilce na hócáide.

Bhí sé gan mhoill i ndiaidh an naoi agus an ghrian ag gabháil faoi ach bhí tréan de sholas an lae sa spéir go fóill; lí an bhradáin amuigh os cionn na mara agus lí an táinséirín os cionn na gcnoc. Bhí sé te, ach bhí anáil bhog aeir ag teacht isteach ón tsáile a choinnigh fionnuaradh leis an tslua. Samhlaíodh do Mhánas go raibh sé i mbaile beag Meánmharach.

Ar an bhealach isteach go Dolly's casadh fear meánaosta orthu, é toirteach agus marógach, aoibh shéimh na soineantachta in airde air. Chuir Miranda Alan Stewart in aithne do Mhánas.

'What way youse come, by car or what?' arsa Alan i mBéarla a bhí coimhthíoch ag Mánas. Ní raibh an chanúint seo pioc cosúil le tuin chainte lucht na Gaeltachta agus iadsan ag caint i mBéarla.

'No, by astral projection,' arsa Miranda. Bhí sé intuigthe gur ar son grinn a dúirt sí seo.

'That takes the biscake,' arsa Alan agus é ag tochas a chinn, a bhí maol ach go raibh ribeacha fada stalcánta ag trasnú an bhlaoisc amhail is dá mbeadh siad ag iarraidh an bhlagaid a cheilt. 'Your clean gone in the head, Mirandy.'

D'fhéach sé ar Mhánas, meangadh mór lách ar a aghaidh. 'She's a bit abstrakerous for me, that Mirandy wan, aye.'

'How are you, anyway, Alan?' arsa Miranda leis go croíúil. Ba léir go raibh sí ceanúil air.

'I'm middlin, but that scaldy wee runt of Millies scared the livin daylights outa me a whiles back there. She nearly went under a car but I got a hould of her in time.' D'amharc sé ar Mhánas. 'Mollies my own young wan and she has a wee wan now.'

'Is young George about town tonight?' arsa Miranda. Bhí

Mánas den bharúil go raibh sí á choinneáil ag gabháil ar mhaithe lena chuid Béarla a chluinstean.

'Ah, ask me arse,' arsa Alan. 'I haven't laid a wink on that bucko all week. I had to haul the bales up the brae meself every evening ta feed the bastes. That young fella's out gallivantin in Letterkenny. God knows what kind of high jinks he's up to. I can't get him to do a tip on the farm.'

'Are you staying about for my gig, Alan? I'm on stage at ten.' arsa Miranda.

'I'll stay somewhiles but I'll have to get up the brae before I'm ... fluttered.'

'Are you back on the drink?' arsa Miranda.

'Only as much as wud drown a wee wren.'

'Cool,' arsa Miranda.

'I'll just plutter along now and take a wee geek at what's going on about the toon.' Chuir sé a lámh thart ar Mhánas go ceanúil, lámh mhór fhéitheogach a bhí lán de ghága.

'Keep a good hoult of Mirandy. You would no' catch a cawld of a winter's night and that wan atop o' ye.' Rinne sé gáire mór pislíneach agus chaoch sé súil thaitneamhach ar Mhiranda. Ansin d'fhéach sé suas agus anuas an tsráid. 'Holy Moses,' ar seisean, 'look whose thundering doon the street.' Chonaic siad fear beag géarghnúiseach i gculaith liath. 'The minister himself!' arsa Alan agus cuma thógtha air. 'I better juke behind the hind dour here and me half sloshed on the Sabbath. Have youse a great night of jorum, the two of youse,' agus ar shiúl leis láithreach amach as bealach an mhinistéara.

Faoin am go dtáinig Altered States ar an ardán, bhí an áit pacáilte. Ba taispeánadh é do Mhánas go raibh lear mór lucht leanúna acu; rud nár tuigeadh dó go dtí sin. Chan daoine óga amháin a bhí á leanstan, bhí meascán d'óg agus do shean i láthair, agus an chuma orthu, ón éisteacht a thug Mánas daofu, go raibh siad ag tnúth go mór le coirm na hoíche.

Laura, Darren agus Jason lena gcuid uirlisí ceoil a nocht ar dtús, agus ghlac gach duine acu a n-ionad féin ar an ardán go réchúiseach gan fuadar. Íslíodh soilse an bheáir ansin, bhladhm lasair chreathanach ina spré solais ar fud an ardáin, baineadh tarraingt dhrámatúil as téada, agus i dtobainne bhí Miranda ina seasamh go meallacadh os coinne an tslua.

Buaileadh bosa; ligeadh gáir ard mholta. Rinneadh bog-fheadalach. Bhí an chuma ar an tslua, dar le Mánas, go raibh siad i mborr lúcháire agus mórtais agus iad ag féachaint suas ar Mhiranda. Agus ní thiocfadh leat gan sonrú a chur inti. Ina cuid sála arda órdhaite; ina gúna dearg brádíseal, stiallta suas fad na leise sa chruth go raibh leathchos ar ris aici, cos dhea-chumtha chaol cholpach; a hata bláthbhreac ar feirc aici go dána; ba doiligh a rá nach seo 'star' ina teacht i láthair.

Sheas sí ag an mhíoc go teanntásach, bhí sí i réim ar an ardán; b'ise bandraoi na hoíche agus é de chúram uirthi an slua seo a thabhairt chun buaice anocht. Agus ba léir go raibh a fhios aici a haidhm agus a feidhm féin. Le cor beag mear dá méara, chiúnaigh sí an slua agus, le cluain a gutha, mheall sí iad le héisteacht.

'All of you social misfits, let's do it! Let's light a mighty fire in the night; let's do it, let's fall in love with each other.'

'Yes! Yes!' a scairt an slua, d'aon ghuth ag géillstean daoithi. Stumpáil Miranda ó cheann go ceann an stáitse go stradúsach, an míoc á mhuirniú aici idir a bosa, leid bheag den honky-tonk ina glór. Tháinig an dordveidhil chun cinn go caoin mallghluaiste, luasc an pianó, spreagadh an veidhlín.

You've got the longtitude
I've got the latitude;

let's get together
in all kinds of weather.

You've got the attitude
I do the beatitude;
let's cross our lines
let our destinies shine.

Let's get together
in all kinds of weather;
let's fall in love-making
with each other,
with each other.

Let's be bold
let's hold on to each other;
let's spin the world
let's begin, young and old .....

Ó bhos go bos, fuair daoine greim láimhe ar a chéile os coinne an ardáin agus i líne mhór shúgach amháin, rinne siad céimniú rompu anonn is anall agus iad ag canadh in ard a gcinn agus a ngutha 'Let's be bold, let's hold on to each other, let's spin the world, let's begin, young and old.'

Sheas Mánas ag an chuntar lena ghloine fíona, ag éisteacht leis an cheol, agus ag déanamh iontais den dóigh a raibh Miranda ábalta an scaifte spleodrach seo a spreagadh agus a stiúradh lena guth agus lena cuid gluaiseachtaí. Bhí deis aici lena héirim a thaispeáint agus rinne sí sin; bhog, luasc agus cheoil sí le huaillmhian ceanndána a thaitin le Mánas. Bhí sé ag féachaint ar ealaíontóir den scoth a bhí inchurtha les an ócáid agus, de bhrí sin, bhí a dánacht ardáin, dar leis, os cionn uaibhris. Ba mhóide a mheas uirthi de bharr an tallainn ardmhéine seo a bhí aici.

Bhí Miranda ina seasamh ar an stáitse go maorga agus í ag

caint amhail is go raibh údarás poiblí lena raibh le rá aici. B'fhacthas do Mhánas bean pholaitíochta inti ag an bhomaite sin. 'We have families in the street, we have ghost estates, we are morgaged to the banks....'

Ar a cúl thosaigh an ceol go caointeach; fonn tochtach a thionscnaigh an veidhlín agus thóg na huirlisí eile suas é, an dordveidhil anois, an pianó ansin. Tháinig Miranda chun tosaigh, agus i nglór a raibh idir faghairt agus fuinneamh ann, chan sí:

Hard times! Lean times!
We lived beyond our means;
We built our mansions
With no foundations;
It was castles in the air,
It was froth and fantasy,
It was pie in the sky.

Ansin d'athraigh an fonn. D'éirigh sé mustrach meanmnach misniúil. Ó bheith géarghuthach roimhe sin, tháinig boige i nglór Mhiranda.

Hard times and heartaches
Comes our way;
We'll face the challenge,
We'll manage,
We'll come out of the wreckage
Some sweet sunny day.

B'aoibhinn le Mánas raon leathan a gutha; an dóigh a raibh sí ábalta sleamhnú go héasca suas agus anuas an scála. Chuaigh sí ó ghuth caoinghlan cneasta an chrooner go glór crua scornúil lucht roc. Bhí scol olagáin na mblues léithi agus 'animato' croíúil an cheol tíre. Ar nós Imelda May agus Amy Winehouse, an bheirt amhránaí mná chomhaimseartha a ba mhó a thaitin leis; d'aithin

Mánas go raibh a tonréim agus a dathraon sainiúil féin ag Miranda. Amhránaí uathúil, a dúirt sé leis féin.

> Sure what the heck!
> And we borrowed
> Up to our necks.
> We dug a hole
> And buried a whole
> Generation in debt.
> Now we are left bereft

Chlaon sí chun tosaigh a lámha sínte amach aici go ríogúil, agus scaip sí coinfití ar an tslua. Bhí sí cosúil le banríon, dar le Mánas, a raibh cearta ceannasacha aici thar na daoine seo os a coinne.

> We'll put a shoulder to the wheel
> We'll make a new deal;
> It's back to the basics
> To brass tacks and hard facts.
> We'll labour with our neighbour,
> We'll come through the pain,
> And smile, smile again....

Bhí an lucht éisteachta i gcroí a boise aici anois. Mheidhrigh sí iad, mheanmnaigh sí iad, thug sí ar thuras aeraíochta an cheoil iad. Ar uair seo na coirme ba léithi iad; bhí siad faoi stiúir a gutha, faoi gheasa a cuid gothaí aici.

D'fhéach Mánas timpeall ar an tslua seo a bhí ag tabhairt tola daoithi go gairdeasach. Diomaite de Polly Fuller, níor leag sé súil riamh ar éinne dá raibh i láthair. Bhí sise thuas ag ceann an stáitse; t-léine gheal uirthi agus mana mór i ndearg scríofa trasna a brollaigh: 'When I'm hot there's no coolin me'. Bhí greim láimhe aici ar bhean chaol ard rua in éidiú leathair, agus an chuma orthu go raibh siad an-tógtha lena chéile agus leis an cheol. Thug sé barúil go raibh cúpla fear aerach eile ann fosta óna gcóiriú agus óna ngeaitsí ach bhí an chuma orthu go raibh braon de bharraíocht ólta acu agus níor lig sé a aithne leo. Don té a dhearcfadh air go grinn, tchífeadh sé meangadh beag an gháire ar aghaidh Mhánais. Bhí sé ag smaointiú gur seo Éire Cháit Ní Queer agus Éire Wolf Tóin. Mhothaigh sé ar a sháimhín só sa ríocht aerach seo; ríocht Róisín Phinc agus an Bhuachaill Caol Dubh.

Bhí sé ag breathnú thart fá dtaobh de go sonasach nuair gur dhóbair go maidhmfeadh an talamh faoi. Shiúil Éamonn isteach, bhuail sé faoi ar stól anonn an t-urlár ó Mhánas agus thosaigh sé ag sméidearnach leis. Nach damanta an mhaise dó a bheith chomh dána seo, a dúirt Mánas leis féin, agus thug sé ceann corr dó. Roimh i bhfad bhí dreibhlín de mhná óga thart ar Éamonn, iad ag béalstánacht leis, ag gáire agus á phógadh. Bhí an chuma airsean go raibh earraíocht éigin ar siúl aige leo. Choinnigh Mánas faoina shúile é. Chonaic sé cúpla bean de na mná seo a bhí sáite ann ag tabhairt airgid boise dó agus ansin ag cur cé bith earra a fuair siad uaidh síos isteach ina gcuid málaí láimhe. Bhí an chuma air gur gnó faoi choim a bhí ann ach bhí ag éirí leis an beart a dhéanamh i lár an chruinnithe. B'fhéidir gur legal highs a bhí sé a dhíol agus nach raibh éinne róbhuartha faoin déileáil.

Anois bhí Miranda arís os coinne an mhíoc agus í ag fógairt 'The next number is a newly written Gaelic song by Mánas Ó Dónaill who is with us here tonight.'

Tháinig sí aniar aduaidh ar Mhánas mar nach raibh sé ag dréim go ndéanfadh siad an t-amhrán an oíche seo. Baineadh siar as a ainm a bheith luaite ón ardán.

'Bhfuil duine ar bith anseo anocht a bhfuil Gaeilig acu?' a d'fhiafraigh Miranda den lucht éisteachta.

Bhí níos mó de 'Níl' le cluinstean ná mar a bhí de 'Tá'. Rinne Miranda aithris ghrinn ar amhrán de chuid The Police — 'De

Do Do Do; de Da Da Da' — ag rá 'De Níl Níl Níl and de Tá Tá Tá, is that all you have for me?'

Bhain sin gáire agus bualadh bos as an tslua.

> 'For all of you who are trying to find the gay in yourselves
> just follow this funkadelic Gaylic.
> Tabhair domh póg,
> tabhair domh barróg ...'

Bhí bogallas le Mánas dá mhéid is a bhí sé tógtha leis an chóiriú a chuir siad ar an amhrán. Bhí athchruthú déanta acu air, na focail chéanna, an fonn céanna, ach a thiarcais, threisigh siad iad leis an tsruth tréan ceoil a chuir siad ag cuisliú fríd. Ba léir go raibh siad ag tarraingt ar stíleanna éagsúla ceoil le hatmaisféar a chruthú. Bhog sé, dar le Mánas, idir rac tíre agus boogie-woogie agus i lár báire bhí idirlinn thréanphléascach ceoil a raibh tréithe den snagcheol le sonrú air — idirlinn inar tugadh saorchead do gach uirlis a héirim féin a léiriú. Ceol scaoilte triallach móruchtúil. B'seo rapsóid ghorm na hoíche, lán de fhuinneamh fiáin na seirce, ina raibh tuaim na dtonn le cluinstean fosta agus éagnach uaigneach na n-éan mara.

Rinne Miranda a cuid féin de na focail, á dtabhairt chun solais go lasánta, macnasach. Nuair a chríochnaigh sí, phreab an slua ar a gcosa, agus d'aon gháir mhór mholta amháin thaispeáin siad a meas agus a mbreith ar an amhrán. Baineadh stad as Mánas le hiontas. Tháinig preabarnach ar a chroí. D'éirigh an fhuil ina leiceann. Bhí sé cinnte go raibh amhrán acu a rachadh i bhfad agus a mbeadh iomrá leis. Bhorr sé le tréan bróid.

Fógraíodh seal sosa ansin le deis a thabhairt do dhaoine deoch a cheannach. Bhí Éamonn i measc na mban go fóill ach chonaic Mánas an drochamharc a thug sé dó. Mhothaigh Mánas driuch craicinn ar fud a cholainne ar fheiceáil dó a leithéid de bhéim súl á caitheamh leis. Ach ansin bhí daoine ag teacht chuige, ag cur spéice air, agus á mholadh as an amhrán; cuid de na girseacha ag lorg a shíniú. Bhí sé ar bís le gabháil ar chúl stáitse lena bhuíochas a chur in iúl do Mhiranda agus dona banna ach ní thiocfadh leis fáil ar shiúl ó lucht a mholta agus níor mhaith leis a bheith míbhéasach agus a chúl a thabhairt leo go giorraisc.

Sa deireadh, tháinig a dheis agus d'éalaigh sé. Ní raibh Éamonn le feiceáil aige thíos nó thuas i measc an tslua ach nuair a bhí sé ag gabháil isteach ar thaobh na láimhe deise den stáitse chonaic sé é ag caint le Miranda sna cliatháin anonn uaidh, an chuma air go raibh focail theasaí eatarthu. Níor lig Mánas a dhath air féin agus níor thug siadsan faoi deara é ach oiread. Shleamhnaigh sé isteach chun an tseomra feistis. Faoi seo, bhí an banna réidh le teacht os comhair an tslua arís, ach bhí faill aige a bhuíochas a chur in iúl daofu agus iad a mholadh go hard. Bhí lúcháir orthu cluinstean go dtug sé a thoil dona gcuid ceoil agus go raibh sé sásta lena gcóiriú ar an amhrán. Bhí fuascradh éigin faoi Mhiranda, a dúirt siad; na néaróga mar is gnáth, is dócha, ach le neart tola agus le hamphetamines, bhí sí ábalta cibé néaróis ardáin a bhí ag cur as daoithi, a smachtú agus a shárú.

'Bhí Dr Fix léithi anois,' mar a thug Laura ar Éamonn, ach d'aithin Mánas nach raibh sí rógheallmhar ar an Éamonn chéanna.

Ní raibh teacht aige ar Mhiranda, bhí sí imithe chun an leithris. Phill sé ar a shuíochán ag coirnéal an bheáir, bhí an banna ar an ardán agus iad ag bualadh suas fonn nuachumtha dena gcuid féin — 'A Scent of Honeysuckle', píosa éadrom-chroíoch, lán de luisne an tsamhraidh agus de mheidhir na hóige.

Thug Mánas faoi deara go raibh Éamonn ag siúl thart i measc an tslua agus an chuma air go raibh drochfhuadar faoi. Bhí Laura ag an mhíoc anois ag cur i láthair an dara píosa nuacheaptha dena gcuid, 'Craoslough Con Fuoco'. Mhínigh sí gur cóiriú bebob a bhí ann ar 'They're cutting the corn in Craoslough Today', amhrán a scríobh Percy French agus a chan Bridie Gallagher, amhránaí iomráiteach de chuid na háite, a dúirt sí, a raibh an-chion ag a máthair mhór féin uirthi.

'This piece is a sort of fusion between cornflakes and cornflower,' arsa Jason, fear an phianó.

'I looked up the dictionary for the word corn,' arsa Darren, an dordveidhleadóir, 'and I found this piece of erotica, 'a small tender area of horny hardened skin on the foot' — it would be good for the libido to have a few of them at hand,' arsa Jason.

'You are all so corny' arsa Laura. 'Let's do a bit of Craoslough corncraking now.'

Thaitin an rappartee seo go mór leis an lucht éisteachta. Bhain sé gáire astu agus chuir sé in iúmar agus i dtiúin maith iad le héisteacht a thabhairt don dréacht úr cheoil. Píosa fada casta aigeanta a bhí ann; é rithimiúil preabach tríd síos ach an luas moillithe anseo agus ansiúd i bhfábhar gluaiseacht níos doimhne, níos diamhaire. Ba mhór an méid é, deich mbomaite de cheol nuachumtha a raibh brí agus beatha thar an ghnách ann agus a thug tógáil croí thar na bearta don lucht éisteachta. Bhí sceitimíní áthais ar Mhánas ag éisteacht leis an cheol dhúshlánach bhuacach seo ach ag an am chéanna bhí sé buartha nach raibh Miranda ag teacht ar an stáitse.

Ansin nocht sí sna cliatháin, shiúil sí go fadálach i dtreo an mhíoc agus, gan focal a rá, ach amháin comhartha láimhe a thabhairt don bhanna nár theastaigh uaithi aon tionlacan, bhí sí ag canadh: 'I don't know what to do with myself,' amhrán cáiliúil Dusty Springfield. Amhail is dá gcaillfeadh a raibh i láthair a dteanga, tháinig tost tobann ar an áit. Ní raibh smid ó éinne. Ní raibh le cluinstean ach an glór fogharbhinn truacánta seo ag teacht as críoch dhorcha croíbhriste an Dóláis.

Bhí buaireamh an tsaoil le braithstint sa ghuth sin, osna ó

chroí cráite an duine nach raibh teacht aige nó aici ar shólás. Chan sí ó íochtar an duibheagáin a bhí inti féin. Ag an bhomaite sin, b'fhacthas do Mhánas, gurb ise gach éinne dá raibh i láthair. Lonnaigh sí í féin ina gceann is ina gcroí. Ghlac sí chuici gach brón is gach broid, gach mairg is gach méala, gach cumha is gach crá a bhí ag déanamh dorchadais daofu. Cé bith pian a raibh siad ag gabháil fríd, bhí sí ag sú an léin sin chuici féin. B'ise, dar le Mánas, an píopa sceite a lig chuici agus uaithi bréine an léin agus draíodar an bhróin.

Nuair a chríochnaigh sí chífeá faoi na soilse drithlíní allais ag sceith ó chlár a héadain. Bhí an slua ag gabháil craiceáilte á moladh agus á móradh ach sheas sí ag an mhíoc, cuma neoid uirthi, cuma bheag chaillte, faoi mar nach mbeadh sí ag cluinstean ar chor ar bith na gártha molta is an bualadh bos a bhí ag tógáil an dín, beagnach den bheár.

Nuair a bhog sí ar shiúl ón mhíoc le rud éigin a rá le Laura, chonaic Mánas go raibh sí ciotach ar a cosa. Agus ansin thit sí as a seasamh. Rinneadh staic de Mhánas ar an toirt.

Bhí sé i mbarr a chéille le himní is gan é ábalta gníomhú. Ina thimpeall bhí an áit ina rí-rá; daoine ag scairtigh, daoine ag brú is ag plódú timpeall an stáitse, bean éigin ón tslua, cuma údarásach uirthi — banaltra nó dochtúir, b'fhéidir — ag teacht i gcabhair ar Mhiranda anois. Bhí Mánas gan éifeacht, a stuaim ar seachrán go dtí go bhfaca sé Éamonn á choimhéad agus drant an mhagaidh ar a bhéal. Bhain sin croitheadh as Mánas, an fhéachaint diabhlaí sin agus Miranda bhocht ina luí gan mhothú ar an stáitse — chorraigh sé as an laige tola a tháinig sa mhullach air, théigh a chuid fola le neart feirge. I dtobainne bhí sé ina fhear buile, cuil chuthaigh air agus cúis agus fáth a chorraí os a choinne amach. Ba chuma leis a bheith buailte nó caillte leis, bhí sé ag gabháil chun spairne le hÉamonn. Ní beag de chúis a bhí aige, a dúirt sé leis féin, i ndiaidh a bhfuair sé d'íde agus de mhasla ón fhear eile. Agus bhí Mánas cinnte de gur Éamonn ba chiontaí leis an spang tobann laigeachta a bhuail Miranda is a d'fhág í sínte. Thug sé stuif éigin nimhe daoithi a loit í. Bhí an dásacht feirge a bhí éirithe ann á bhrú chun tosaigh go fíochmhar. Ní raibh sé ag gabháil a sheasamh go sochma ar chúl leithscéil ar bith sa chás seo nó ag gabháil a ghéilleadh do dhea-bhéasa deasa béalmhúinte a theaghlaigh. Bhí buille le bualadh agus bhuailfeadh seisean é.

Nuair a chonaic sé Éamonn ag gabháil síos i dtreo an leithris bhí sé sna sála aige láithreach. I bpasáiste cúng ar chúl an tí a bhí leithreas na bhfear. Shiúil Éamonn roimhe go neamhbhuartha gan aon smaoineamh aige go rabhthar á leanstan. Baineadh siar as nuair a ligeadh brothladh ina chluais. Thiontaigh sé thart agus bhí Mánas ina sheasamh sa bhéal aige, cuil an diabhail air. Sula raibh a fhios ag Éamonn cad é a bhí ag tarlú dó bhí sé cnagtha idir an dá shúil le salamandar de bhuille a bhain an anáil de agus, mura raibh a sháith ansin, baineadh béic as nuair a tugadh cic staile san magairlí dó. Síneadh é ar a fhad agus ar a leithead, agus sa titim bhuail sé a cheann ar chorr an bhalla, rud a d'fhág sruth fola ag sileadh anuas learg a ghrua. Ní raibh an t-urlár buailte aige go raibh Mánas i bhfostó ann, greim scóige faighte aige air agus é ag scairtí go hard i mBéarla ionas go dtuigfeadh éinne a bhí fá éisteacht cluais daofa a chúis leis an fhear eile a ionsaí.

'You're a fucking drug dealer. You're responsible for what's happened to Miranda.'

Chuir sé iontas ar Mhánas é féin go dtiocfadh leis fogha chomh fealltach leis seo a thabhairt faoi aon duine. Bhí trua aige d'Éamonn, é a fheiceáil buailte mar seo, sínte ina chuid fola féin, agus dath an bháis air. Ach bhí an fonn díoltais a bhí á ghríosadh anois níos treise ná féith an bhráithreachais ann. Bhí a fhios aige dá mbeadh siad ag troid fear ar fhear agus buille ar bhuille go ndéanfadh Éamonn storlamán sínte de. Bhí tathag colainne san fhear eile nach raibh i Mánas ach d'oibrigh an cleas salach agus fágadh Mánas ina sheasamh agus Éamonn ina luí agus gan séideán ann.

Anois agus Éamonn buailte aige, bhí sé imníoch faoin ionsaí. Thiocfadh míchiall a bhaint as. Chaithfeadh sé cuimhneamh ar a leas féin ach is beag faill a bhí aige machnamh cothram a dhéanamh ar an cheist. Bhí cinneadh le déanamh aige agus chaithfí a dhéanamh go sciobtha. Bhí sé i bhfách go ndéanfaí Éamonn a ghabháil agus go gcúiseofaí é as a bheith i seilbh drugaí, á ndíol agus ag cur beatha daoine i gcontúirt dá bharr.

Mhaolaigh sé a ghreim ar Éamonn. Bhí seisean ina luí ar an urlár, anchuma air, agus é ag cur fola go fóill, ach b'fhacthas do Mhánas go raibh a mhothú is a mheabhair ag teacht ar ais chuige. Ní raibh sé ródhona i dtaca le holc agus bheadh sé arís ar a chosa gan mórán moille.

Faoin am seo, bhí dornán daoine cruinnithe ina dtimpeall agus Mánas ag míniú an scéil daofa i bhfianaise ar tharla. Bhí a fhios aige nach raibh d'fhianaise i ndáiríre leis an eachtra ach a fhocal féin, agus ba mhaith leis, de bhrí sin, an chuma is fearr a chur ar dhrochscéal.

Agus é ag caint ba léir dó nach raibh a dhath i ngan fhios don dream a bhí ina seasamh thart air. Bhí a súil acu ar Éamonn le tamall anuas, a d'admhaigh fear amháin, agus fios maith acu go raibh sé ag déileáil i ndrugaí ach bhí leisce orthu an dlí a ghlacadh ina lámha féin agus é a ghabháil mar a bhí déanta ag Mánas go fearúil. Mhol siad é as a ghaisce. Bhí lúcháir ar Mhánas nach raibh siad ag baint an chiall chontráilte as an ionsaí a rinne sé ar Éamonn. Ba mhór aige iad a bheith chomh tuigseanach seo agus i bhfabhar a ndearna sé.

Ní raibh péas ar bith tagtha ar an láthair go fóill, d'ainneoin go raibh beairic acu sa bhaile. Bhí eagla ar Mhánas go raibh úinéirí an bheáir ag seachaint na nGardaí ar mhaithe le leas a gceadúnais. Ar fhaitíos go raibh caimiléireacht éigin ar siúl acu thaifid sé é féin ag iarraidh ar fhear a bhí ag taobhú leis a ghabháil amach faoi dhéin na nGardaí. Ar fhaitíos na bhfaitíos, b'fhiú leis fianaise a bheith aige go ndearna sé an rud ceart cóir.

Faoin am seo bhí dochtúir tagtha ar an láthair, cóir leighis curtha ar Mhiranda — níor measadh go raibh sí ródhona nó i mbaol ar bith báis — agus otharcharr agus freastalaí le hí a thabhairt lom díreach go hOtharlann Leitir Ceanainn. Bhí Éamonn ar a chosa arís, tháinig sé chuige féin go tapaidh agus ní raibh caill ar bith air ach amháin go raibh sé rud beag corrach ar a chosa. Fuarthas cathaoir, cuireadh ina shuí é, glanadh an ghoin fola a bhí os cionn a leicinn agus cuireadh plástar ar a chneá. Bhí sé le feiceáil ag Mánas nach raibh úinéirí na háite róbhuíoch de. Ní thugadh dó gan a ndoicheall a mhothú bhí siad chomh fuar giorraisc sin leis ina gcuid cainte. Bhí sé ag tarraingt tubaiste orthu agus é ag rá go poiblí go raibh drugaí á ndíol san áit is nach raibh coimhéad ar bith ar an té a bhí á ndáileadh. Bhí a fhios ag Mánas gur mhaith leo an ruaig a chur air agus a ndóigh féin a chur ar an scéal, ach bhí an dlí le freagairt agus chaithfeadh siad a bheith faicheallach.

Bhí gach rud ag teacht sa mhullach ar Mhánas anois agus é ag smaoineamh gurb amaideach dó an bheartaíocht seo a ghlac sé air féin. Bhí aiféaltas air faoin fuadar troda úd a bhuail é go tobann agus faoi bheith ródhásachtach ag déanamh gnímh. D'amharc sé ar Éamonn. Chonaic sé an chuma chaillte a bhí air, agus an t-amharc eaglach a bhí ina shúile. Bhí a fhios aige go raibh beirthe air agus ar nós páiste a rinne rud éigin as bealach, bhí dreach bheag leanbhaí chaointeach ar a aghaidh ghnaíúil. Is beag nach dtiocfadh le Mánas barróg a thabhairt dó, bhí cuma chomh fágtha, tréigthe sin air. Nuair a bhí cúpla bómaite acu leo féin sa phasáiste is gan éinne ina dtimpeall, i nglór tochtach tachta labhair sé i nGaeilig le Mánas ag rá go raibh sé buartha, go leasódh sé a shaol as seo amach, agus ar son Dé é a ligean saor. Ba doiligh diúltú don achainí seo; bhí croí mór maith ag Mánas ach ina dhiaidh sin agus uile, ní raibh trust ar bith aige as focal Éamoinn. Chuimhnigh sé ansin ar an Ghasúr agus ar shean-Mhicí, ar mháthair Éamoinn agus ar a dheirfiúr bheag lagmheabhrach, ar an chineál saoil chrua bhrúidiúil as ar fáisceadh é agus an smál a d'fhág sin ar a dhearcadh agus ar a iompar.

Bhí an dlí ag bagairt air anois, dá ndéanfaí é a chúiseamh dhéanfaí míchlú a tharraingt ar a ainm agus ar ainm a theaghlaigh. Ghearrfaí tréimhse príosúnachta air. Bhí Mánas suaite agus é ag meabhrú ar na cúinsí seo uilig, ag meá an méid a bhí le cailleadh agus an méid a bhí le gnóthú as an tsáinn mhí-ádhúil seo ina raibh siad beirt i bhfostú ann anois.

Bhí sé ag iarraidh Éamonn a chur ó dhíobháil a dhéanamh ach bheadh sé féin faoi mhairg as an tseasamh seo a ghlac sé ina éadan. B'fhacthas dó go mbeadh gach duine acu caillte leis ina dhóigh féin. Bhí aiféaltas air anois agus é ag cuimhneamh ar an am gur shíl sé go dtiocfadh leo muintearas a bheith eatarthu, go dtiocfadh leo toil chollaí a thabhairt dá chéile.

Bhíthear á thástáil go crua, bhí sé ag dul rite leis Éamonn a chúiseamh, buachaill ar comhaois leis féin; a mhacasamhail féin d'ógánach ag gabháil i gcionn an tsaoil. Ní thiocfadh leis míbhreithiúnas a thabhairt air. Ach chaithfeadh sé gníomhú go tapaidh sula dtiocfadh na Gardaí.

Dúirt sé le hÉamonn go gcuideodh sé leis ach go gcaithfeadh seisean geallúint a thabhairt go n-éireodh sé as an déileáil agus go bhfanfadh sé dílis dá fhocal. Ní raibh moill ar bith ar Éamonn an mhóid sin a thabhairt. Bhí sé i gcruachás agus anois bhíthear á ligean as.

'Anois,' arsa Mánas, 'caithfidh tú gabháil isteach go teach an asail agus an stuif atá á iompar agat a shruthlú síos an leithreas, gan aon chuid de a choinneáil. Nuair a dhéanfas na gardaí scrúdú coirp a chur ort ní bheidh a dhath le fáil acu.'

Choinnigh Éamonn ciúin ar mhaithe leis an rún a choinneáil. Lig sé do Mhánas a údarás a chur i gcion air.

Bhí Mánas fós ag cur is ag cúiteamh. An dearg-mhíréasún a bhí ann an seans seo a thabhairt d'fhear a d'éignigh agus a mhaslaigh é is a bhí ina chúis leis an taom laige a tháinig ar Mhiranda ar ball is a d'fhág í go beagmhaith? Agus cá bhfios na drochbhearta eile a bhí déanta aige?

Cuireadh go dtína dhícheall é an cinneadh seo a dhéanamh ach anois agus é déanta bhí sásamh intinne ag Mánas. Bhí súil aige go gcuirfeadh sé cor úr i saol Éamoinn agus go n-úsáidfeadh an fear eile an deis seo mar chéim dhearfa chun tosaigh ar bhealach a shlánaithe. Bheadh seans aige anois tosú as an nua, cruthú gur duine cothrom fiúntach a bhí ann agus an taobh is fearr dá nádúr a thaispeáint.

Bhí cead ag Éamonn a ghabháil chun an leithris anois. Fuair sé faill a bheart a dhéanamh agus cé nár dhúirt sé a dhath bhí a fhios ag Mánas go raibh sé buíoch. Dá mbéarfaí air leis an stuif a bhí curtha ó mhaith aige sa leithreas, bheadh daor air.

Bhí an t-ádh leis nó cha luaithe amuigh é agus ina suí go bhfaca siad an fear a chuir Mánas amach ag pilleadh chucu agus beirt phéas sna sála aige. Faoin am seo bhí an beár folamh agus lucht na coirme agus lucht an óil bailithe leo. Istigh anseo i gcoirnéal in aice an dorais a rinneadh an ceistiú. Ba ar Mhánas a scairt siad ar dtús. Ligeadh dó a leagansan den scéal a insint. I dtuairisc an Gharda, dúirt sé go ndearna sé Éamonn a ghabháil mar gur shíl sé go raibh drugaí á ndíol aige — ach ní raibh cruthú ceart ar bith aige — go díreach go bhfaca sé é ag glacadh airgid ó chailín éigin agus ansin ag tabhairt mar a bheadh pacáiste piollairí daoithi, ach ní thiocfadh leis a bheith cinnte dearfa. B'fhéidir nach raibh ann i ndáiríre, nuair a bhí faill aige a mhachnamh a dhéanamh i gceart ar an eachtra, nach raibh ann ach malartú soineanta gan chóir. Ach bhí dúghráin aige ar lucht déileála, a dúirt sé, chonaic sé an dochar a bhí á dhéanamh acu d'aos óg i mBaile Átha Cliath — a chairde féin ina measc — agus, dá bhrí sin, bhí a shúil amuigh aige i gcónaí ag coimhéad. Má bhí aon ní amhrasach mar seo ag tarlú agus é i lúib cruinnithe, mhothaigh sé go láidir go raibh sé de dhualgas air mar shaoránach, scéala a dhéanamh ar cé bith mí-iompair a bhíthear a dhéanamh. B'fhéidir sa chás seo, go raibh sé ró-cheanndána, róthapaidh lena bhreithiúnas agus róthobann ag síneadh na méire. Ach bheadh a fhios ag na póilíní iad féin fírinne an scéil nuair a dhéanfadh siad an stócach a cheistiú agus a chuartú.

Rinne sé a dhícheall fanacht i mbun na fírinne ach gan aon ní a rá a chuirfeadh Éamonn i mbaol. Maith ab eol do Mhánas go raibh bearnas i gcónaí idir an fhírinne agus na fíricí. Ach bhí sé sásta go dtiocfadh leis seasamh lenar dhúirt sé. Bhí sin maith go leor go dtí gur thosaigh an péas á cheistiú i gceart. Gan mórán moille, bhain siad an tosach de sa chaint. Nach raibh a fhios aige go raibh sé ag cur i gcoinne ceart duine, géibheann a chur ar Éamonn in aghaidh a thola? Bhí barraíocht iontaoibhe aige as a bhreithiúnas féin, a dúirt siad leis go bagrach. Ní raibh sé de cheart aige gníomhú ar neamhchead na nGardaí mura raibh sé deimhin de go raibh cúis dhlíthiúil aige leis sin a dhéanamh.

Bhí air dul go bun an scéil arís agus é a mhíniú daofa ó thús deireadh. Bhí siad ag gabháil roimhe ar gach ráiteas agus ag iarraidh an focal bréagach a chur ina bhéal. Cé gur bhain an tarcaisne seo agus an trasnaíocht chainte dá chothrom é, rinne sé a dhícheall guaim a choinneáil air féin agus a raibh ráite aige roimhe sin a rá arís gan cor ná cam a chur san insint. Chuaigh siad go bog is go cruaidh air ach choinnigh seisean lena scéal gan fiaradh. B'fhacthas dó nach raibh ach an chluais bhodhar á tabhairt acu dá chuid cainte go dtí gur luaigh sé go raibh aithne mhaith aige ar an Sáirsint McFeely. Nuair a chuala siad sin tháinig athrú dearcaidh orthu agus bhí a gcuid ceastóireachta níos cneasta agus níos dea-bhéasaigh.

As sin amach ba mhó d'agallamh a bhí ann ná de cheistiúchán. Mar sin féin, fuascailt ó chuing a bhí ann nuair a scaoil siad leis. Bhí sé traochta, scanraithe, buartha i ndiaidh a leithéid de dhian-cheistiú. Tháinig sé amach as an bheár agus é ar bharr amháin creatha. Chuir sé as dó go raibh na Gardaí ag caitheamh amhrais air agus ag maíomh gur eisean a bhí ciontach. Ar bhfiú an trioblóid seo go léir a tharraingt air féin nuair nach raibh sé cinnte gur dea-thoradh a bheadh air? Mhothaigh Mánas go raibh rudaí ag dul chun míchríche air amhail is gur bhain sé slat a bhuail é féin.

Bhí Éamonn á cheistiú ag na Gardaí anois. As an cheastóireacht sin a thiocfadh míniú agus réiteach an scéil. Bhí eagla air go ndéanfadh Éamonn lena dhóigh mhilis shlítheánta, feall air leis na Gardaí, go ndéanfadh sé é a chiontú le fianaise bhréige. B'fhada leis go gcluinfeadh sé toradh an cheistiúcháin seo.

Bhí Darren agus Jason, na baill de Altered States, ag feitheamh leis taobh amuigh den bheár. Leis an racán agus an callán uilig agus an cholg chuthaigh a tháinig air, ní raibh dóigh ag Mánas fios a chur i dtaobh Mhiranda. Anois fuair sé amach ó Darren agus ó Jason go raibh sí tagtha chuici féin san otharlann — bhí Laura in éineacht léithi — agus bhí gach uile sheans ann go scaoilfí amach í níos moille san oíche. Shil na súile ar Mhánas le teann lúcháire agus tháinig aoibh mhaith air nuair a chuala sé an dea-scéala sin. Ní raibh a fhios acusan i gceart cad é ba chúis lena titim i laige ach bhí barúil mhaith acu gur stuif salach a tugadh daoithi agus a ghlac sí.

An oíche sin i ndiaidh do Mhánas pilleadh arís go Teach an Gheafta — thug Darren agus Jason síob abhaile dó — fuair sé glaoch gutháin ó Éamonn, ar uimhir ainaithnid ghutháin, ag gabháil buíochais leis ó chroí as cuidiú na hoíche agus ag gealladh go bhfaigheadh sé an ceann is fearr ar na drochnósanna a bhí aige agus go mbeadh sé ag déanamh fiúntais as seo amach. Bhí sé ag déanamh dia beag de Mhánas le méid a bhuíochais.

Nach deas, arsa Mánas leis féin, a bheith ag éisteacht le hÉamonn ag rá na rudaí dearfacha seo as a bhéal féin. Níor cuireadh cúis ar bith ina choinne i stáisiún an Gharda, a dúirt Éamonn, agus thug sé na cosa leis, a bhuíochas sin do Mhánas, a thug an deis dó an salachar uilig a shruthlú as bealach. D'fhiafraigh Mánas de cad é a thug sé do Mhiranda a bhuail faoi í chomh tobann sin. Níor thug sé a dhath daoithi, a dúirt Éamonn. Insíodh dó go raibh sí ag fáil a 'cuid supplies' le cúpla seachtain anuas ó fhear a raibh sé amuigh air go raibh stuif contúirteach á dhíol aige go háitiúil. Ar mhaithe léithi féin, labhair sé léithi i gcúl an ardáin, á comhairliú fanacht ar shiúl ón stuif nimhe a bhí á dhíol ag an bhoc seo. Faraor, níos éist sí leis.

Chuir seo a sháith iontais ar Mhánas. Ní mar a shíltear a bítear. Bhain seisean an chiall chontráilte ar fad as Éamonn a fheiceáil ag déanamh clamhsáin le Miranda. D'admhaigh sé seo d'Éamonn, agus mhaith seisean dó é láithreach.

'Is beag duine nach mbaineann earráid dó,' ar seisean go stuama.

'Ní bhíonn sióg gan locht,' arsa Mánas. Bhain sin gáire as Éamonn.

Féadfaidh tú a bheith i do shióg,' arsa Éamonn go báidhiúil, 'ach deirimse leat go bhfuil buille millteanach agat. Chorr a bheith gur fhág tú i mullach mo chinn sa tseachtain seo chugainn mé leis an dondalán sin a thug tú domh.'

Bheannaigh siad oíche mhaith dá chéile agus gheall Éamonn go dtiocfadh sé an bealach gan mhoill.

Sula ndeachaigh Mánas a luí — agus bhí an lá ag gealadh faoin am seo, smearsholas na hoíche ag tiontú datha, agus buí an óir ag glacadh crutha os cionn na gcnoc — sheas sé ar leac an dorais ag adhradh an tsolais seo.

Caibidil 10

Bhí Mánas i ndiaidh a ghabháil a luí, na soilse ar fud an tí múchta aige nuair a mhothaigh sé fuascradh éigin i measc éanlaith an tseascainn. Bhí na lachain fhiáine uaiscneach go maith agus furasta a chur ina suí dá mothódh siad a dhath as bealach. D'fhéach sé amach ar an fhuinneog bhairr go bhfeicfeadh sé caidé a bhí á dtógáil. Chonaic sé toirt sa dorchadas, crot fir air agus é ar a ghlúine ag ceann an gharraidh san áit a raibh ciumhsóg de chréafóg bhog faoi bhláth. Bhí iontas ar Mhánas cad é a bhí faoi, an é go raibh sé ag déanamh bradaíochta ar na blátha?

Bhí sé ag bualadh ar an mheán oíche faoin am seo agus cé nár oíche réghealaí a bhí ann, bhí a oiread solais ann gur léir do Mhánas an toirt go soiléir. Bhí a chúl le Mánas agus é mar a bheadh sé ag tochailt sa chréafóg. Chonaic Mánas é ag tarraingt lusa amach as mála agus a shá síos i measc na mbláth. Aisteach! Lean sé ar an ealaín seo, ag cromadaí go fáilí timpeall an gharraidh, ag tochailt is ag cur na lusanna. Nuair a sheas sé suas bhéarfadh Mánas mionna gur Éamonn a bhí ann, ó bhí an chruthaíocht chéanna air. Más Éamonn a bhí ann, an raibh sé ag cur na lusanna mar chomhartha buíochais as ucht a ndearna Mánas dó? Ach cad chuige a raibh sé á dhéanamh faoi rún agus ag an am antráthach seo den oíche?

Bhí Mánas ar tí an fhuinneog a fhoscailt agus brothladh a cur ar an stráinséir nuair a chonaic sé beirt eile ag teacht de rúide reatha, duine ó dhá cheann an gharraidh agus léim siad go fabhtach ar an fhear a bhí cromtha ar a dhá ghlúin ag tochailt sa chréafóg sula raibh faill aige é féin a chosaint. Thug siad fogha amhsach faoi, á shíneadh ar shlat a dhroma agus a ghreadadh lena gcuid bróg. Lig fear de na hionsaitheoirí goldar marfach as, 'Tá tú gaibhte againn anois, a chunt shalaigh.' Ar a ghlór, d'aithin Mánas gur Billie a bhí ag tabhairt an mhasla. Bhí an fear a bhí cnagtha acu ag éagaoin go holc.

Chaith Mánas ar a cheirteacha, las sé an solas amuigh agus amach leis. Bhí Éamonn sínte ar an talamh acu, anchuma air leis an méid fola a bhí smeartha ar a aghaidh. Bhí Cha ina shuí gabhalscartha ina mhullach, greim scóige aige air; Billie, a mheáchan uilig ligthe anuas aige ar na cosa ionas nach raibh bogadh iontu.

'Nabáil muid é,' arsa Billie go bródúil, nuair a tchí sé Mánas chuige.

Bhí Mánas i mbarr a chéille. Ní raibh sé ábalta bun ná barr a dhéanamh d'eachtra seo na hoíche. Bhí sé ag féachaint ar Éamonn, é báite ina chuid fola agus an chuma air nach raibh séideog fágtha ann.

'Bhfuil sé beo go fóill?' arsa Mánas go himníoch. Bhí eagla air gur mharaigh siad é.

'Beidh sé ok ar ball,' arsa Billie. 'Thug muid cúpla dunt dó go díreach.'

'Thug, an cunt,' arsa Cha agus thug sé clabhta eile san aghaidh d'Éamonn le cúl a láimhe.

Bhain seo béic as Éamonn. Ar a laghad, arsa Mánas leis féin, tá sé beo. D'fhiafraigh sé de Bhillie cad é a bhí ag gabháil ar aghaidh.

'Bhí an boc seo ag iarraidh tú a setáil suas,' arsa Billie. 'Amharc ar an stash marijuana a phlantáil sé sa gharradh. See, bhí sé ag iarraidh tú a fucáil suas. Amárach bheadh na péas aníos chugat agus bhí tú gaibhte redhanded. "Drugs bust in Mín na Móna. A big haul of marijuana plants was found growing in the garden of a young Dublin man who resides in an out of the way gatehouse. The estimated value of the catch, according to a garda spokesperson is about 40,000 euros." Sin an scéal a bheadh ar an Democrat ach ab é go bhfuair muid greim air.'

Bhí Éamonn ag iarraidh é a chúiseamh; bréagfhianaise fágtha aige sa gharradh lena chiontú. Scrúdaigh sé na plandaí nuachurtha marijuana a bhí ag fás anois go rábach ina gharradh. Ní thiocfadh leis a chreidbheáil ar dtús go ndéanfadh Éamonn a leithéid d'fheall air i ndiaidh a ndearna seisean dó ach bhí an fhianaise lom os a choinne. Shíl sé go raibh Éamonn ar bhealach a leasa agus go dtiocfaí é a thrust. Nach bómánta, somhuiníneach a bhí sé! Níl léamh ar bith ar aigne an duine i ndáiríre a mheabhraigh Mánas. I dtaca leis an olc, má leanann tú de, leanfaidh sé díot. Bhí féith fabhtach in Éamonn a bhí ag déanamh a aimhleasa. Ach anois bhí sé sáinnithe sa dol diabhlaí a chuir sé féin agus is beag truaighe a bhí ag Mánas dó.

D'iompair siad Éamonn isteach chun an tí ar ordú ó Bhillie, d'aimsigh Mánas rópa cnáibe amuigh sa tseid agus cheangail siad a lámha agus a chosa sa dóigh nach mbeadh deis éalaithe aige. D'ullmhaigh Mánas mias d'uisce bog agus de Dettol agus le rolla d'olla cadáis nígh agus ghlan sé créachtaí Éamoinn. Bhí a aghaidh dubh agus gorm ón chnagadh a fuair sé ach nuair a bhí sé nite glan ní raibh caill ar bith air. Chneasódh sé gan mórán moille. Nuair a tháinig sé chuige féin bhí saothar anála air ó bhuille a tugadh dó sna heasnacha. Thug Mánas deoch uisce do lena bhéal a fhliuchadh agus lena sceadamán a réiteach. Go dtí seo, ní raibh focal as ach nuair a fuair sé a anáil arís leis, thosaigh sé a ghealladh airgid daofu ach é a ligean saor ach nuair nach raibh éifeacht ar bith ag an chaint sin orthu, lig sé a racht amach orthu; ag rá nach dtiocfadh leo a dhath a chruthú ina éadan, gur ionsaigh siad é go brúidiúil, gur loit siad é go holc agus nach raibh sa triúr acu ach queers a d'fhuadaigh agus a thug anseo é lena bpléisiúr piteogach a bheith acu leis in éadan a thola.

Le hé a chur ina thost, chuir siad stiall de tape láidir trasna an bhéil aige, agus d'fhág siad ina luí ar an sofa é, sínte amach béal faoi agus Cha agus Billie ina suí lena thaobh, duine acu ag a cheann, duine eile ag na cosa, á choinneáil dingthe, teann istigh ar an tolg.

'Caidé atá muid ag gabháil a dhéanamh leis anois?' arsa Mánas. Bhí eagla air go raibh Cha agus Billie ag beartú é a mharú agus déanamh ar shiúl leis an chorp ar bhealach éigin uafásach. Bhí lúcháir air nuair a chuala sé nach raibh a dhath chomh millteanach sin á mheabhrú acu. Bhí Billie lándearfa go gcaithfí é a fhágáil i lámha na nGardaí láithreach. B'fhacthas do Mhánas gur sin an tslí a ba chirte agus a ba chiallmhaire. Agus iad ar aon intinn faoi sin, chuir Billie glaoch ar Mhiranda, mhínigh sé an cás daoithi agus d'iarr sé uirthi focal a bheith aici lena hathair. Fuair siad scéala arís uaithi ar an phointe ag rá go mbeadh na péas leo ar ball beag.

Idir an dá linn, d'aithris Billie scéal na hoíche. Bhí súil ghéar á coinneáil acu ar Éamonn le tamall anuas, a dúirt sé, ar eagla go ndéanfadh sé dochar ar bith fá Theach an Gheafta. Bhí a fhios acu gur slíodóir a bhí ann agus dá bhrí sin, gur fá choim na hoíche a ba dóiche a bheadh sé amuigh ag déanamh díobhála.

'Rinne muid tailing air anocht aníos óna theach féin. Tá vehicle úr linn agus níor recognizeáil sé muid, probably, ag driveáil thart fán áit. Spyáil muid é ag teacht amach as an veggie tunnel atá aige i gcúl an tí agus mála plandaí leis. Chonaic muid é á chur isteach sa bhoot agus thiomáin sé ar shiúl ansin. Bhí a fhios againn go raibh rud inteacht faoi leis an stuff a bhí leis sa mhála. Rinne muid recce ar an tunnel sin seachtain ó shin agus fuair muid amach go raibh sé ag fás marijuana fríd na tomatoes. Lean muid é nuair a d'fhág sé an teach agus nuair a turnáil sé aníos ag an Chorradh Mhór, bhí a fhios againn gur anseo a bhí sé ag headáil.'

Mhúch siad soilse an chairr, a dúirt sé, ar bhealach uaigneach Mhín na Móna sa dóigh nach mbeadh sé amhrasach go raibh éinne a leanstan. Chonaic siad gur pháirceáil sé giota maith síos ó Theach an Gheafta. Rinne siadsan amhlaidh agus lean siad é de shiúl na gcos fosta, ag déanamh cinnte de nach raibh siad le feiceáil aige. Bhí barúil mhaith acu caidé a bhí ar siúl aige nuair a chonaic siad é ar a ghlúine ag cur na bplandaí sa gharradh. Lig siad dó a sháith a chur agus ansin léim siad air go formhothaithe, as an dorchadas.

'We're on a mission from God,' arsa Billie nuair a chríochnaigh sé an scéal.

'Shéid muid a stopallán,' arsa Cha agus é sna trithí ag gáireach. Ba léir go raibh an nath cainte sin mar mhana saoil aige anois agus nach sárófaí é go deo de bheith á úsáid.

Rinne Mánas greim agus bolgam daofu, baineadh an tsnaidhm de bhéal Éamoinn ach nuair a thairg Mánas bia dó, chaith sé seileog san aghaidh air le tréan masla. I gceann uaire nó mar sin, tháinig beirt phéas agus an Sáirsint McFeely ina gceann. Ní raibh a dhath i ngan fhios dósan, bhí an scéal cloiste aige óna iníon ach cheistigh sé a raibh i láthair. D'fhiosraigh sé an gairdín go bhfaca sé an fás lusach a cuireadh thar oíche ann. Dúirt sé go gcuirfí an garradh faoi gharda agus go ndéanfaí fiosrú níos iomláine le gealadh an lae. Sular imigh sé ghlac sé ráiteas cruinn, beacht ó gach duine den triúr acu mar gheall ar imeachtaí na hoíche. Gabhadh Éamonn agus tugadh chun na beairice é le hé a cheistiú i gceart.

Ba mhaith an mhaise do shean-Mhicí agus don Ghasúr é, nuair a chuala siad faoin éagóir a bhí déanta ag Éamonn air, tháinig siad chuige i dTeach an Gheafta lena leithscéal a ghabháil leis. Bhí lúcháir ar Mhánas iad a fheiceáil nó bhí faitíos air gur maolaithris bhréagach a chluinfeadh siad is go mbeadh siad anuas air cionn is gur beireadh ar Éamonn i dTeach an Gheafta. Ach níor ghá dó aon imní a bheith air. Bhí an scéal leo go cruinn, baileach ó bhéal Bhillie. Ghlac Éamonn fuath dó, an leagan a bhí acu, mar gur shíl sé go raibh Mánas ag gabháil le Miranda McFeely, girseach a raibh sé féin ina diaidh, is cosúil. Ar ordú ó Mhiranda, choinnigh Cha agus Billie ar láimh shábhála é ar eagla go ndéanfadh Éamonn dochar ar bith dó. Choinnigh siad súil ghéar ar Éamonn agus bhí de thoradh ar an choimhéad gur bheir siad air, ag cur cannabis sa gharradh.

Bhí Mánas sásta leis an leagan sin den scéal agus ní dhearna sé ní b'eolaí iad. Bhí na daoine seo goilliúnach, a gclú bainte daofu, súil na bpéas orthu agus aird leatromach na meán á leanstan agus ní raibh sé de chroí ag Mánas a thuilleadh buairimh a thabhairt daofu. Choinnigh sé míghníomhartha Éamoinn aige féin is níor dhúirt sé a dhath.

'Níl neart againn air, a chroí,' arsa Micí, 'ach tá muid buartha as an trioblóid a thug Éamonn s'againne duit. Tá muid féin ar na páipéir aige agus náirithe os coinne an tsaoil.'

'An bastard,' arsa na Gasúr go fíochmhar. 'Thiocfadh liom scian a chur ann!' Bhí an naimhdeachas ag glinniúint ina shúile.

'Anois, a thaiscidh, caithfidh tú socrú síos agus guaim a choinneáil ort féin. Níl a dhath le gnóthú as an fhocal ráscánta agus an áit ar slabhra ag na péas.' Labhair Micí go ciúin staidéarach leis an Ghasúr agus bhí a fhios ag Mánas go gcoinneodh sé an t-óganach teasaí seo ar an chothrom agus as bealach a aimhleasa.

'Ghlac an mháthair go holc lenar tharla,' arsa Micí. 'Tháinig dream péas chuici agus bhí an teach faoina gcosa acu ar feadh cúpla lá agus iad ag siortú agus ag ransú. Ní raibh sí riamh ar an chuid a ba láidire, ach d'fhág seo spíonta í agus sáraithe amach.'

'Tá dath an bháis uirthi,' arsa an Gasúr go truacánta agus b'fhacthas do Mhánas go raibh sé ar a dhícheall le bheith fearúil in ainneoin a raibh de thocht caointe ina chuid cainte.

'Tá leoga, an créatúr bocht,' arsa Micí go ceansa. 'Tá sí i mbarr a céille le himní faoi Éamonn agus a bhfuil i ndán dó. Tá seisean i lámha na bpéas go fóill agus níl iomrá ar bith acu é a ligean amach ar bannaí. Tá siad ag rá go bhfuil sé róbhaolach é a scaoileadh saor nó tá chuile sheans ann go ndéanfadh sé a bhannaí a bhriseadh.'

Bhí lúcháir ar Mhánas cluinstean go raibh Éamonn fós faoi ghlas nó bhí eagla air i gcónaí go ligfí amach é is go dtiocfadh sé go Teach an Gheafta ag lorg díoltais.

'Dá dtiocfadh sé leis an bheagán a bhí á shaothrú aige go hionraic i dteach an ghloine,' a bhí Micí ag rá, 'ach bhí sé róshantach agus beagchéillí. Shíl sé go raibh an mámh mór leis ina láimh agus anois níl maith ná maoin fágtha aige. Is é an ceacht atá le foghlaim ó seo gan do shúil a chur thar do chuid.'

'Cuir sin i do ghogán agus ól é,' arsa Mánas agus é ag síneadh gloine d'uisce beatha chuig Micí.

Rinne seisean gáire beag moltach nó ní raibh aithris na cainte sin i ngan fhios dó. Ba ó Mhicí é féin a chuala Mánas an nath sin. 'Níl sé ionam fliuchadh béil a dhiúltú nuair a dhéantar é a thairiscint domh fá chroí mór maith,' arsa Micí leis go buíoch.

'Ól gloine agus caoin dabhach, a d'abraíodh an seansagart a bhí anseo agus mé ag fás aníos ach ós rud é go bhfuil mé faoi mhuinín Dé ní dhéanfadh glincín beag dochar ar bith domh.'

Bhí Mánas ag meabhrú gurbh iad na focail an t-éidiú a chuireann muid ar smaointe nocht na hintinne, agus i gcás Mhicí, ba é an chuid ab fhearr, an chuid a ba thibhe agus a ba mhíne de bhréidín an dúchais a chuir seisean ar a smaointe. Chrothnódh Mánas caint agus comhluadar an tseanóra seo agus é arís i mBaile Átha Cliath. I gcaitheamh an tsamhraidh chuir sé dlús lena chuid Gaeilge, lena chumas labhartha agus é i gcuideachta Mhicí. Le Micí, bhí a fhios ag Mánas go ndearna sé teangmháil le saol a bhí ar bhruach na huaighe agus nach i bhfad go mbeadh an tsaoithiúlacht sin á meilt i gcré na cille. I dtuigbheáil Mhánais, bhí saíocht na treibhe cnuasaithe, taiscithe, caomhnaithe sa teanga shaibhir seo a bhí le Micí óna dhúchas ach a bhí anois sna smeachannaí deireannacha i Mín an Draighin agus i mbailte beaga bánaithe eile dá mhacasamhail ar fud na Gaeltachta. Ádhúil go leor bhí lúth na teanga leis an Ghasúr ach cá bhfios an fá na cnoic seo a dhéanfadh seisean buanchónaí. Is beag, dar le Mánas, a bhí lena choinneáil anseo nuair a thiocfadh sé in aois fir.

Bhí Mánas fíorbhuíoch gur chuir sé aithne ar Mhicí agus gur chuala sé óna bhéal an teanga ab ansa leis á haclú féin i bhfuaim agus i bhfriotal; á cur féin in iúl le húdarás a bhí grástúil agus modhúil. Labhair Micí le nádúrthacht shinsearach na nglúnta a chuaigh roimhe amhail is nach raibh meath ná cúlú ar bith tagtha ar an teanga. Ach bhí Mánas léirsteanach go leor le tuigbheáil go raibh teanga Mhicí suite i saol agus dlúite le háit a bhí caite i leataobh agus gur sin ba thrúig bháis daoithi. Gairm in aghaidh na gaoithe a bhí i gcaint bhéalfhileata Mhicí in áit nár chuala sé ó phobal na Gaeilge ach urlabhra bliotach ciotach an bhéarlachais. Agus níor thug an chanúint úrghránna seo aon sásamh do Mhánas ach oiread. Dálta Mhicí, bhí dúil aige cúram a thabhairt don teanga.

Agus é ag cumadh dáin mhothaigh sé go raibh tiúin chainte Mhicí i gcónaí ar chúl a chinn aige agus é ag meá na bhfocal is ag tomhas an cheoil. Shantaigh sé an tíriúlacht, an nádúrthacht mhín chaoin sin a bhí i gcaint an tseanóra. Ba sin a shlat tomhais agus é ag déanamh dáin, dúchas na teanga a thabhairt leis mar a chuala sé é ar bhéal Mhicí. Ach ní raibh sé sin éasca aige ós rud é go raibh teanga eile ag coraíocht ina aigne. Bhí an Béarla ag cur a chló féin ar a bhraistintí, a chruth féin ar a smaointe. Bhí sé ag ionramháil leis an iomaíocht teanga seo gach uair dár shuigh sé síos le dán a chumadh. Ach bhí dóchas aige ó tháinig sé go Mín na Móna gur as dúchas na Gaeilge a bhí a dhánta ag teacht agus nach ó mheon an Bhéarla a d'fhoinsigh siad.

Níor mhothaigh Mánas an t-am ag gabháil thairis i Mín na Móna. Sciorr na laethanta thart ar eiteogaí. Shleamhnaigh an samhradh isteach san fhómhar; bhí sé cheana féin isteach go maith i Mí Mheán an Fhómhair agus chaithfeadh sé pilleadh arís ar an Ardchathair. Bhí sé beartaithe aige féin agus ag a mháthair a ghabháil go hAgadair sula bhfosclódh an coláiste.

An Domhnach sular fhág sé, bhí cóisir aige i dTeach an Gheafta lena bhuíochas a chur in iúl do na cairde úra a rinne sé i gcaitheamh an tsamhraidh. Tháinig a mháthair anuas as Baile Átha Cliath don ócáid agus bhí iontas agus bród uirthi as éagsúlacht an chomhluadair a bhí aige. Chan ionann agus í féin a bhí lách, bhí claonadh san athair a bheith seachantach ar chuideachta. Bhí lúcháir uirthi go raibh Mánas maith ag tabhairt daoine chun muintearais. Thug sé sásamh mór daoithi go raibh an lé seo ann agus bhí a fhios aici go seasfadh sé go maith dó sa tsaol a bhí amach roimhe.

Ghlac sí cúram an bhídh uirthi féin agus chuir sí bord den scoth ar fáil. Chleacht sí an greim maith, cothúil i gcónaí agus bhí sin le feiceáil ar an fhéasta bhlasta a leag sí os coinne an tslua; cnuasach trá, méithfheoil uain, sú glasraí, sailéad torthaí, arán donn, rogha de cháise agus de mhilseoga agus togha an fhíona.

Ádhúil go leor, thiontaigh an Domhnach amach go maith i ndiaidh seachtain de gharbhadas gaoithe agus fearthainne. Bhí teas gréine ann, rud a d'fhág go dtiocfadh leo a gcuid a ithe amuigh faoi aer. Ba doiligh áit ní ba deise a fháil le lón Domhnaigh a chaitheamh; an garradh faoi bhláth; an tEaragal ina stua binnghorm ar a gcúl; ar a gclé an caorán faoi bhrat breac-corcra ag síneadh uathu go bun na gcnoc; léinseach ghlas éanghlórach an tSeascainn ar a ndeis.

Ócáid áthais agus gairdis a bhí ann do Mhánas a bheith ábalta a chairde sna cnoic a chur in aithne dá mháthair. Bhreathnaigh sean-Mhicí go han-bhreá, a chulaith Domhnaigh de bhréidín brocach i stá, é glanbhearrtha, néata, lách agus lán de chroí.

Théigh sé féin agus máthair Mhánais lena chéile láithreach.

'Is cuimhneach liom, mura bhfuil breall orm,' a dúirt sé léithi, 'go bhfaca mé tú agus gan ionat ach poirtleog bheag girsí thuas ag Loch na Cuiscrí le do mháthair agus tú ag rásaíocht thart fána bruaigh ar thóir na ndaoine beaga.'

Bhain sin gáire as Nuala agus d'admhaigh sí go raibh an ceart aige. Chreid sí go raibh lios acu thuas ansin, a dúirt sí, agus theastaigh uaithi aithne a chur orthu, mór a dhéanamh leo agus b'fhéidir, duine acu a uchtú. Agus bhí díomhá mór uirthi, a dúirt sí, nuair nach dtáinig éinne acu riamh amach le cuideachta a choinneáil léithi.

'Ná bí buartha, a chroí,' arsa Mánas léithi i gcogar rúin. 'Tá sióg de do dhéanamh féin agat anois.'

Sula bhféadfadh sí freagra a thabhairt, seo Cha agus Billie ag déanamh orthu, iad cóirithe i gcultacha dubha ar nós na mBlues Brothers, hata fedora ar gach fear acu. Shín Billie a lámh chuici go dea-bhéasach.

'Sure glad to make your acquaintance, mam.' Rinne Cha feacadh beag glúine a bhí saoibhiúil agus greannmhar.

'Delighted to meet you both,' arsa Nuala ag déanamh aithrise ar an chanúint bhréag-Mheiriceánach chéanna a bhí ag Billie. 'It's a great honour to have the Blues Brothers at our garden party.'

Bhí bród ar Mhánas as an dóigh shúgach réchúiseach a bhí ag a mháthair agus í ag láimhseáil an chineál seo amadántachta. Bhí a fhios aici, ón mhéid a d'inis Mánas daoithi, go raibh sé faoi chomaoin mhór ag an bheirt fhear seo agus ghabh sí buíochas ó chroí leo as an aire a thug siad dá mac.

'We were on a mission from a Godess,' arsa Billie, ar fheiceáil dó Miranda May McFeely ag teacht isteach an geafta. Bhí Miranda i mbarr a maitheasa arís agus rún daingean aici, a dúirt sí le Mánas, agus iad ag siúl thrá Mhachaire Robhartaigh cúpla lá roimhe sin, fanacht amach ó dhrugaí agus díriú i gceart ar an cheol. Bhí an

Late Late Show i dteangmháil léithi a dúirt sí agus seans maith go mbeadh sí féin agus Altered States ar an tseó roimh dheireadh na bliana. Bhí na stáisiúin áitiúla raidió ag léiriú spéise ina gcuid ceoil fosta agus á sheinnt go rialta le seachtain, a dúirt sí.

'Hi babe, tá muid on a roll,' ar sise agus d'inis sí dó go raibh Rónán i Raidió na Gaeltachta an-tógtha leis an demo de Tango na Trá a chuir sí chuige agus go mbeadh sé á sheinnt go rialta ar a chlár iarnóna.

Bhí iarracht den cowpunk ina cóiriú inniu; sciorta giortach denim, veiste ghorm leathair, Stetson agus Doc Martens. Bhí Polly Fuller in éineacht léithi; bríste canbháis bunleathan uirthise, scothóga óir orthu síos fad a coise; íomhá de rodeo greanta ar a t-léine pinc agus 'You can ride me if you can rope me' breactha trasna a brollaigh.

Bhí siad féin agus Mánas tugtha do bheith ag spochadh as a chéile. As gean a tháinig a gcuid grinn. Bhreathnaigh sé iad ó bhun go barr anois. 'One look at you, gals,' arsa Mánas leo, ag ligean air féin go raibh sé splanctha ina ndiaidh 'and I feel like a bull as ain't seen a cow fer a year,'

'Is that your gun butt I see in your pants, cowboy,' arsa Polly Fuller go meallacach, 'or are you just hot and bothered out here alone in the Sierras.'

Tháinig an Sáirsint McFeely agus a bhean chéile agus sna sála acu, triúr ball de Altered States. Bhí seantaithí ag máthair Mhánais ar ócáidí sóisialta agus í inniúil ar láimhsiú daoine. Go réidh seolta, gan stró chuir sí a raibh i láthair ar a suaimhneas. Lena haoibh shochma, lena comhrá aigeanta, lena gáire séimh, chruthaigh sí ócáid chaidreamhach ina raibh gach éinne rannpháirteach. Bhí an éascaíocht shóisialta sin aici a chuir ar a cumas bogadh go socair, soghluaiste ó dhuine go duine á dtáthú le chéile ina ndream croíúil amháin.

Bhí lúcháir ar Mhánas go raibh an Gasúr agus Cha agus Billie ag labhairt go muinteartha lena chéile. Cibé aighneas agus áibhéil chainte a bhí eatarthu roimhe seo bhí sin uilig dearmadta anois agus iad ag ithe as béal a chéile go cuideachtúil. Ba é Mánas a rinne an réiteach eatarthu. Labhair sé leis an Ghasúr cúpla seachtain roimh an chóisir agus d'éirigh leis an t-olc a bhaint as an drochbhraon a bhí idir eisean agus an bheirt eile. Bhí siad ag déanamh teanntáis le chéile ó shin.

Lá breá gréine amuigh faoin aer, bhí iúmar maith ar achan duine agus iad ag baint spraoi as cuideachta a chéile. I ndiaidh daofu a sáith a ithe d'ollmhaithistí an bhoird, shuigh siad timpeall an gharraidh á ngrianadh féin. Chan Miranda 'A stór, a stór, a ghrá,' gan tionlacan. Sheinn Altered States seit ríleanna, thug Cha agus Billie leagan bluesy daofu a bhí an-ghreannmhar de 'Four Country Roads', agus rinne Mánas rince gan ullmhú. 'Ná bíodh do lámh i mbéal an mhadaidh is ná beannaigh don diabhal go mbeannaí sé duit' an t-ainm a thug sé ar an rince, dhá nath cainte a fuair sé ó Mhicí. Ansin sheas sean-Mhicí suas agus ar seisean 'ní fiú salann le mo chuid mé ag gabháil cheoil ach ní bhíonn party ar bith gan boc-amadán. Ba mhaith liom féin agus an Gasúr an t-amhrán seo a rá do Mhánas agus é ár bhfágáil.' Dhearc sé ar Mhánas go cumhaidhiúil.'Leis an fhírinne a rá, crothnóidh muid tú, a chroí.' Sheas sé ansin, a shúile druidte aige, an Gasúr lena thaobh agus chan siad 'Red River Valley'.

From this valley they say you are leaving,
we will miss your bright eyes and sweet smile,
for they say you're taken the sunshine,
that brightened my path for a while.

When you go from this valley my loved one,
how sad and how lonely it will be;
won't you think of the fond heart your breaking
and the grief you are causing to me.

Tháinig an Gasúr isteach ar an churfá leis.

Come and sit by my side if you love me,
do not hasten to bid me adieu;
but remember the Red River Valley
and the man who has loved you so true.

Cheol an Gasúr an chéad véarsa eile agus ba mhaith an mhaise dó é. Chuir sé abhaile é go héifeachtach.

I promised you my darling that never
would one word from these lips cause you pain
when you go from the Red River Valley,
all that'll be left is desolate rain.

Bhí an véarsa deireanach ag Micí agus cé gur bhris a ghlór air in amanta d'fhóir sin don mhothú tréan a chuir sé sa cheol.

They will bury me where you have wandered
in the valley where the daffodils they grow.
I can't live without you my loved one,
I can't live without you, you know.

Agus bhí an bheirt acu arís le chéile ag canadh an churfá.

Dá bhreáthacht é de thaispéantas tallaine a dtáinig rompu an lá sin, ní raibh a dhath de inchurtha le ceol na beirte seo i dtaca le teilgean an amhráin de agus an tionchar a bhí ag sin orthu siúd a bhí ag éisteacht. Amhail is gur amhrán úr a bhí ann nár cluineadh riamh roimhe, lig siad uathu é go te teasaí. Ó na chéad nótaí tochtacha, theann na súile ar Mhánas. Bhí an mothú a mhúscail an t-amhrán seo ann chomh tréan sin nach raibh sé ábalta cúl a choinneáil ar na deora. Lig sé lena racht agus chaoin sé gan náire. An chumha a bhí air ag fágáil na háite; a bhfuair sé de shuaimhneas is d'aighneas anseo, de ghean is de léan, bhí na mothúcháin seo go léir agus tuilleadh nach iad ag teacht chun tosaigh sa taom chaointe a bhuail é. 'Is minic go dtig cumha orainn an lá is lúcháire atá muid,' a déarfadh Micí go minic. Sin mar a mhothaigh Mánas anois. Bhí sé ag gáire is ag caoineadh ag an am chéanna. Rinne an Gasúr rud nach raibh Mánas ag súil leis ansin; shiúil sé anall chuige, bheir greim docht air, agus thug barróg agus póg dó. Chruinnigh an chuideachta uilig thart ar Mhánas ansin, rinne siad ciorcal súgach ina thimpeall á mhóradh le Jolly Good Fellow.

Anois agus é arís i mBaile Átha Cliath, bhí ainchleachtadh ag Mánas ar challán agus ar chlampar na cathrach i ndiaidh na dtrí mhí a bhí caite aige i gciúnas na gcnoc. B'fhacthas dó go raibh fuaimeanna Mhín na Móna mínmhothaitheach agus báúil; fuaimeanna nádúrtha an tseascainn agus an chaoráin, méileach na gcaorach, gocarsnach na gcearc fraoigh, cleitearnach na lachan. Luigh siad go bog ar a chluais ach ba doiligh dona chluais a theacht isteach arís ar ghluascarnach na tráchta anseo agus ar ghleo an tslua i ndiaidh ráithe sa chiúnadas.

Ach chan sin a ba mhó a bhí ar a iúl anois ach an dea-scéala a bhí tagtha chucu ó Agadair. Bhí Bashir i ndiaidh a theacht amach as a thromluí breoiteachta agus an focal faighte acu go raibh a chiall is a chéadfaí ar fad aige agus úsáid iomlán na ngéag. Bhí Mánas sna Flaithis bheaga le háthas nuair a fuair sé an scéala dearfach seo ó mhuintir Bhashir, ach ba é an rud a ba mhó a thóg a chroí ná cluinstean gurb é a ainm féin an focal is túisce a bhí ar bhéal Bhashir nuair a tháinig sé amach as an tsuan fhada. Nuair a chuala Mánas é seo, chuir sé teann lena ghuth agus lig sé liú áthais as féin a chluinfeá thuas i bhfraitheacha an aeir.

Ba mhór aige, thar a dhath eile, chéad ghairm seo an ghrá a fháil ó Bashir i ndiaidh dó a bheith scortha uaidh le bliain. Léigh Mánas air seo gur gean gan chlaon a bhí eatarthu a mhairfeadh is a mhéadódh. Bheadh míle agus oíche de scéalta le hinsint acu dá chéile agus iad ag siúl amach anseo fríd caolslite na souk agus fríd gairdíní seasmain Mharrakech. Agus bheadh oícheanta pléisiúrtha leapan acu, lán de shuaitheadh fiáin na seirce amhail tonnta na mara móire ag teacht i dtír in Agadair.

A luaithe a fuair siad an dea-scéala chuir máthair Mhánais dhá shuíochán in áirithe ar eitilt go hAgadair agus focal ar sheomra fosta. Theann na súile ar Mhánas le tréan lúcháire. Bheadh siad in Agadair tráthnóna lá arna mhárach. 'Inshallah!' arsa Mánas agus é ag ligean air féin go raibh sé ag lí súile donna glé tais a leannáin.

Caidé a déarfadh sé le Bashir! Tháinig cuid cainte an Ghasúra ina cheann. 'Mighty glad to see you, pard, but this ain't no place for a cowboy. Let's saddle up and git right outa heah.'

Ach ní dóiche go dtuigfeadh Bashir bocht lingo na mbuachaillí bó.

Bhí Mánas ina shuí ag tábla na cisteanaí agus é ag canadh os íseal.

Samhradh, Samhradh
bainne na ngamhna,
thugamar féin an Samhradh linn,
Samhradh buí na nóiníní gléigeal',
thugamar féin an Samhradh linn.

Chuir sé dúil i mbainne te agus bhruith sé braon dó féin ar shorn na cisteanaí. Nuair a chuir sé lena bhéal é bhí barr brutha ar an bhainne. Thóg sé an choirt mhíbhlasta seo den bhainne le spunóg agus chaith uaidh é isteach i mbucaoid an bhruscair.

Bhíthear a shamhlú dó gur samhlaoid den chineál samhraidh a bhí curtha isteach aige féin i Mín na Móna an bainne milis seo a bhí sé a ól. D'fhág míghníomhartha Éamoinn scum oilc ar an tsamhradh ach dá olcas ar tharlaigh dó, bhí sin curtha de aige anois, caite uaidh gan trua. Bhain sé oiread sú agus sásaimh as an chuid eile den tréimhse sin, a mheabhraigh sé, agus a thabharfadh cothú intinne dó ar feadh fada go leor. Agus anois go raibh Bashir tagtha chuige féin arís agus go mbeadh siad i gcuideachta a chéile i gceann achar gearr bhí achan chúis agus údar aige buntáiste a ghlacadh ar ábhar a ghairdis agus a rá agus a chanadh go dtug sé an samhradh leis ina chroí, ina chéadfaí agus ina chuimhne. Amhail is dá mbeadh meidhir óil ann chan sé anois in ard a chinn is a ghutha.

Thugamar féin an Samhradh linn,
Samhradh buí go luí na gréine,
suas gach cnoc, síos gach gleann,
thugamar féin an Samhradh linn.

Dánta Mhín na Móna

Fís na hOíche

Tá mé liom féin i dteach tréigthe,
teach atá lán d'osnaí,
de ghlúnta atá i dtalamh.

I gcasadh cinniúnach na beatha
tig muid agus imíonn muid.
Tá rotha móra an tsaoil

ár gcasadh de shíor ó bhroinn go bás
is ó bhás go hathfhás.
Ní thig aon ní a chur ar ceal.

Maireann a raibh ann, a bhfuil ann,
a bheidh ann. Tá an teach tréigthe
ach tá ar tharlaigh anseo

ag tarlú fós; an leanbh ag béicigh,
na leannáin ag suirí, an dinnéar á ullmhú.
Tá buanaíocht ag na mairbh i measc na mbeo.

Amanta tigim anuas chun na cisteanadh
i marbhthráth na hoíche
agus ar uairibh tchím bean de mo bhunadh

a d'éag fadó ag éaló i measc na scáth.
Cé go bhfuil an teach tréigthe
níl mé liom féin. Tá slua na marbh

ag coinneáil cuideachta liom.
Ní ag rámhaillí atá mé. Tá lorg a gcos
buailte i ndústa dlúth na mblianta.

Déanaim iontas de bheith beo!
Na blianta breise seo a bronnadh orm,
an bhfuil siad agam ó fhear éigin a báthadh

i mbarr a mhaitheasa, duine de mo bhunadh?
I bhfís na hoíche tig óigfhear chugam,
loinnir uisciúil ina shúile.

Síneann sé lámh chugam go croíúil.
Leagaim bonn i gcroí a dhearnan
le mé a thabhairt thar an duibheagán.

Tig na Laethanta Dorcha Seo

Tig na laethanta dorcha seo:
laethanta ina mbíonn gach casadh
ar an bhealach ina chomhartha ceiste
is gan fios agam cá bhfuil mo thriall;
an soir nó siar atá mo threo
amhail is dá mbeinn ar steallaí meisce.

Tig na laethanta dorcha seo:
laethanta ina dtiteann na mothúcháin
as a chéile mar ghréithre cré
ón tseanré a thógfaí as an talamh
is a d'imeodh ina phúdar a luaithe
is a nochtfaí iad do sholas an lae.

Tig na laethanta dorcha seo:
laethanta atá níos duibhe ná dubh.
Ní chanann na héin, níl blas ar bhia,

téann an solas as i mínte na gcnoc,
is ar nós an bhroic téim i bprochlais,
ag déanamh dorchadais le duine is le Dia.

Sneachta

An t-éan bán arrachta seo
a tháinig chugainn gan mhothú,
tá sé ag cur an chluimhrigh
ó mhaidin, á scaipeadh ina bháine
ar chnoic agus ar chaoráin.

Ó na críocha fuara ó thuaidh
tháinig sé, séideoga geala a anála
ag cur scum trom siocáin
ar shúile liathghorm na locha
agus greadfach i ngéaga na gcrann.

Um meánoíche, é rite as anáil,
cuachann sé suas i mullach an tí
agus titeann a chodladh air.
Faoi sholas na gealaí, tchím a chrúba
ag gobadh as na bundlaoithe.

Hermit

Tá cleachtadh aige ar ghaoth rite
na gcnoc agus ar chaint atá chomh snoite
le blaosc cloigne ag gealadh ar an lom.
Tugann sé a shaol, a dúirt sé liom,
ag tabhairt ómóis do spéir ghlé na hoíche
agus á shaoradh féin ó dhlínse na treibhe.

Tráthnóna

Mar chat fireann
tá an tráthnóna
á shearradh féin
ar bharr Charn Traona.

Faoi bhuíú na gréine
tá crann caorthainn
ar bharr na Bealtaine
ina dheargchaor álainn,

is anuas an caorán
seo chugainn an Ghaoth —
file fánach ag feadalaigh
i measc an fhraoigh.

Loneliness:
The odour
of cold ashes
outside a hill
bachelor's house.

Grief:
It's a torrent
of black
down the slope
of the heart.

Regret:
Blows up and down
my nervous system
like a wind
around gravestones.

Hope:
I potted his poem
like a geranium
in the green bowl
of my heart.

Dánta Bheaglaoich

1

Seo mo thearmann gréine, mo dhíseart gealaí,
an beofhód ar a dtug mé
mo dhán chun solais.

Áitreabh aoibhinn, álainn!
Ac-ac na lachan cois na habhann,
siosarnach na gaoithe i measc na gcrann.

D'fhág mé fothram na mainisteach i mo dhiaidh,
tháinig mé anseo ag lorg Dé.

Tugaim cluas do chomhrá ciúin an duilliúir
is déanaim aithris ar ghaois an tséasúir.

Na cnoic ar mo chúl, an mhuir mhór ar mo shúil,
agus eatarthu seo mise
ag tabhairt umhlaíochta do Rí na nDúl.

2

Tá mé anseo
sa tsolas ghléigeal seo
atá ag dealramh
os cionn an tséipéil
mar chailís.

Tá mé anseo
san fhéar sheascair seo
atá spréite
thar na leapacha éaga
mar chuilt.

Tá mé anseo
i gcuimhne ghéar na gcloch
a choinníonn marc
ar imeacht na gcianta
mar scríobhaí.

Tá mé anseo
in úir mhéith na gcnámh
ag beathú na marbh
is á dtabhairt chun glaise
go Glórmhar.

3

Bíodh gile na gréine
is gnaoi na gealaí
ag cur aoibhe ar gach ní ann.

Bíodh glaise an Earraigh
is buí deas na Samhna
ag niamhrú gach beo ann.

Bíodh crónán na mbeach
is ceiliúr na n-éan
ag cantaireacht le chéile ann.

Bíodh gach tráth den tséasúr
ina iomann úrlúcháire
ag ceiliúradh an tsolais ann.

Bíodh fios is faisnéis
á bhreacadh gach lá
ar phár glé na cré ann.

Bíodh dia agus duine
i dtiúin lena chéile
i gcaintic na nDúl ann.

Cuimhne

I bhfís na cuimhne iarraim
an uair úd a bhí, a fhí
leis an uair seo anois, ionas
go mothóinn do ghlór arís

ag cuisliú i mo chéadfaí,
do choiscéim liom sa tsiúl,
do lámh tharam go croíúil
is an dúil úd i do shúil.

Peach

Aoibhinn liom do cholainn
cruinnbhallach, snua
do chraicinn ag teacht
ó bhuí tréitheach na gréine.

An brus deas fionnaidh seo
ar do chneas, clúmh
bhog na hóige, chomh caoin
leis an fhéasóg mhín

a bhíonn ar leicne stócaigh
roimh aois a bhearrtha.
Ribeoga beaga do bhoige
a chuireann tochas ionam

sula mbainim plaic asat,
as do phluca méithe,
as an tsúmhaireacht bhuí
atá ag úscadh istigh ionat.

Is nuair a théim ionat
le tréan cíocrais, a dhíograis
tig tú i do shú milis
i mo bhéal,
do do thabhairt féin

go fial is go géilliúil,
gach uile phioc de do bhrí
go dtí nach mbíonn fágtha díot
ach cnó dearg do chroí.

Ag Amharc Uaim ó Ard na Míne Maidin Fómhair

Is fada an t-achar é, rófhada faraor,
ó bhí mé go deireanach ar an láthair seo,
ag breathnú uaim ar mhúr gorm na gcnoc
agus iad ansiúd go buacach, beannach, buan,
á n-aoibhniú féin sa ghrian. Inniu tá siad ag baint suáilce
as an luisne dhiaga seo atá á mbeannú
is á dtabhairt chun solais anois.

Ciúinchnoic an uaignis! Níl uair ann nó uain
nach gcrothnaím uaim iad agus mé i bhfad uathu

i bhfothram na cathrach. Caoinchnoic an chiúnais!
Cnámh droma mo dhóchais! Is orthu a bhím ag cuimhniú,
is orthu a bhíonn mo sheasamh agus mé in ísle brí,
na cnoic seo atá de shíor á n-ardú féin go mórchroíoch,
bíodh sé ina shoineann nó ina dhoineann.

Istigh anseo i gcrioslach cumtha na gcnoc
is an uain go deas, mothaím ar mo shuaimhneas
i dteascheo na maidine agus mé ag breathnú uaim
ar dhúiche tíre mo mhuintire, na bailte beaga féaraigh seo
ar chaith siad a ré leo. Anseo is milis liom mo bheo
agus nádúr tíriúil an tsléibhe 'mo thabhairt chun craoibhe
faoi chruacha gormcheoch' an Fhómhair.

Seo mo thearmann anama, mo dhíseart crábhaidh,
mo dhídean machnaimh. Anseo braithim go bhfuil mé
go dlúth i bhfód, seasta, socair, suaimhneach,
ag géilleadh don chré is ag adhradh na spéire,
ag glacadh leis go réidh go dtarlóidh gach ní ina shéasúr cuí.
Inniu, dá bhrí sin, tá mé chomh caoin le tomóg caonaigh,
chomh righin le rúta portaigh.

Adhradh

A Mhoslamaigh álainn
chaoindúthrachtaigh,
lá i ndiaidh lae
tá tú ag gabháil
i gcion orm
ionas go bhfeicim anois
an saol, beagnach, fríd
do shúile móra urramacha.

Agus ceapaim go bhfuil
cuach do chloiginn
chomh cumtha, chomh haoibhinn,
le haon cheann
de na cruinneacháin
dhiaga seo a dhealraíonn
chugam ó bharr mullaigh
an Mhosc sa Mhedina.

Nuair a ghlaonn tú orm
ó bhalcóin ghréine
d'árasáin, a mo bheannú
le do dhea-ghuí maidne,
is é an Muezzin
a shamhlaím leat, a mhian;
tú ansiúd ar an aoirdeacht
ag glaoch am trátha.

Agus is mise, ar m'fhocal
an Mahamadach umhal
a fhágann uaidh gach gnó
is a thagann i do láthair
go deabhóideach
mar i ndúil is go mbeinn
ar mo ghlúine os do chomhair
ag géilleadh do do ghlóir.

Leannán

Bhain sé de
a raibh air
is sheas sé lomnocht,
nádúrtha gan náire
i mo láthair.
A gháire,
a bhéal déadgheal,
a chneas gan teimheal
chuir siad loinnir
sa tseomra bhrocach, thais.

Nuair a shúigh mé
an síol as,
bhlais mé na glúnta
dá bhunadh;
a athair is a sheanathair
agus níos faide ar gcúl
Beirbeirigh urrúnta
an tsléibhe
ó bhunchnoic na nAtlas;
ó Tafroute, ó Taliouine
agus ó Tata.
Bhí mé lán daofa,
de chogarnach na n-aoiseanna
ó Ahmetanna, ó Mhustafanna,
ó Abdullahanna, ó Mhahamadanna,
a ndúchas is a dtréithe
ag cuisliú ionam
a mo neartú.

Beidh lorg na hoíche seo
ar a bhfuil romham amach;
iadsan nár casadh orm go fóill,
iadsan nár mhuirnigh mé
i leapacha an tsómais;
beidh an oíche seo liom
chun na leapa leo,
á mbeannú, á gcumhrú
is á dtabhairt chun aoibhnis.

Marrakech

1

Seo í an chathair
inar casadh tusa orm
agus dá bhrí sin, a chroí,
seo cathair na gile i gcéin;
cathair na cinniúna,
an chathair ina dtáinig mé
i láthair an tSéin.

Cathair na cumhrachta
a bhfuil mus na hAráibe
ag úscadh óna cneas;
an mus diaga sin a éiríonn
ó do chneas féin, a dhíograis,
is a d'fhág an té seo nár chreid
faoi aoibhneas Dé sna Flaithis.

2

Gíoscán géar na ngluaisrothar,
glaoch tiarnúil an Mhuezzin,
cantaireacht chiúin na mbeach,
trup lucht siúil, gleo an óstáin.

Faoi thaitneamh fial na gréine
iad uilig ag cuisliú le chéile
i gcaintic úrchroíoch na maidine.
Inniu altaím iad go léir as a bhféile.

3

An lon dubh
buíghobach binn
ar chlaí an Koutoubia,

Cé nach gcreidim i nDia
mór an tsuáilce
a phort glébhinn.

An tséis chéanna cheoil
a spreag mo bhráthair
fadó ag Loch Laoigh.

Anois is mé ag plé
le mo dhorchadas féin i gcéin,
tógann sé mo chroí.

Faoi Anáil an Gharraidh, Agadir

Na héanacha seo atá ag cur maise ar an mhaidin
lena gcuid ceoil; an beochán beag aoibhinn
aniar aduaidh — púca reatha an ghrinn —

Atá ag séideadh fríd na crainn, ag cur eiteoga
faoi dhuilleoga is ag déanamh bánaí is croí
isteach leis na blátha cois claí.

Na páistí atá ag spraoi sa chlós súgartha
ag tógáil gleo beo na n-óg ar na luascáin,
na timpealláin agus ar na sleamhnáin.

Na buachaillí áille ag siúl sa gharradh; dubh,
donnchneasach, dóighiúil; iad lámh ag láimh
i dteas an cheana. Nach méanar daofu a ndáimh!

Luaim a bhfeicim is a gcluinim i mo liodán maidine
agus mé ag tabhairt altú don Anáil shíoraí seo
a choinníonn muid uilig sa tsiúl, gach uile dhúil bheo;

Anáil bhithnua na beatha a chuislíonn ionainn uilig
ionas gur cuid dínn ó dhúchas á bhfuil sa spéir,
san uisce, sa chré agus ar fud na bithchríche go léir.

Le gach Anáil dá dtarraingím, ár gcuid is ar gcomhroinn,
altaím gach beo i bpaidir seo na maidine
óir is é comhbhiathú na hAnála slánú an duine.

Blake

Ag gearán i dtaobh an fhile
dúirt bean an Bhlácaigh;
'Crothnaím comhluadar mo chéile,
is minic é i bhfad as
imithe leis go Parthas.'

Nárbh aoibhinn do
eisean a shiúil as an cheo,
a sháraigh na ballaí críche
is a shuigh é féin
sa tsíoraíocht bithbheo.

Is a thug arís, corruair,
blas den tsaol eile, tuar
na nIontas ar fud na hUile.
Is a bhean Uí Bhlácaigh, bímis
buíoch as tíolacthaí an fhile.

Rún

1

Ní gá duit gabháil ar do ghlúine nó géilleadh
do chráifeacht chúng na coitiantachta.

Ní gá duit tú féin a chrá ag coinneáil na ndeasghnáth,
ag feacadh is ag sléachtadh do na reachta smachta.

Ní gá duit searmanas báis a dhéanamh as míorúilt na beatha.

2

Ní gá duit ach éisteacht le cantaireacht na n-éan,
lena gcuid nótaí maise ar maidin.
Iomainn atá lán de ghrásta.
Ní gá duit ach altú a thabhairt don anáil
a bheathaíonn sinn uilig, na héin is muid féin.
Anáil bhithbhuan na Cruinne.

Is leor é mar shoiscéal.
Tiontaigh coirnéal is siúil isteach sa tsolas.

3

Na ciotóga is na ciaróga,
na beacha, na blátha is na héanacha,
na crainn faoi dhuilliúr,
na daoine ag ceiliúradh.

gach ní is gach neach
ag comhlíonadh a gcinniúint féin
sa tsolas.

4

Is é mo dhán maidine
a bheith rannpháirteach san iomlán,
a bheith ag cur
le cantaireacht na beatha,

a bheith ina nóta maise
lán de ghrásta
sa tsiansa reatha.

Rún na gCnoc

Gaoth an tSamhraidh
ag bogosnaí
sna mínte fraoigh
oíche ghealaí,

agus na mná óga
i gcultacha Domhnaigh
ag siúl an tsléibhe
chuig an chéilí.

Cluinim iad anocht,
a gcomhrá is a ngleo
ag trasnú na Malacha,
gan éinne acu beo.

Sa Souk

Idir stainnín na mban
agus seastán na gcumhrán
bhuail mé le haingeal;
an sciathán a bhí síos leis
deasaithe i mbindealán bán.
Chan gan saothar ba léir
a thuirling sé ar an tsaol.
D'fhéach sé orm go géar
ag cur in iúl domh go sochmaidh
go raibh cumann eadrainn seal
i bhfad ó shoin sa Bhaibealóin,
gaol nach dtáinig chun cinn, faraor,
de bharr saol na linne,
ach anois bhí linn....
D'fhéach sé orm,
a ghnúis aingli lasta le díograis.
Bhí fonn air, a dúirt sé, ár gcumann,
ár ngrá éagmaise ón tseanré
a thabhairt chun solais.
Faraor, bhí mo sháith os mo choinnese
an saol seo, a dúirt mé leis,
a thabhairt chun léire is grinnis
gan trácht ar an tsaol úd
a bhí curtha i gcré na Baibealóine.

Lena chois sin bhí am tae ann
rud a ba phráinní i bhfad
ná a bheith ag tochailt sa tseanré.

Idir stainnín na mban
agus seastán na gcumhrán
d'fhág mé slán
ag m'aingeal beag geal
agus é ar leathsciathán
ach bhí fhios agam
nach mbeadh ann ach seal
go dtuirlingeodh sé
ar dhuine éigin eile lena dhea-scéala.
Is cinnte go raibh siad ann
a chuirfeadh fáilte roimh aingeal.

Bantracht Taraudant

Is breá liom na mná seo,
iad cíochlán agus cos-seang
i mbrístí agus i hijabanna
ag teacht ó oifigí agus ó ranganna;
mná tí agus mná gnó,
cailíní ollscoile agus cailíní oibre.
Tógann siad mo chroí
na mná seo i dTaraudant,
iad amuigh ar a gcuid rothar
sa teas, sa trup agus sa trangláil,
ag triall fríd na sráideanna seo
atá plúchta le trácht mótar.

Is breá liom na mná seo;
bantracht Taraudant
i mbrístí agus i hijabanna
ag triall fríd na sráideanna seo
go cróga calma dúshlánach;
na hiníonacha Moslamacha seo
ag triail caolslite a gcreidimh
agus cabhsaí casta a gcultúir
ar a gcuid rothar.

is breá liom na mná seo:
sí an tSaoirse í féin a tchím
i gcruthaíocht na mban seo,
í ag marcaíocht go dásachtach
fríd na sráideanna seo i dTaraudant;
an tSaoirse uasal mhóruchtúil mhisniúil,
an tSaoirse a deir go daingean
nach as easna an fhir
a múnlaíodh an bhean.

I nDúlaíocht na Bliana

Tá an fhearthainn ag titim go trom
mar chlagarnach cos
ar leacacha na sráide
gan stad is gan sos.

Tá an solas san fhuinneog ar crith,
an choinneal i mbaol a múchta
is an cholainn seo préachta
le creatha fuachta.

Tá tost tagtha ar na héin
sa ghairdín,
spideog bheag amháin a chanann liom.
Is amhlaidh don chroí é
atá gaibhte sa lom.

Nach deoranta atá spéir
an tráthnóna?
Cuma cén cumann a dhéanann duine,
tá muid go síoraí linn féin
in uaigneas na cruinne.

Tá an fhearthainn ag titim go trom,
ag glanadh lorg do choise, a chroí,
amhail is nach raibh ionat ariamh
ach dustalach gan bhrí.

Rún an bhFear

(i gcead do Mháirtín Ó Direáin)

Na fir chrón-aosta seo
cuachta ina gcuid djbellanna,
iad lámh ar láimh go cneasta
ag teacht anuas an Medina.
Cuirim sonrú ina ngrástúlacht,
a gcoiscéim réidh agus a ngothaíocht
atá i dtiúin lena gcomhrá ciúin,
aoibh an gháire orthu lena chéile.
Seo chugainn, a deirim liom féin,
na filí, na fealsaimh agus na fíréin,
ach anois tá siad ar shiúl
i gclapsholas an mhargaidh

imithe uaim go deo
isteach i ndiamhra na gcúlsráideanna.
Is tig cumhaidh orm ina ndiaidh.
Cá bhfios cén rún beo
atá imithe leo, na fir chrón-aosta seo,
a shiúil lámh ar láimh,
go caoin agus go cneasta
amach as an Mhedina
cuachta ina gcuid djbellanna?

Orpheus na gCnoc

Ag seinm ó dhubh go dubh
ag seinm le lúth na méar
ag seinm sa chruth gur léir na nótaí
ag éirí san aer ina bhfeileacáin aoibhnis
ag seinm an tiúin is deise a cluineadh riamh i bpoll cluaise
ag seinm chomh meidhreach leis na meannáin ar bharr na
  Mucaise
ag seinm i dtearmann na hailse
ag seinm ar shráid na hainnise
ag seinm ríleanna rúnda rúndiamhracha
ag seinm mazurkas maorga maiseacha
ag seinm máirseáil atá chomh garbh le Tarbh Mhín a' Toiteáin
ag seinm sleamhnáin atá chomh caoin le tóin naíonáin
ag seinm fiáin
ag seinm i bpian
ag seinm le cian a thógáil den té a bhfuil an saol ag titim air
  go dian
ag seinm don Yank atá ag tógáil hacienda ceann tuí ar
  mhéilte Cheann Dubhráin

ag seinm do lucht stilettos agus Stetsons in óstán mór i
    bPort an Dúnáin
ag seinm don Bhuachaill Caol Dubh ar an bhóthar go Lios
    na Sciath
ag seinm do Thadhg an Dá Thaobh i bpub aerach i mBaile
    Átha Cliath
ag seinm ar Shliabh Uí Fhloinn
ag seinm don leanbh atá fós i mbroinn
ag seinm le Johnny Doherty ar thaobh malaidh sléibhe sna
    Cruacha fadó
ag seinm is an ceo ag teacht anuas ar shléibhte Mhaigh Eo
ag seinm faoi dhuilliúr na gcrann agus drúcht ar an fhéar
ag seinm leis na Mooneys ó d'éirigh an ghealach aréir
ag seinm don ghirseach úd i ngúna dearg teann is a búclaí
    buí den ór
ag seinm duitse a chuid bheag den tsaol is a stór
ag seinm mar go dtig an ceol leat mar mhil ar luachair agus
    mar im ar uachtar
ag seinm le fonn ar Chonnlach Glas an Fhómhair
ag seinm The Old Torn Petticoat That I Bought In
    Mullingar
ag seinm i bhfad agus i ngearr
ag seinm ar iatha allta na hAchla
ag seinm as do bhaill bheatha
ag seinm agus niamh gach datha 'do thionlacan thar bhánta
    na Bealtaine
ag seinm agus na crainn ag umhlú a gcinn duit ar bhruach
    na Finne
ag seinm do phócaí folamh
ag seinm ó Neamh go talamh
ag seinm sa bhearna bhaoil
ag seinm idir an dá shaol

ag seinm olagón na gcorpán ar blár an áir
ag seinm le do leannán a thabhairt arís as an duibheagán
ag seinm do na mairbh, ag seinm do na beo
ag seinm go dtitfidh tú as do sheasamh sa ghleo.

RÚN BUÍOCHAIS

Ba mhaith liom mo bhuíochas a chur in iúl d'Ealaín na Gaeltachta agus do Chlár na Leabhar Gaeilge as sparántachtaí a bhronnadh orm agus mé i mbun an tsaothair seo. Is mór agam a dtacaíocht agus a gcuidiú.

Ba mhaith liom buíochas a ghabháil le mo sheanchara, an Dr Seosamh Mac Muirí, a chuir comhairle orm agus mé i mbun an tsaothair seo. Tá sé de bhua ag Seosamh go bhfuil lé ar leith aige le mo chanúint áitiúil féin agus tuigbheáil, dá bhrí sin, ar thábhacht na canúna sin i gcúrsaí cumadóireachta.

Ba mhaith liom buíochas ó chroí a ghabháil le Darach Ó Scolaí, Leabhar Breac, as an spreagadh agus an gríosadh a thug sé domh leis an úrscéal seo a scríobh.

Foilsíodh cuid dá bhfuil anseo sna hirisí seo a leanas: *Comhar*, *Poetry Ireland Review*, *Irish Pages*, *Strokestown Poetry Anthology 2017*.

Súil le Breith

Pádraig Standún

ISBN: 978-0-898332-70-4

Úrscéal a tharraing caint nuair a foilsíodh ar dtús é i 1983. Sagart paróiste ar oileán Gaeltachta é Tom Connor, fear atá ag troid ar son pobal atá bánaithe ag an imirce. Insíonn a bhean tí, Marion, dó go bhfuil sí ag súil lena pháiste. Caithfidh Tom rogha a dhéanamh idir a dhualgas i leith a phobail, a ghrá do Mharion, agus a chreideamh sa tsagartóireacht. Tá idir dhrámatúlacht agus bhriseadh croí sa scéal seo.

Filleann Seoirse

Éilis Ní Anluain

ISBN 0-898332-59-6

Seacht mbliana fhichead a bhí Lís agus níor bheag a bhí bainte amach aici. Fear maith aici, mac agus iníon orthu, agus iad ag cur fúthu i dteach beag gleoite cois abhann i mbaile cósta i gcóngar na cathrach. Mar sin féin bhí sí leamh den saol, nó shíl sí go raibh.